「五大改造」教育读本丛书

劳动改造 分册

北京市监狱管理局 ◎ 编著

LAODONG GAIZAO

中国政法大学出版社
2019·北京

《"五大改造"教育读本丛书》编委会

顾　　　问：秦　宣　章恩友　史殿国　林　乾　翟中东
编委会主任：刘亚东
副　主　任：戴建海
编　　　委：林仲书　何中栋　戴志强　李朝旺
　　　　　　栾淼淼　张洪建　孙本良　董世珍
　　　　　　赵永生　王金亮　徐万富
总　策　划：林仲书　何中栋
执行策划：周　勤　杨东义
策　　　划：李春乙　马　锐　秦　涛
丛书统筹：练启雄

《劳动改造分册》

分册主编：李朝旺　孙本良
执行主编：李　栋　刘永清
执行副主编：刘　津（特邀）　王　超　李进文
分册统筹：孔川川
编　　　辑：王连岗　周志鹏　霍吉壳

总　序

党的十八大以来，党中央、国务院高度重视监狱工作，习近平总书记多次作出重要指示，为监狱工作提供了根本遵循，指明了前进方向。司法部党组准确研判新时代监狱工作的形势任务和职能定位，提出"坚守安全底线、践行改造宗旨"的工作思路，坚持以政治改造为统领，统筹推进监管改造、教育改造、文化改造、劳动改造的"五大改造"工作要求。

首都监狱系统提高政治站位、强化责任担当，以统筹推进"五大改造"工作要求为首要目标，积极推动"一四五四"北京行动纲领和"三新"工作意见落实，组织力量编写了一套立足监狱实际、贴近服刑生活、反映时代特征、体现北京特色、匹配犯群素质的《"五大改造"教育读本丛书》。主要目的是通过丛书的编写和使用，带动首都监狱建立起科学的改造体系，引导服刑人员认同党的领导、认同伟大祖国、认同中华民族、认同中华文化、认同中国特色社会主义道路，树立正确的历史观、民族观、国家观、文化观和宗教观。

《"五大改造"教育读本丛书》包含五大读本，分别为《政治改造分册》《监管改造分册》《教育改造分册》《文化改造分册》和《劳动改造分册》，共100余万字。丛书反映了社会发展和时代进步的最新成果，将中央和司法部对监狱工作的新思路、新要求融入其中，坚持以政治改造为统领，牢固树立监管改造的基础地位，充分发挥教育改造的治本作用，积极拓展文化改造的教化功能，切实推进劳动改造的功能回归。丛书将"一四五四"北京行动纲领和"三新"工作意见融入其中，充分体现北京市监狱管理局党组和全局上下的使命担当和积极作为，充分反

映首都监狱改造工作取得的成绩和经验，积极展示首都监狱工作的特色和水平。丛书立足监狱工作实际，贴近服刑人员服刑生活，紧扣服刑、改造、生活、回归等环节，重点围绕政治、监管、教育、文化、劳动五大方面，摆事实、讲道理、明规矩、正言行，既可供服刑人员阅读，也可供民警讲授，力求对服刑人员有所启发、有所感悟，帮助服刑人员解决思想和实际问题。丛书引用大量故事和事例，以案析理、图文并茂，文字表述通俗易懂、简单明了，使服刑人员愿意读、有兴趣、能读懂、易接受。

自 2018 年 9 月至 2019 年 11 月，《"五大改造"教育读本丛书》编写出版历时一年多，得到了各级领导的大力支持和悉心指导，监狱民警、社会专家及出版单位中国政法大学出版社认真履职、通力合作，开展了内容调研、提纲拟定、样章起草、正文撰写、插图设计、统稿审议、修改完善和出版印刷等大量艰辛繁忙的工作。丛书还荣幸地邀请到秦宣、章恩友、史殿国、林乾、翟中东等知名教授担任顾问，给予指导，撰写序言，有利于丛书提升规格，打造精品。

希望广大服刑人员以此套丛书为契机抓手，加强学习、认真领悟、认罪悔过、自觉改造，早日成为有益于社会的守法公民。

就此机会，谨向付出艰辛劳动的全体编写人员致以崇高敬意，向支持帮助丛书编写出版的同志们及社会各界人士表示衷心的感谢！由于时间和水平有限，难免存在疏漏和不足之处，欢迎批评指正。

《"五大改造"教育读本丛书》编委会
二〇一九年十一月

分 序

我有幸成为本书第一位读者,读后,很受启发,书中所阐述的道理,值得大家深思,如"自食其力是生存之本""劳动是人间正道"等。英国广播电视公司曾经播放过采访两位亲兄弟的一个纪录片,让我记忆很深。哥哥从小就帮助父母干活,习惯于劳动,后成为一个老板,而弟弟因受溺爱,好逸恶劳,既不好好读书,也不能认真劳动,后流落街头。由于境遇差距大,兄弟交恶。这部纪录片因接地气,受到很多观众追捧。为回应观众,记者提出兄弟俩互换一个星期的生活空间,以帮助兄弟和解,建立正常的兄弟关系。结果是,弟弟终于明白了哥哥富裕与自己落魄的原因:那就是哥哥的勤劳与自己的懒惰。人生的大道理不需要懂很多,有几个就足够了,但是需要真"懂"。要做到"懂",就需要静心思考,深刻反思自己。

书中提出合格劳动者的"八大意识",即诚信意识、责任意识、学习意识、创新意识、进取意识、纪律意识、协作意识、节约意识,在我看来,不仅是道理,更是规诫。没有规诫,就没有自由。"八大意识"不仅反映了劳动自身对劳动者的要求,而且反映了社会对劳动者的现代要求。

作者写作中注意将道理阐释与故事讲述相结合,努力提高本书的可读性,里面的故事很有启发意义。书中所讲的叶威的故事令我深有感触。1996年,年仅16岁刚初中毕业的叶威进入贺州美仪瓷厂,成为一名工人。虽然叶威文化水平低,但是他勤劳、肯学。勤劳,不仅能够帮助劳动者更多、更好地完成自己的工作,而且能够帮助劳动者获得他人的肯定;肯学,意味着劳动者可以不断提高自己的本领,不断提升自

已。由于叶威勤劳、肯学，他不仅逐渐成为企业的生产骨干和技术能手，而且成长为车间主任。叶威是我们的榜样，叶威的成功更昭示了一个道理：天助自助者，人只有勤劳，才能过上好日子。如本书中所说：人只有在劳动中才能体现人生的价值；人只有在劳动中才能拨正人生航向；人只有在劳动中才能创造美好人生。

　　本书从劳动的作用、职业技能、合格劳动者意识，谈到劳动管理、劳动安全，覆盖了劳动的很多方面。为了增加文字的趣味性，作者不时穿插格言、故事，我们能够感受到作者的良苦用心。当然，期待大家走上正路、重获新生的不仅是作者，更有您的家庭、我们的监狱民警，以及整个社会。

2019 年 8 月 28 日

目 录

总　序	/ 001
分　序	/ 003

第一章　劳动的作用　　　　　　　　　　　　　　/ 001
　　一、劳动创造了人类　　　　　　　　　　　　　/ 003
　　二、劳动促进人的全面发展　　　　　　　　　　/ 006
　　三、劳动是改造人的手段　　　　　　　　　　　/ 018

第二章　劳动是人间正道　　　　　　　　　　　　/ 031
　　一、自食其力生存之本　　　　　　　　　　　　/ 033
　　二、诚实劳动最光荣　　　　　　　　　　　　　/ 037
　　三、责任缺失，劳动帮我们重塑　　　　　　　　/ 043
　　四、劳动是人间正道　　　　　　　　　　　　　/ 047

第三章　劳动铺就回归路　劳动助力追梦人　　　　/ 053
　　一、劳动中自我定位，劳动中追求梦想　　　　　/ 055
　　二、劳动中了解社会，高墙内也不落伍　　　　　/ 063
　　三、劳动减压又治病，天天快乐迎新生　　　　　/ 068
　　四、劳动是公民的权利和义务　　　　　　　　　/ 073

第四章　职业技能　新生的保证　　　　　　　　　/ 079
　　一、一技之长　回归之本　　　　　　　　　　　/ 081
　　二、多学必益　技不压身　　　　　　　　　　　/ 086

　　三、培养工匠精神　　　　　　　　　　　　/ 089

第五章　合格劳动者的劳动意识　　　　　　　/ 099
　　一、诚信意识——人无信不立　　　　　　　/ 101
　　二、责任意识——责任重于泰山　　　　　　/ 107
　　三、学习意识——在学习中进步　　　　　　/ 116
　　四、创新意识——创新永无止境　　　　　　/ 124
　　五、进取意识——奋楫者先　　　　　　　　/ 133
　　六、纪律意识——无规矩不成方圆　　　　　/ 140
　　七、协作意识——独木不成林　　　　　　　/ 146
　　八、节约意识——俭以养德　　　　　　　　/ 154

第六章　在劳动中学习科学管理　　　　　　　/ 161
　　一、劳动定额——劳动管理的定盘星　　　　/ 163
　　二、作业管理——用正确的方法工作　　　　/ 167
　　三、5S 管理——劳动与改造的融合　　　　　/ 175
　　四、质量管理——重于生命的关注　　　　　/ 192
　　五、目视管理——让管理"看得见"　　　　/ 201

第七章　安全生产　万无一失　　　　　　　　/ 205
　　一、不容忽视的安全标志　　　　　　　　　/ 207
　　二、爱戴防护用品就是爱戴生命　　　　　　/ 211
　　三、"电老虎"看不见摸不着　　　　　　　/ 214
　　四、火是无情的　　　　　　　　　　　　　/ 222
　　五、机械设备也"吃人"　　　　　　　　　/ 230

第八章　辛勤劳动　成功的基石　　　　　　　/ 237
　　一、学习蜜蜂的勤劳精神　　　　　　　　　/ 239
　　二、勤劳是成功的必经之路　　　　　　　　/ 245

劳动改造分册

第一章

劳动的作用

第一章

第九章　劳动创造美好人生　/ 255

  一、在劳动中体现人生价值　/ 257

  二、在劳动中拨正人生航向　/ 261

  三、在劳动中创造美好人生　/ 271

结束语　/ 280

参考文献　/ 282

我国的监狱工作方针是"惩罚与改造相结合,以改造人为宗旨"。无论是传统意义上的"三大基本改造手段",还是2018年全国监狱工作会议提出的"以政治改造为统领"的"五大改造",劳动改造都是最基本的改造手段之一。为什么劳动改造这么重要?在这里,我们将从劳动——这项最基本的人类实践活动的意义出发,来认识一下劳动。首先,劳动创造了人类本身,没有劳动就没有我们人类;劳动是人类生存的第一个基本条件,没有劳动,就没有人类生活;其次,劳动是人类和社会发展的基本条件,特别是促进人全面发展的重要手段;最后,劳动是改造人的有效手段。认识这些是我们树立正确劳动观的基本前提。

一、 劳动创造了人类

劳动对人的第一个作用,就是在从猿到人的演变过程中发挥了创造性作用。

人是怎么来的,这个古老而又神秘的问题,曾被神学家们弄得十分混乱。19世纪中后期,达尔文创立了进化论,论证并提出了人是由猿进化来的,为正确解答这个问题奠定了基础,但他没有解答猿是怎么变成人的。恩格斯运用辩证唯物主义的方法论,在1876年写的《劳动在从猿到人转变过程中的作用》一文中对劳动在人类起源中的作用进行了深入的研究和详细地阐述,得出了"劳动创造了人本身"的科学论断。

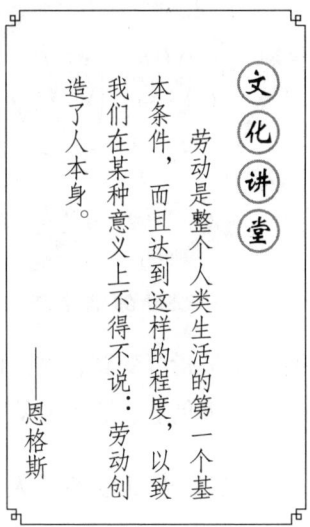

文化讲堂

劳动是整个人类生活的第一个基本条件,而且达到这样的程度,以致我们在某种意义上不得不说:劳动创造了人本身。

——恩格斯

(一) 劳动创造了人类灵巧的双手

人的双手是在劳动中从猿的手演化而来的,这一演化过程是从猿到人的重要环节。猿的手和下肢相配合,十分适合于在茂密的丛林地带做攀援动作。它们用双手抓住树枝,摆动着身体,从一棵树荡到另一棵树,这种行动方式叫臂行。臂行使猿手的四指很长,形成弯曲的钩状,极利于攀住

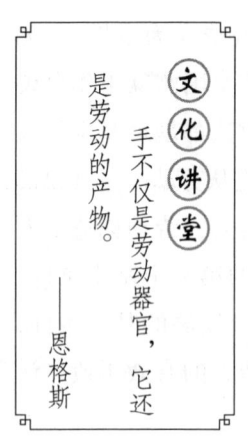

> **文化讲堂**
>
> 手不仅是劳动器官，它还是劳动的产物。
>
> ——恩格斯

树枝；而猿的大拇指很短，可以配合其他四指握住物体，但不能与其他四指对握捏拢。这就使猿手难以像人手那样可以拿住各种形状的东西。不仅如此，猿在行走时采取半直立姿势，这也需要上肢的帮助。

随着猿从树上转移到地面，逐步改变自己的生活方式，它们的身体结构也开始变化。直立行走，使猿手从辅助行走的负担中解放出来，从事与脚根本不同的许许多多事情：抓取食物，擎起木棒、石块，加工和使用原始的工具。这样，猿手变得越来越灵巧了。当制造出第一件工具时，作为运动器官的猿手就被改造成为劳动器官——人手了。

劳动创造了手

劳动使人手和猿手有很大的差别。人的双手十分宽大，手指较短，有很发达的拇指；拇指基部与手腕间的关节十分灵活，使它可以做出外展、内旋和弯曲的动作，与其他四指的动作十分协调，可以对握，能精准、灵敏地抓住任何细小的东西；人类手指上的皮纹变得很细腻和紧密，触感的可靠性更高；指骨变直，末端指节变宽，这是由于人手不仅仅是抓握树枝的运动器官，而且是主要从事创造、劳动的器官。

（二）劳动创造了人类发达的大脑

人脑是动物界高度发达的产物，任何动物的脑都不能与人脑相比。人脑在每秒钟内会形成约 10 万种不同的化学反应，形成思想、感情和行动。人脑中的 1 亿个神经细胞，每天可记录约 8600 个资料。人类的大脑之所以有这样高度的发展，与猿脑到人脑的漫长的发展进化过程有关，劳动则是其中主要的原因。古猿从树上转移到地面以后，取食、防御敌害等行为方式都发生了较大的变化。当他们逐步掌握了制造工具的手段即从事劳动以后，行为方式更为复杂，大脑接受外界事物刺激的信号也越来越多，判断分析综合的能力也越强，大脑也随之发展起来。具体的脑量发展与劳动的关系如下：

```
          ┌ 猿猴 → 黑猩猩 ──发展2000万年──→ 脑容量依然为400毫升 → 原因是不会劳动
          │
古猿 ─────┤                        ┌ 在类人猿初期由于会使用天然工具，脑量发展为500毫升
          │                        │ 早期猿人（200万年以前）→ 会制造工具 → 脑量600~700毫升
          └ 类人猿（脑容量400毫升）→人┤ 晚期猿人（100万年以前）→ 会制造工具 → 脑量800~1000毫升
                                    │ 早期智人（30万~20万年前）→ 会制造工具 → 脑量1400毫升
                                    └ 接近现代人（脑量1500~1600毫升）
```

从上述资料中不难看出，猿猴到黑猩猩经历了 2000 万年，脑量依然为 400 毫升，原因是不会劳动；而类人猿的脑量之所以能从 400 毫升发展到早期智人的 1400 毫升，主要原因是从使用天然工具到制造工具并从事着越来越复杂的劳动，这说明正是劳动才使猿的脑量不断增大，直到发展成现代人的大脑，是劳动创造了人类发达的大脑。

劳动使人的整个肌体发生变化

（三）劳动产生了人类奥妙的语言

语言是人类思维和表达思想的手段，是人类最重要的交际工具，也是人类区别于其他动物的本质特征之一。其他动物只能使用简单的发音和动作进行交流，然而人类的语言正是在这种简单音节的基础上，在共同劳动的过程中产生的。

在从猿到人的进化过程中，在共同的劳动和生活中，人们相互之间的沟通需要日益增强。在这种情况下，简单的音节已不能很好地、很准确地表达思想和进行交流，于是多频率、多音节的语言也就逐渐产生。同时，人的发音器官和接受器官、理解器官的机能也日趋成熟。由于人的这种社

会性和机能的进化与人类劳动有紧密的联系,所以劳动是语言产生和发展的动力之一。同时,语言使大脑的抽象思维能力不断发达,这也是猿脑发展为人脑的一个重要因素。

(四)劳动产生了人类特有的意识

猿人由于经常使用工具,从而学会了制造工具。猿人在制造和使用工具的过程中,不断地认识到工具的作用及其与自己生活的关系,懂得了什么样的工具用起来效果好,从而按照自己的愿望去制造工具。这样,古猿本能的意愿便产生了飞跃,并不断发生质变,产生了人类特有的意识,即把客观事物的性质,彼此之间的联系,转化成了主观的东西,并付诸行动,产生了人类特有的自觉能动性。

综上所述,从猿到人的演变是劳动的结果,是"劳动创造了人本身"。

"劳动创造了人本身"。这一科学论断的现代意义还在于,劳动是我们人类生存的第一个基本条件,没有劳动,就没有我们人类的生活。也许你会说,我是一个现代人,一出生就是个纯人类,不需要劳动再创造我了。你的理解是错误的,无论是谁,虽然一出生就是人类,但是都需要从小接受劳动的培养和锻炼,否则,你就无法从一个自然人成长为一个合格的社会人,长大后就无法融入社会。

二、劳动促进人的全面发展

(一)马克思主义关于人的全面发展理论

人的全面发展是马克思主义的最高目标和根本价值取向。马克思称之为"每个人的全面而自由的发展"。马克思和恩格斯在《德意志意识形态》中第一次正式使用"个人的全面发展"这一概念,明确地提出关于人的全面发展的思想。马克思和恩格斯在《共产党宣言》中指出:人的全面发展是共产主义者的理想目标和共产主义社会的基本原则,这为人的全面发展思想走向成熟奠定了坚实的基础。《政治经济学批判大纲》(1844年)和《资本论》(1867年)的问世,标志着马克思主义关于人的全面发展思想更加成熟。在这里,马克思、恩格斯全面揭示了人的全面发展的科学内涵和历史性、必然性，论证了人的全面发展的途径和条件，确立了人的全面发展学说的科学体系。马克思主义关于人的全面发展理论内涵十分丰富，主要包括以下几个方面：（1）人的各种能力的充分发展。人的能力既包括体力，又包括智力；既包括从事精神生产的能力，又包括从事物质生产的能力；既包括社会交往的能力，又包括道德修养的能力和审美能力等。（2）人的社会关系的全面发展。社会关系是相对于自然关系而言的，指的是一定的生产方式所决定的生产关系的总和。马克思认为，"社会关系实际上决定着一个人能够发展到什么程度"，"一个人的发展取决于和他直接和间接进行交往的其他一切人的发展"，也就是说人的全面发展只有在社会关系中才能实现。（3）人的个性的全面发展。人的个性，是个人的自我意识及由此形成的个人特有素质、品格、气质、性格、爱好、兴趣、特长、情感等的总和。马克思指出，个性的充分发展就是"一切天赋得到充分发展"。（4）人的需要的全面发展。在人类社会初期，由于生产力水平低下，社会产品极其匮乏，人的需要只能在一个极其低下的层次上得到满足。资本主义生产方式的建立和发展，使人的需要有可能向多方面发展。到了社会主义和共产主义社会，剥削制度被消灭，生产力高度发展，社会产品极大丰富，人的需要将呈现丰富性和多面性。习近平总书记在党的十九大报告中明确指出："中国特色社会主义进入新时代，我国社会主要矛盾已经转化为人民日益增长的美好生活需要和不平衡不充分的发展之间的矛盾。"充分体现了党对人民的需要的全面发展的高度重视。

中国共产党几代领导核心把马克思主义关于人的全面发展理论与中国社会具体实践相结合，继承和发展了马克思主义关于人的全面发展理论，开拓了马克思主义的新境界。2002年党的十六大报告首次以党的代表大会文献的形式把人的全面发展规定为党的奋斗目标，并再一次强调了"促进人的全面发展"是社会主义的本质要求。以习近平同志为核心的党中央自党的十八大以来提出全面持续地推进以人民为中心的发展思想。在党的十九大报告中，习近平总书记强调"必须坚持以人民为中心的发展思想，不断促进人的全面发展、全体人民共同富裕"。赋予了人的全面发展理论以新的内涵，实现了马克思主义关于人的全面发展理论在新时代中国特色社会主义实践中得到更深入地发展。

（二）劳动具有培养德、智、体、美、劳全面发展的社会主义新人的综合育人功能

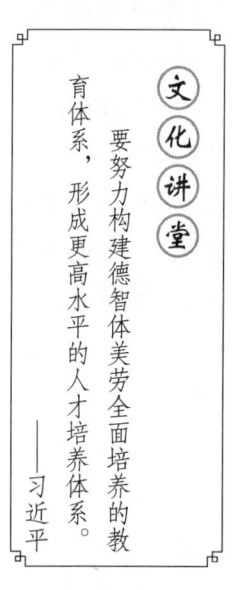

文化讲堂
要努力构建德智体美劳全面培养的教育体系，形成更高水平的人才培养体系。
——习近平

劳动有着其他教育方式所无法比拟的综合育人功能，你可以通过文化教育或各种方式学习文化知识，你可以通过体育锻炼增强体魄，你可以通过刻苦学习取得更高的学历，但是这些都代替不了劳动的作用。劳动对人的全面发展的重要作用，其实从人类的起源中就得到了最原始的证明。正是劳动创造了人类的双手、大脑和肌体，产生了语言和意识，使古猿彻底演变成了人类，拥有了人类的思想和智慧，发展成为地球上最发达的物种。而在人类社会发展的历史上，劳动对人的全面发展的重要作用，不断得到印证，而且受到了越来越多的重视。

我国历来重视生产劳动对培养社会新人的重要作用，把教育与生产劳动相结合作为教育工作方针的重要内容，把培养德、智、体、美、劳全面发展的社会主义建设者和接班人作为教育工作的目标和重点。2015年7月20日，教育部共青团全国少工委联合出台了《关于加强中小学劳动教育的意见》，从中可以看出，国家对劳动在人的全面发展中的重要作用以及对从小学生开始加强劳动教育的重视。

教育部、共青团中央、全国少工委
《关于加强中小学劳动教育的意见》的部分内容

劳动教育的主要目标：

通过劳动教育，提高广大中小学生的劳动素养，促进他们形成良好的劳动习惯和积极的劳动态度，使他们明白"生活靠劳动创造，人生也靠劳动创造"的道理，培养他们勤奋学习、自觉劳动、勇于创造的精神，为他们终身发展和人生幸福奠定基础。

用3~5年时间，统筹资源，构建模式，推动建立课程完善、资源丰富、模式多样、机制健全的劳动教育体系，形成普遍重视劳动教育的氛围。推动在全国创建一批国家级劳动教育实验区，推动地方创建一批省级劳动教育实践基地和劳动教育特色学校，带动全国中小学劳动教育深入开展。

劳动教育的基本原则：

充分发挥劳动综合育人功能，以劳树德、以劳增智、以劳强体、以劳育美、以劳创新，促进学生德智体美劳全面发展。

——坚持思想引领。中小学劳动教育既要让学生学习必要的劳动知识和技能，更要通过劳动帮助学生形成健全人格和良好的思想道德品质。

——坚持有机融入。要有效发挥学科教学、社会实践、校园文化、家庭教育、社会教育的劳动教育功能，让学生在日常学习生活中形成劳动光荣、劳动伟大的正确观念。

——坚持实际体验。要让学生直接参与劳动过程，增强劳动感受，体会劳动艰辛，分享劳动喜悦，掌握劳动技能，养成劳动习惯，提高动手能力和发现问题、解决问题的能力

劳动教育的关键环节：

1. 落实相关课程；2. 开展校内劳动；3. 组织校外劳动；4. 鼓励家务劳动。

世界发达国家对儿童的劳动教育高度重视

美国、德国的一些法律中都规定了6岁到18岁的孩子应该做的家务和社会劳动。德国有6%的中小学生打过工。日本一些中学组织学生到生活条件差的岛屿、农村、山寨去接受劳动锻炼。

越来越多的美国家庭对孩子从儿童时代就开始"爱劳动"教育了。学龄前的孩子大多在家长的督促和指导下学会卖报纸，或帮助修剪园子里的花木；大些的孩子往往习惯于利用周末和假期打短工。即便是富翁的孩子，大多在家也是干家务的能手，在外打工挣钱也不少见。这是因为美国人深信：勤劳的童年是帮助将来事业成功的一块"跳板"，换句话说，即儿童时代培养的勤劳习惯将是富裕未来的保证。在培养孩子的劳动习惯时，美国家长大都遵循如下"原则"：（1）目的明确。让孩子干家务，主要不是为了减轻大人的负担，更重要的是通过做家务培养孩子的责任感、自信自尊和独立自主能力——这些都是塑造健康人格所必需的保障。（2）早早开始。培养孩子的劳动习惯越早越好。（3）要求不宜太高。千万不要一看到孩子干活笨手笨脚，就不耐烦地取而代之。因为这只会挫伤孩子的自尊心和积极性。（4）不谈金钱。美国家长大多认为：对孩子完成任务的最好报酬是微笑、拥抱和说声"谢谢"，或是当面表扬。相反用金钱作奖励可能会引导孩子"一切向钱看"，从而降低了孩子参加劳动本来的价值。（5）走出家庭。随着孩子年龄的增长，分配的家务活也应"与时俱进"。走出小小家庭去大街当报童，或为社区中的孤寡老人义务劳动，可以让孩子有机会接触社会，并从中体会到为别人服务的快乐，同时对进一步培养其社会责任感和独立工作能力大有裨益。

从以上资料中可以看出，世界各国都十分重视劳动对人的成长发展的培养教育作用。下面我们再从德智体几方面看一看劳动的育人功能。

（三）劳动是优良思想和道德的播种机

人的正确思想，只能从社会实践中来，从生产劳动这项最基本的社会实践中来。劳动，使我们树立了"不劳动者不得食"的观念；劳动，使我们养成了艰苦奋斗和勤俭节约的作风；劳动，使我们懂得了理解和尊重他人；劳动，使我们培养了责任感、自尊心、自信心、独立自主和自律意识；劳动，使我们学会了团结和协作；劳动，使我们懂得了奉献；劳动，使我们知道了热爱和尊重自然、关注和关心社会；劳动使我们懂得了父母的养育之恩和孝敬父母。劳动，就像一台功能强大的播种机，把这一系列优良的思想、道德观念播种在我们的头脑中。虽然,从小到大我们每个人从家庭、社会和学校中接受了许多思想道德教育,但是,同家庭、社会和学校的教育相比,劳动的实践和体验功能更加强大,更是一种无以替代的自我教育,它把这些优良的思想、道德观念深深地、牢固地植入我们的心田。

娇生惯养出逆子

2010年10月16日晚,一辆黑色轿车在某大学校区内撞倒两名女生,一死一伤,司机不但没有停车,反而继续去宿舍楼送女友。返回途中被学生和保安拦下,该肇事者不仅未关心伤者,反而态度嚣张,高喊:"有本事你们告去,我爸是李刚!"后经证实了解,该男子的父亲是某市某公安分局副局长。此事一出迅速成为网友和媒体热议的焦点,"我爸是李刚"语句也迅速成为网络上最火的流行语。

血腥的场面,狂妄的叫嚣,面对自己亲手制造的血案,面对他人的生命,年轻人为什么如此冷漠、如此嚣张?一时间引起全社会的关注和思考,舆论焦点直接指向了官二代、富二代的家庭背景,难道这些年轻人的道德缺失仅仅是因为他们富裕的家庭和地位显赫的父母吗?究其根源,出身富贵只是这些年轻人仗势欺人、漠视他人生命、公然挑战社会底线的表面原因,而深层次的原因是这些年轻人成长教育的失败。我们完全不用怀疑,这些年轻人优越的家庭背景肯定会让他们尽可能地接受最好的学校教育。他们周围也都是有文化、有地位的人,他们的父母也有能力、有素质和更强烈的愿望去教育他们。但是,在一个人的成长过程中,仅仅有学校教育、家庭教育是不够的。由于这些年轻人从小在父母的溺爱中长大,从小缺少了一项重要的教育——劳动教育。因为不劳动就过着上等人的生活，他们才有着与生俱来的优越感；因为不劳动就可以轻而易举地获得平常人难以奢望的优厚待遇，他们才有了根深蒂固的特权思想；因为没有辛勤劳动的体验，他们才会缺乏对身边人起码的尊重和平等意识。所以，无论是轻易挥下的拳头，还是脱口而出的"我爸是李刚""谁敢打110"，都不像是一种口不择言，更准确地说，应该是自身道德残缺的充分暴露。我们从"官二代"问题延展开来会发现，由于娇生惯养、不劳而获的原因产生的问题青少年并非只是"官二代""富二代"，从小娇生惯养、不劳而获是许多青少年犯罪的重要原因。所以，在加强对青少年的成长教育的过程中，千万不能少了劳动这门课。劳动可是优良品德的播种机啊！

劳动锻炼育良才

陈女士是一个单亲妈妈，下岗后她依靠早出晚归卖报纸，辛苦地抚养上初中的女儿。为了弥补女儿缺少的父爱，陈女士比其他母亲付出了更多的努力，对女儿百依百顺，有求必应。

可久而久之，陈女士发现了一个问题：女儿丝毫不在意她的辛苦，在吃穿用方面跟班里的女同学攀比，花钱大手大脚，什么流行就吵着买什么。

一天晚上八点多，陈女士好不容易卖完报纸，拖着疲惫的身子赶回家时，看到女儿正戴着耳机哼歌曲，瞧见她回来，连头也没抬。女儿的冷漠让陈女士寒心。为了让女儿体味到生活的不易，陈女士决心带女儿去卖一天报纸。一个周末的早上五点半，陈女士硬将女儿从床上拉起来，把两个馒头和一瓶水塞进布包，就赶向了附近的一个报纸批发点。拿到报纸后，陈女士急忙去了自己常去的一个十字路口叫卖。女儿极不情愿地跟在后面，一个劲儿埋怨，让她来卖报纸太丢脸了。周末上班的人少，一上午只

卖出了一小部分报纸，到中午时还有厚厚的一摞。此时天儿也热起来了，太阳无遮无拦地照在母女俩身上，陈女士的脸被晒得通红，她赶紧让女儿躲到阴凉的地方，并塞给女儿几块钱，让她去买点吃的，自己仍站在烈日下叫卖，饿了就吃几口馒头。报纸好不容易卖完，回家后，女儿哭着说："妈，您挣钱养活我太不容易了，我以后再也不乱花钱了，一定要好好孝顺您！"陈女士听闻落了泪。此后，陈女士发现女儿懂事多了，不仅不像以前那样乱要钱，而且主动做家务活儿，每晚都给她做好饭，每逢周末还去给她帮忙。

高尔基说："在重视劳动和尊重劳动者的基础上，我们有可能来创造自己的新的道德。"通过上面的例子我们可以说，不重视劳动，不参加劳动，我们就可能远离道德，触犯法律。从小接受劳动教育，经常参加劳动，有利于培养孩子热爱劳动的习惯和艰苦奋斗的精神，培养孩子的责任感，这些都是塑造健康人格所必需的保障，是实现一个人全面发展的必要条件。请牢记意大利民族复兴时期的爱国志士、优秀的历史学家、作家和文艺评论家拉·乔乃尼奥里的名言："劳动是产生一切力量、一切道德和一切幸福的威力无比的源泉。"

(四) 劳动是开启智慧大门的金钥匙

我们知道，作为人类智慧器官的大脑是在劳动中产生的。在从猿到人的转变过程中，通过劳动和语言交流，推动了脑髓的发展，从而使猿的脑髓逐渐地变成人的脑髓，而在脑髓发展的同时，感觉和知觉器官也越来越灵敏和发达，区别于动物的人类智慧就这样产生了。人类从事的劳动由简单化到复杂化，人们制造的劳动工具越来越复杂，人们生产的产品也越来越丰富多样，人类的智慧也越来越发达。

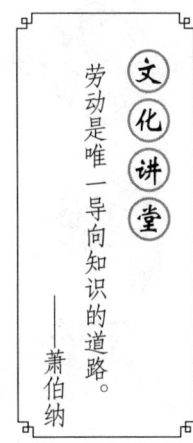

文化讲堂

劳动是唯一导向知识的道路。

——萧伯纳

即便在今天劳动对我们智力的提高也是至关重要的。劳动使我们不断开阔眼界，增长知识、积累经验、深入地认识和掌握自然规律。劳动可以促进血液循环，使心、脑和整个循环系统功能处于较高的水平，并反馈性地增强神经系统的调节功能,这使我们的思维更敏捷、反应更灵活、智力更发达。苏联著名教育实践家和教育理论家苏霍姆林斯基的一个重要的教育信条是"孩子的智慧出在他的手指尖上",他坚信,要使人的个性得到充分的发挥,就要让他从事他喜爱的劳动,而且,他越深入到这种劳动中去,他的能力和天资就会得到越好的发展。

我国古代的四大发明是劳动人民劳动智慧的结晶

众所周知,我国古代的四大发明——指南针、火药、造纸术、印刷术为世界做出了重大贡献。而这四大发明无一不是我国古代劳动人民在劳动中创造的智慧。指南针的发明是我国劳动人民在长期的实践中对物体磁性认识的结果。由于生产劳动,人们接触了磁铁矿,开始了对磁性质的了解。人们起初发现了磁石引铁的性质,后来又发现了磁石的指向性。经过多方的实验和研究,终于发明了可以实用的指南针。火药的发明是秦汉以后炼丹家用硫黄、硝石等物炼丹时,从偶然发生的爆炸现象中得到启示,再经过多次实践,找到了火药的配方。造纸术的发明是东汉人蔡伦在总结前人制造丝织品的经验的基础上,用树皮、破渔网、破布、麻头等作原料,制造成了适合书写的植物纤维纸,使纸成为普遍使用的书写材料,被称为"蔡侯纸"。印刷术开始于隋朝的雕版印刷,雕版印刷是用刀在一块块木板上雕刻成凸出来的反写字,然后再上墨,印到纸上。每印一种新书,木板就得从头雕起,速度很慢。如果刻版出了差错,又要重新刻起,劳作之辛苦,可想而知。宋仁宗时的毕昇通过发展、完善,发明了活字印刷,这种印刷方法虽然原始简单,却与现代铅字排印原理相同,使印刷技术进入了一个新时代,后人称毕昇为印刷术的始祖。可以看出,印刷技术的发明和发展是多少代人劳动智慧的结晶。

我国古代的四大发明一直是中华民族的骄傲,也是劳动人民智慧的结晶,四大发明是劳动开启智慧、劳动创造文明的典型代表。

国王寻找智慧

国王听说阿凡提非常有智慧,便把他叫来问道:"阿凡提,你的智慧是从哪儿找来的?""通过艰苦的劳动找到的!"阿凡提回答说。

"智慧也能通过劳动找到吗?"国王问。

"对,通过艰苦的劳动一定能找到智慧!"阿凡提回答。

"我现在就想多找一点智慧。"国王说。

"这个好办,请您拿上坎土曼(中国新疆地区的一种铁制农具,有锄地、挖土等用途,由木柄和铁头两部分构成)跟我走,我会帮助您找到智慧的。"阿凡提胸有成竹地说。

国王心想:别人都说我缺少智慧,这回我一定得多找一些智慧把脑子装满,有可能的话再装上两箱智慧带回王宫,留着给孩子们用。然后,他拿上一把坎土曼跟着阿凡提就走,他们走了很长时间,来到一片戈壁滩上,阿凡提对国王说:"好了,国王陛下,请您脱下皇袍开始劳动吧!"

国王只好跟着阿凡提抡起坎土曼来。干了一会儿,国王的手打出了血泡。国王受不了了,他说:"阿凡提,你说的智慧在哪儿?我们怎么能找到它?"

"请别急,国王陛下",阿凡提笑了笑说:"我们就这样艰苦地把坎土曼抡到秋天,等把这片土地开垦出来,到了春天我们把智慧种上,秋天我们就可以收获到一麻袋一麻袋的智慧了!不然,我们上哪儿去寻找智慧呀?"

"你说的这个智慧是粮食吧?"国王问。

阿凡提说:"对,陛下,这只是寻找智慧的第一步。"

国王无奈,跟着阿凡提整整苦干了一年。到了秋天收完了丰收的粮食后,国王对阿凡提说:"阿凡提,我感觉到粮食吃起来容易,可种起来就难了,你说我说的对吗?"

"非常正确,您现在找到了一条最重要的智慧。"阿凡提回答说。

阿凡提是享誉世界的智慧超群的传说人物。"阿凡提",在维吾尔族语中就是"先生"的意思,由于他才智过人,因此在不同地区的传说中往往以智者或者导师的头衔来称呼他。阿凡提有很多充满智慧的故事,许多都是总结劳动人民的智慧,以诙谐、幽默的形式出现的。上面这个帮助国王寻找智慧的故事,就是用劳动巧妙地告诉了国王一个朴实的真理,粮食是从劳动中来的,智慧也是从劳动中来的。要想拥有智慧,那就去劳动吧!正如高尔基说的:"热爱劳动吧。没有一种力量能像劳动,即集体、友爱、自由的劳动的力量那样使人成为伟大和聪明的人"。

(五)劳动是健康的源泉

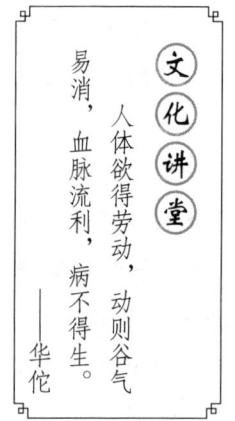

文化讲堂

人体欲得劳动,动则谷气易消,血脉流利,病不得生。
——华佗

劳动可以使我们筋骨强健,肌肉发达,关节灵活,反应灵敏,动作迅速,所谓"用则不退,动则不衰";劳动能让我们百脉通畅,五脏气血供应充足,可使冠状动脉血流量增加,改善心肌的营养和代谢;劳动还能抑制胆固醇的合成,可防止心脑血管疾病的发生;劳动还有延缓衰老的作用,人在持续的劳动过程中,会大大提高心肺和血管的功能,对氧气和营养物的分配、清除体内垃圾产生重要作用,阻止或减慢肌肉的生理性萎缩,从而有效地延缓机体的衰老速度。劳动虽然让我们付出一定的辛苦,但是劳动创造的成果能使我们精神愉快,心情舒畅,增强对生活的热爱和情趣,为我们的健康长寿打下良好的基础。因而古今养生学家认为,劳动是最重要的养生方法之一。

因"劳"而长寿,因"不劳"而丧生

英国山区有一位叫托马斯·佩普的农民,活到150岁时仍然精神矍铄,照样砍柴种地。他一生经历了9个朝代,第九个国王出于好奇与羡慕,特将这位寿星请进皇宫中,敬若上宾,富丽华贵的服饰任其穿戴,山珍海味随其食用,终日无所事事。结果不到2年,这位152岁的老人死于皇宫中。著名解剖学家加费解剖了他的尸体,发现他的四肢和内脏还未明显衰老,真正的死因是过多的脂肪堵塞了他的血管。这是一个因"劳"而长寿，因"不劳"而丧生的典型实例。

有人统计，我国古代三百多位皇帝的平均寿命不足40岁。尽管他们的死因很多，但长年养尊处优、不劳动，是重要的原因之一。广西巴马山区是我国的长寿之乡，在调查长寿原因时发现，勤于劳动是重要的因素之一，有的百岁老人仍参加一些适当的劳动。

随着现代科学技术的迅速发展，人们的体力劳动逐渐减少，劳动强度大大降低，看似现代人比过去舒适多了，殊不知，疏于劳作无疑会使身体各器官的功能降低，免疫力下降，身体素质越来越差，有的学者将之称为"现代闲逸病"。这种"现代闲逸病"患者多表现为思维迟钝、体态肥胖、四肢软懒、体质虚弱、消化不良、易患各种身心疾病。治疗"现代闲逸病"最好的方法，就是劳动。

"是劳动给了我又一次健康"

服刑人员董某，入狱时年龄已达60岁，患有高血压、心脏病等疾病，对入狱后的劳动充满担忧，对通过劳动减刑更是不敢奢望。分监区干警了解了董某这一特殊情况后，安排董某从事打扫车间卫生的工作。董某对分监区的安排非常感激，劳动格外卖力。董某清扫和维护的卫生区为长50米左右的过道及窗台，每天清扫5~6次。董某说："原来每天只是坐着工作，才患了这么多疾病，现在每天走一走，活动活动，身体感觉舒服多了。"经过一年多的劳动，董某的血压恢复到了正常范围，吃的药也少多了，并获得了第一个劳动奖励。董某高兴地说："是劳动给了我又一次健康，同样也是劳动洗刷了自己心灵上的污垢，让我对新生依然充满希望。"入狱之初，董某的家人由于董某年龄大、身体多病、犯罪后身心压力大，对董某的身体非常担心，当看到监狱让董某参加适当的劳动，身体状况大为改观，一家人都非常高兴。

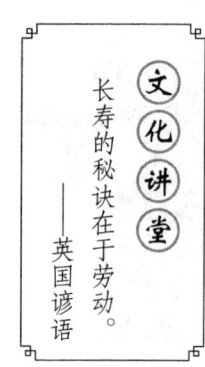

文化讲堂

长寿的秘诀在于劳动。
——英国谚语

监狱服刑人员由于精神压力大,很容易患上各种疾病。很多人在社会上好逸恶劳,进了监狱又不愿意接受改造,不愿意或不认真劳动。也许我们还不知道劳动对身体的好处,不知道劳动对恢复健康的作用,但谁也不愿意得病。那么,去劳动吧!劳动会使我们减少和预防疾病,劳动会使我们病后重生,劳动会使我们健康强壮!

(六)人的全面发展,劳动让我们实现自我的救赎与超越

马克思主义提出了人的全面发展的崇高理想和目标。中国共产党带领中国人民朝着马克思主义的理想和目标不断前进。我国监狱提出并奉行以"改造人"为宗旨的监狱工作方针,说明党和国家并没有忘记这些特殊的社会成员,运用各种手段来加强对罪犯的教育和改造,帮助罪犯早日回归社会,其中劳动具有促进人的全面发展的强大功能,就是我国监狱所特有的、让罪犯实现自我的全面改造、进而全面发展的最好手段。所以,人的全面发展,也包括罪犯,大家应该急起直追,积极地投入到劳动中去,追求自己的全面发展。

三、劳动是改造人的手段

(一)劳动改造的马克思主义原理和依据

1. 人的生产劳动是改造客观世界和改造自身主观世界的统一的过程

马克思主义劳动学说除了论证了"劳动创造人本身",还详细论证了劳动改造人的作用,既论证了劳动对一般人的改造作用,还论证了劳动对犯了罪的人的改造作用。"劳动首先是人和自然之间的过程,是人以自身的活动引起、控制人和自然之间的过程。人自身作为一种自然力与自然物质相对立,为了以对自身有用的形式占有自然物质,人就把他身上的自然力——臂和腿、头和手运动起来。当他通过这种运动作用于他身外的自然并改造自然

时，也就同时改变了他自身的自然。他使自身的自然中睡着的潜力发挥出来，并使这种力的活动受他自己控制。"〔1〕这段论述表明的是，人类的劳动，既是改造客观世界的过程，同时也是改造劳动者主观世界的过程，劳动既创造了人类社会的物质文明，也不断创造着人类社会的精神文明。

2. 劳动有利于形成人的正确的社会认知，树立正确的世界观、人生观、价值观

马克思深信不疑地认为：在建立新的社会经济关系的过程中，在这一新社会的"再生产行为本身中，不但客观条件改变着……而且生产者也改变着，炼出新的品质，通过生产而发展改造着自身，造成新的力量和新的观念，造成新的交往方式，新的需要和新的语言"。〔2〕这种"新的观念""新的交往方式""新的需要和新的语言"就是正确的世界观、人生观和价值观。同时，马克思所说的"新的社会经济关系"就是社会主义经济关系，是在社会主义生产管理体制下所形成的经济关系和生产关系，在这一"新的社会经济关系"下，人的生产劳动才更加有利于形成这种正确的世界观、人生观和价值观，这就是社会主义制度的优越性。对此，毛泽东在《实践论》中也详细论述了生产劳动对人的观念的形成、人的正确思想和伦理的形成和发展的重要作用，他说："马克思主义者认为人类的生产活动是最基本的实践活动，是决定其他一切活动的东西。人的认识，主要地依赖于物质的生产活动……而且经过生产活动，也在各种不同程度上逐渐地认识了人和人的一定的相互关系。一切这些知识，离开生产活动是不能得到的。"

3. 劳动可以改造人的错误的思想观念，是改造罪犯的重要手段

一个未成年人在幼儿、学生时代接受劳动教育使他逐步树立起正确的世界观、人生观和价值观，一个成年人为了自己的不断进步和发展也需要加入到社会劳动者的行列中来，一个世界观、人生观和价值观

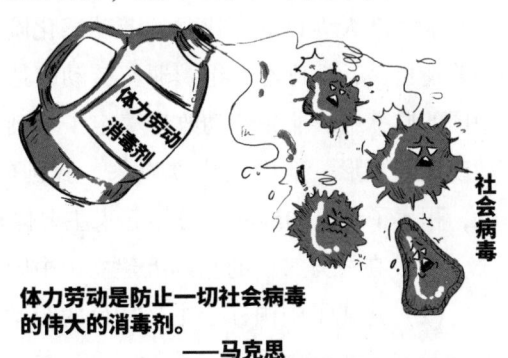

体力劳动是防止一切社会病毒的伟大的消毒剂。
——马克思

---

〔1〕《马克思恩格斯全集》第23卷，第201页。
〔2〕《马克思恩格斯全集》第46卷（上册），第494页。

出现问题的人,比如罪犯,更需要通过参加劳动来改造错误的思想。对此,马克思曾断言:"体力劳动是防止一切社会病毒的伟大的消毒剂",[1]他甚至直接指出生产劳动是罪犯"改过自新的唯一手段"。[2]

解放战争时期,毛泽东指出:"对于反动阶级和反动派的人们,在他们的政权被推翻以后,只要他们不造反、不破坏、不捣乱,也给土地、给工作,让他们活下去,让他们在劳动中改造自己,成为新人。他们如果不愿意劳动,人民的国家就要强迫他们劳动,也对他们做宣传教育工作,并且做得很用心,很充分。"

新中国成立以来,毛泽东劳动改造罪犯思想首先体现在作为国家大法的《中国人民政治协商会议共同纲领》(以下简称《共同纲领》)中,《共同纲领》第七条规定:"对于一般的反动分子、封建地主、官僚资本家,在解除其武装、消灭其特殊势力后,仍须依法在必要时期内剥夺他们的政治权利,但同时给以生活出路,并强迫他们在劳动中改造自己,成为新人。"之后,毛泽东多次对劳动改造罪犯工作作出指示,并提出了我国的第一个监狱工作方针——"三个为了"方针。1951年,毛泽东在亲自修改审定全国第三次公安会议决议时提出:"大批应当判刑的犯人,是一个很大的劳动力,为了改造他们,为了解决监狱的困难,为了不让判处徒刑的反革命分子坐吃闲饭,必须立即着手组织劳动改造工作。"

(二)新中国成立以来劳动改造的成就和宝贵经验

新民主主义革命时期,革命根据地、边区及解放区的监狱以教育改造罪犯成为新人为目的,建立的劳动感化院、劳改队、罪犯习艺所等罪犯劳动改造机关,就已经在组织罪犯劳动改造方面,积累了大量的经验,为新中国的监狱组织罪犯劳动改造奠定了基础,也可以说孕育了新中国罪犯劳动改造的雏形。新中国成立以来,我国的劳动改造取得了举世瞩目的成就,积累了丰富的经验,总结起来主要体现在以下几个方面:

(1)在一穷二白的基础上建立了中国监狱的劳动改造事业。

(2)建成了中国社会主义特色的劳动改造制度。这是一套包括思想理

―――――――――
[1]《马克思恩格斯全集》第31卷,第538页。
[2]《马克思恩格斯全集》第3卷,人民出版社1972年版,第25页。

念、方针政策、法规、组织体制、管理制度、工具方法等一系列内容的工作体系。其在马克思主义劳动学说指导下形成的以转变观念为核心的改造体系，是中国劳动改造的一大特色，其中蕴涵了丰富的劳动改造科学和实践经验。

（3）中华人民共和国成立以来成功改造了末代皇帝、日本战犯、国民党战犯等一大批反革命罪犯和其他各类罪犯，积累了改造罪犯的宝贵经验，保证了社会的安全和稳定，为国家输出了一批又一批遵纪守法的社会主义建设者。

（4）形成了一套成熟的科学的劳动改造方针、政策和法规。从"三个为了"方针、"惩罚管制与思想改造相结合、劳动生产与政治教育相结合"的"两个结合"方针、"改造第一、生产第二"的方针到"惩罚与改造相结合，以改造人为宗旨"的监狱工作方针，无不从实际出发，指导着不同历史时期的劳动改造工作的开展。

（5）在科学的工作方针指导下，处理了改造与生产的矛盾、社会效益与经济效益的矛盾等各类实际矛盾关系，积累了丰富的经验。

（6）建成了一套罪犯劳动改造理论。揭示了劳动改造工作内在的矛盾和规律，指导着劳动改造工作的科学发展。

（7）建起了一大批中国特色的监狱国有企业，为国家的经济建设、解决监狱经费不足做出了重大贡献。

（8）形成了以政治改造为统领，与其他改造手段相互联系、密切配合的改造工作方式方法和体系。

（9）在国家经济体制转型为社会主义市场经济体制过程中完成了监狱布局的调整、完成了监企分开的改革、完成了监狱产业结构的调整，使生产劳动的场所布局、组织结构、生产项目都更加适合劳动改造的需要。

（10）在从"三大手段"拓展为"五大改造"的过程中，推动了劳动改造工作理念、理论、模式和方法的变革和创新。

下面通过一些史料和案例对我国劳动改造的伟大成就进行展示。

中国特色社会主义劳动改造制度的建立

中国特色社会主义的劳动改造制度产生于新民主主义革命时期，建立于新中国监狱的初创时期。

早在新民主主义革命时期，新生的革命政权接收了一些旧监狱等国家机器，为了解决战争中的俘虏和革命队伍内部的犯罪问题，以毛泽东为首的中国共产党人以马克思主义劳动学说为理论依据，以苏联罪犯劳动改造模式为实践依据，提出了用劳动改造解决犯罪问题的根本思想。在新生的人民政权陆续建立起了一批以劳动改造为中心的新型刑事执行机关，例如，在国共合作时期、土地革命时期、抗日战争时期和解放战争时期，各解放区大都设立了监所、劳动感化院、罪犯自新学艺所和监狱等。1939年2月，陕甘宁边区高等法院发布《通令》指出，克服抗战困难，法院决定，利用已判决人犯的劳动力，另一方面给犯人表现改正错误的机会，全边区各县已判决人犯在严密看管之下，参加生产劳动。主要是开荒种地、从事简单的手工业生产、搞短途运输、组织包工队等。在这些监所里，劳动是惩罚和改造罪犯的主要手段与基本途径，实行劳动和教育相结合的政策，成功地改造了一大批反革命分子和刑事犯罪分子，这可以说是社会主义社会罪犯劳动的初级形式。

新中国成立前夕，1949年9月29日通过的带有临时宪法性质的《中国人民政治协商会议共同纲领》第七条规定，对于一般的反动分子、封建地主、官僚资本家，在解除其武装、消灭其特殊势力后，仍须依法在必要时期内剥夺他们的政治权利，但同时给予生活出路，并强迫他们在劳动中改造自己成为新人。《共同纲领》这一规定成为新中国社会主义罪犯劳动得以发展的理论基础。1949年10月1日中华人民共和国成立以后，新中国接收的旧监狱破旧不堪，需要关押和改造的罪犯却人满为患，而且罪犯构成从日本战犯、国民党战犯、末代皇帝到新收押的剿匪反霸、镇压反革命、"三反""五反"逮捕的一大批反革命分子和刑事犯罪分子，除了对极少数罪大恶极的主要犯罪分子处以极刑外，判刑关押的就有一百多万人，新政权的监狱工作面临着巨大的困难。在这种情况下，党中央批准在1951年5月召开第3次全国公安工作会议，会议通过了《关于组织全国犯人劳动改造问题的决议》，决议明确指出，大批应判徒刑的犯人，是一个很大的劳动力，为了改造他们，为了解决监狱的困难，为了不让判处徒刑的反革命分子坐吃闲饭，必须立即着手组织劳动改造的工作。这次会议明确了

劳动对改造反革命分子和刑事犯罪分子的作用，确定了劳动改造的组织机构、人员、经费渠道、劳动项目等一系列基本问题，使劳动改造工作在全国得以大范围铺开，也使劳动改造工作真正步入了一个正规发展和快速推进的新时期。

1954年9月，中华人民共和国政务院公布实行了《中华人民共和国劳动改造条例》，这是新中国劳动改造工作（监狱工作）包括罪犯劳动改造工作的第一部法规。该条例在第3章中专设"劳动改造和教育改造"内容，使劳动改造和教育改造一道，成为监狱改造罪犯的两大基本手段。该条例第4章专设"劳动改造生产"内容，并明确规定了劳动改造生产的目标、管理体制、管理机构、发展方向、安全生产制度等内容，这也使得劳动改造和劳动改造生产区分开来，也就是使罪犯劳动改造这种以改造人为宗旨的活动与劳动改造生产这种以追求经济效益为目标的活动区别开来，从而为罪犯劳动改造的顺利发展扫清了道路，这些规定促进了罪犯劳动改造工作的深化和发展。

应该说，《中华人民共和国劳动改造条例》的颁布实施，标志着新中国社会主义特色的劳动改造制度真正地建立起来了。

我国的劳动改造制度从劳动入手，以生产劳动为手段，以改造罪犯成为新人为宗旨。无论是在新民主主义革命时期的监所劳动中，还是在新中国刚刚成立后对最难改造的末代皇帝和战争罪犯的改造中，都取得了令人信服的成就，得到了实践的验证。

成功改造末代皇帝[1]

帮助"皇帝"从头学起，过去只听人讲，皇帝向来是衣来伸手、饭来张口，什么也不会做。我初见溥仪时，看他和普通人没什么两样，所以，对于那些传说，还有些不相信。但观察一段时间以后，我就相信了人们的议论。就拿洗脸这样的小事来说，一般人洗脸都是正面、侧面，整张脸都能洗到，而溥仪洗脸只洗正面脸，侧面却不着水。他的衣服经常缺扣子，

---

[1] 中国监狱学会监狱史学专业委员会编：《我所知道的新中国监狱工作》，辽宁省铁岭监狱，姜禹臣："在改造溥仪的日子里"。

衣扣也常扣错，穿的衣服也是歪的。他穿的两只鞋，常有一只缺鞋带，或者鞋带长短不一。吃饭也一样，别人都用筷子，可他怎么用也用不好，夹菜经常往下掉。经过长时间的练习，拿筷子才得心应手。

溥仪刚到战犯管理所时，不会洗衣服。他有一个约80厘米长的立式开盖的长方形黑皮箱，里面装着衣服等物品。他每次换下脏衣服都揉成一团塞进黑皮箱里。然后，又从箱里挑出干净的衣服换上，等箱里的干净衣服都换完了，就把几次换下来的脏衣服拿出来，叫他侄儿去洗。我发现数次后，这样不利于溥仪改造，遂把我的想法向领导作了汇报。后经领导批准，我们先把溥仪的几个侄儿从他房间里调出，打消他的依赖性。其次，在每次洗澡时，有意把溥仪排在后面，让他洗完澡，再留他把自己的衣服洗了。这样做的目的，是让他自己锻炼着会洗衣服。记得第一次，浴室里就剩下我和溥仪两个人。他洗完澡，穿好了衣服，正要往外走。我叫住了他，对他说："溥仪，浴室里现在没人，还有热水，你把换下来的脏衣服洗了吧。"他听后，先是一愣，朝我看了半晌，才说了声"好"。过了一会儿，他把衣服放进脸盆，用温水泡上。然后，他一只手拿起了肥皂，蹲在盆前，思考了片刻，才一把抓起了湿衣服，用肥皂往整件衣服上搓。我站在一旁见此情景，心里不觉一阵好笑。但仔细一想，也确实是难为他，因溥仪从来没洗过衣服，第一次难免不会，也没什么奇怪的。于是，我让他先停下来，告诉他洗衣服的方法，并动手给他作了示范，然后才让他自

己洗。刚开始，他动作很笨。等到洗完上衣，又洗裤子时，我发现他的动作就不像先前那样笨拙了。等他洗完了衣服，我对他的进步给予鼓励，还说："人活一世，不能一辈子依赖别人。要想争取做一个自食其力的新人，就必须掌握生活的本领。不会就得从头学。"溥仪回答一声"好"，还谈了自己的感想。他说，他过去依靠别人惯了，现在看来是不对的，这是剥削阶级的陈腐观念。最后，他说："看来，学洗衣服并不是一件很难的事，其他事情可能也是如此，只要自己肯于学习，总能学会的。"自此以后，

溥仪很虚心好学，不懂就问。每次我指出他做得不对的地方时，他都能谦虚地回答说"行"，或者说"好"。这样时间长了，他常说的"行"或"好"两个字，也就成了他回答我们问题的常用语了。他这样回答，不是敷衍我们随便说说的，他真的学会了不少自理生活的本领。

意外的一课

1952年9月的一天，哈尔滨监舍2楼6号监室内的厕所下水道堵了。当时，所内缺少维修人员，到外面找人修，所方又不允许，因为管理所对外一直是保密单位。出于责任感，我就主动找来维修工具，修了起来，但忙活了半天，也没把下水道捅开。没办法，我只好来到楼下的房间里，把连接楼上的下水管道底部拐弯处打开。只见里面积满了黄糊糊的粪便水，一股臭气从里面散发出来。在旁边围观的战犯，被熏得直往后退，有的还捂着鼻子。他们的目光都注视着我。说实话，我当时也感觉非常恶心。不过，看到他们怀疑的目光后，我想，我决不能后退。于是，我先用工具捅了几下，没捅开。我就放下工具，脱掉上衣，只穿背心，将一只胳膊伸进了下水道里，在大约一尺多远的拐弯处，手碰到了堵塞物，就把它拽了出来。原来是两块大麻布堵在下水管中间。

事后，我们利用这两块麻布，对战犯们进行了一次教育。我对他们讲，这两块麻布，就是你们其中的人，把它扔进下水道的。因为你们的厕所别人没用过，只有你们自己使用。今天同你们讲，并不是非要找出是谁干的，而是让大家明白，这样做是错误的，是不讲公共道德的。随后，战犯们进行了讨论，不少人发了言。伪满外交大臣阮振铎说："我活了大半辈子，经历了几个朝代，没听说厕所大便用手掏的。过去，我们作威作福，欺压百姓，哪个官府的人员不是骑在人民头上？如今，一位国家干部、政府工作人员，竟为了我们这些罪人，把手伸进大便管道里。这事，只有在社会主义的新中国里才能出现。如果我们不好好改造，那就太对不起姜先生，对不起共产党和人民政府了。"溥仪也发言说："用手掏大便，真是不可想象。谁看着粪都恶心，别说用手掏。姜先生为了我们，却做到了这一点，实在让人感动。我们还有什么理由不努力改造自己，重新做人呢！我们只有好好改造，才能对得起姜先生。"

虽然这件事过去了很长时间，有些战犯仍常常提及，可见给他们留下了深刻的印象。

(三) 劳动是必补之课，是我们改造自己的手段

一个人在成长过程中如果没有经过劳动的锻炼和教育，那便是一个重大缺陷，不仅仅是因为没有掌握一定的劳动技能，更重要的是没有通过劳动树立正确的思想道德和劳动观念。很多走上犯罪道路的人就是因为从小没有接受过劳动教育，长大后好逸恶劳，不想通过辛勤劳动追求幸福生活，而是盼着不劳而获、投机取巧、坑蒙拐骗，从而走上了错误的人生路。

在监狱里参加劳动，按照我国《监狱法》的规定，是具有强制性的。通过学习，我们要反思自己的人生历程，正确地认识国家的劳动改造政策，积极参加劳动，在劳动中改造自己，好好地补上劳动这门人生课。

下面介绍我国及各国法律和监狱工作中是如何强调劳动对服刑者的改造和教育作用的。

各国监狱工作均重视劳动改造的作用

我国监狱工作始终非常强调通过劳动教育改造服刑人员。我国《监狱法》第三条规定："监狱对罪犯实行惩罚和改造相结合、教育和劳动相结合的原则，将罪犯改造成为守法公民。"第四条规定："监狱对罪犯应当依法监管，根据改造罪犯的需要，组织罪犯从事生产劳动，对罪犯进行思想教育、文化教育、技术教育。"第六十九条规定："有劳动能力的罪犯，必须参加劳动。"第七十条规定："监狱根据罪犯的个人情况，合理组织劳动，使其矫正恶习、养成劳动习惯，学会生产技能，并为释放后就业创造

条件。"

世界其他国家也都非常重视劳动对服刑者的教育和改造作用。波兰规定："被判刑人参加劳动，旨在使其养成劳动习惯，学到专业技能，为获释后开始正当生活做准备，同时为保持和发展其体力和智力。"印度规定："监狱劳动的主要目的是要犯人改过自新，因此要避免无目的和非生产性劳动。应尽一切努力使犯人在先进的劳动领域——尤其是在监狱开办的生产行业方面——获得最有效的训练以便在获释后能自谋生路。"比利时规定："在监狱中组织犯人劳动是为了更积极地改造犯人，使他们更好地重返社会"，等等。

法国伟大的启蒙思想家、哲学家、教育家卢梭说："在人的生活中最主要的是劳动训练。没有劳动就不可能有正常人的生活。"如果我们没有从小接受过劳动的锻炼，如果我们因为种种原因还没有成为一个社会合格的劳动者，甚至因为好逸恶劳走上了错误的人生路，那么，请尽快去参加劳动吧！只有劳动才能使我们成为一个守法的社会公民，一个合格的社会劳动者。

（四）在"五大改造"中，迈向劳动改造新征程

2018年6月全国监狱工作会议提出，坚持以政治改造为统领，统筹推进监管改造、教育改造、文化改造、劳动改造的"五大改造"。"五大改造"立足实践，创新发展了监狱工作的实践维度，从原来的"三大改造"手段拓展为"五大改造"，实现了监狱改造模式的转型升级。对于劳动改造来说，方向更加明确，保障更加有力，理念更加先进，模式更加科学，作用更加协同。作为一名新时代接受改造的服刑人员，我们要在监狱的科学组织下，在人民警察的带领下，在"五大改造"工作要求中，积极劳动，争取最好的劳动改造效果。

1. 加强思想政治学习，在劳动中注重改造自己的世界观、人生观和价值观

我们今天接受改造和教育，最根本的是要认识到自己在思想观念上的错误，最根本的改造是世界观、人生观和价值观的改造。以政治改造为统领，就是要认真学习党的路线、方针和政策，知罪认罪悔罪，迷途知返，在党的改造政策的感召下，回归正确的人生轨迹上来；在劳动中真正体会到劳动者才是最光荣的，不劳而获是可耻的，甚至是犯罪的，树立正确的劳动观，真正做到尊重劳动、热爱劳动、积极劳动，在劳动中找回自己的人生准则，在劳动中彻底改造自己，堂堂正正地做回一个光明正大的人。

2. 严格自觉遵守劳动纪律，做一个遵纪守法的劳动者

生产劳动是一项有组织的社会活动，劳动的组织性、纪律性、规程性、工艺性对我们来说都是非常必要的规范、矫正和养成锻炼，这些看似枯燥、呆板甚至严苛的约束和要求实际上是一个劳动者最基本的素质。我们不适应这些东西说明我们的规则意识太差，说明我们更加需要从这些地方严格要求自己，在日常的劳动锻炼中使自己转变成一个能够自觉遵守各种规矩纪律的劳动者，从而实现守法公民的改造目标。

3. 努力学习职业技能，掌握回归社会的本领

职业技能是我们回归社会，成为自食其力的劳动者，并为社会做贡献的基本技能，也是任何一个人自立于社会的基本前提。现在国家和监狱在日益激烈的市场竞争的大环境下，想尽各种办法为我们寻找提供学习职业技能的生产项目，为的就是让我们把刑期变学期，在监狱中学会一种或几种有利于我们回归后就业创业的职业技能。我们应该心怀感恩之心，发奋学习，比学赶超，为自己将来成功回归打下良好基础。

4. 积极劳动，努力生产，在劳动中体验人生价值，成为一名优秀的劳动者

劳动是一种付出，但劳动更是一种收获，劳动的确很辛苦，但对真正的劳动者来说，当劳动的目标实现时，劳动更是一种充实，劳动更是一种幸福，劳动甚至会给你带来一次又一次成功的体验。如果你完全不能理解这种感受，那说明你从劳动态度到实际行动还不是一个真正的劳动者，你还需要虚心地接受劳动的教育，认真地学习技能，老老实实地接受劳动任

务，克服心浮气躁，踏踏实实地去完成每一项作业，合格地甚至是高质量地去达到每一项产品标准，在保证质量的前提下去提高产量，如果你每天都能做到如此程度，你的收获感会让你忘却身体的疲劳，或者是你的充实感会战胜身体的疲劳感，随之而来的是一种成功和幸福的感受。每天都积极努力地劳动吧！你每天的这种感受就会频繁出现，这时，你的劳动分会增加，会超越别人，甚至你会获得各种荣誉，而此时，你会有更大的干劲，你会更加珍惜自己的荣誉，那么，我会荣幸地祝贺你，你是一个优秀的劳动者了。

劳动改造分册

第二章

劳动是人间正道

做人就要做好人，走路就要走正道。人生的路有千条万条，本质上都是劳动这一条。这里所说的劳动，是诚实的劳动、正直的劳动、勤奋的劳动。人间正道，就是社会上的每一个人，都应该走的正确道路，是符合国家法律、社会道德、公序良俗的道路。劳动是人间正道，是每一个人都应该懂得的，都应该坚持的基本道理。在懂得和坚持这个基本道理的基础上，我们更应该在劳动这条光明大道上，行稳致远，成为一名更加优秀的劳动者。

一、自食其力生存之本

自食其力，就是依靠自己的劳动所得来生活。在这个社会上，每个人都要自食其力，除非你是未成年人或者没有劳动能力的残疾人。与之相对应的一句话是"不劳动者不得食"，说的是社会上一切有劳动能力的社会成员都必须参加劳动，凭劳动获得个人消费资料，有劳动能力而不参加劳动的人则无权领取个人消费资料。自食其力传达的是这样一种基本的价值观——劳动是一个有劳动能力的社会成员生存和发展的唯一正确途径，任何非道义的、非法的不劳而获都是社会不能接受的。

（一）劳动，是过上幸福生活的基本途径

我们来到这个世界上，先是我们的父母靠自己辛勤的劳动把我们养育成人，我们长大以后要自立于社会，要通过自己的劳动自食其力，要用劳动所得养育子女、赡养老人。劳动是我们生活下去的基本手段，除此之外别无他途。

生活幸福的永世法则："天下没有不劳而获的东西"

从前，有一位爱民如子的国王，在他的英明领导下，人民丰衣足食，安居乐业。深谋远虑的国王却担心当他死后，人民不能过着幸福的日子，于是他召集了国内的有识之士。命令他们找一个能确保人民生活幸福的永

世法则。三个月后,这班学者把三本六寸厚的帛书呈给国王说:"国王陛下,天下的知识都汇集在这三本书内。只要人民读完它,就能确保他们的生活无忧了。"国王不以为然,因为他认为人民都不会花那么多时间来看书。所以他命令这班学者继续钻研,两个月内,学者们把三本简化成一本。国王还是不满意,再一个月后,学者们把一张纸呈给国王,国王看后非常满意地说:"很好,只要我的人民日后真正奉行这宝贵的智慧,我相信他们一定能过上富裕幸福的生活。"说完后便重重地奖赏了这班学者。原来这张纸上只写了一句话:"天下没有不劳而获的东西。"

这个国王既有智慧,而且真心爱民,因为无论他生前还是死后,都是用劳动确保人民过上幸福的生活。他在世的时候,有他的英明领导,人民安居乐业,丰衣足食。他死后,也要把确保人民生活幸福的永世法则教给人民。"乐业"是指什么?就是喜欢、热爱他们的工作。确保人民生活幸福的永世法则是什么?就是"天下没有不劳而获的东西",就是只有劳动,才能生活幸福。他为什么要担心?因为他深谋远虑。他远虑什么?他忧虑他死后人们忘记了以前的幸福生活是靠什么来的,他担心人们投机取巧,误入歧途。他的担心不是没有道理的,因为人们很容易产生懒惰思想,不愿意老老实实地努力工作,只要有一点取巧、碰运气的心态,就会放弃努力工作,丰衣足食,安居乐业就会离他们而去。这是多么可怕的事情啊!

比国王还智慧的父亲

父子两人在山上经营果园。父亲生病后,儿子不喜欢耕作。一天父亲病危了,他告诉儿子说:"果园里有金子。"说完就死了。儿子就开始在果园里挖金子,结果好长时间也没有挖到金子,他非常失望,父亲明明说果园里有金子,怎么找不到呢?到了秋天,由于他因挖金子给果树松了土,果园里的苹果、梨等

水果都获得了大丰收。儿子突然领悟到了父亲那句话的意思,原来"果园里有金子"就是指这些水果啊!金子是挖不到的,劳动才能丰收啊。

这则小故事同样告诉我们一个千古不变的真理,财富是要自己去挣的,幸福生活是靠劳动换来的,天上是不会掉馅饼的。

(二)不劳而获,社会不容

一个人如果不知道或者忘记了确保生活幸福的永世法则——"天下没有不劳而获的东西",对他意味着什么?意味着他们会远离劳动,有的人觉得家里有的是钱,于是天天游手好闲,吃喝玩乐,像寄生虫一样生活,百无聊赖了就会无事生非。可是这样父母是不答应的,哪个父母不希望自己的儿女有独立生存的本领,儿女有了独立生存的本领,他们离开人世后也可以安心啊。有的人梦想着天上掉馅饼,干脆天天买彩票,幻想大奖会砸到自己的头上,大奖是有的,但是,它会那么轻易就砸到你的头上吗?不信你就去买,你把家里的钱全买了彩票,大奖也不一定会砸到你的头上,因为"天上掉馅饼"说的就是天上不可能掉馅饼;有的人偶尔尝到了点甜头,干脆就"守株待兔",结果兔子没等到,自己的田地也荒了;有的人觉得自己"最聪明",我才不干那白日做梦、"守株待兔"的傻事呢,凭借咱的"智慧和力量",骗、偷、抢,举手投足之劳,钱就到手了,结果是聪明反被聪明误,落得个铤而走险,锒铛入狱。

"守株待兔"是多么可笑!

战国时代宋国有个农夫正在田里翻土。突然,一只野兔从旁边的草丛里窜出来,一头撞在田边的树墩子上,倒在那儿一动也不动了。农民走过去一看:兔子死了。因为它奔跑的速度太快,把脖子都撞断了。农民高兴极了,他一点力气没花,就白捡了一只又肥又大的野

兔。他心想：要是天天都能捡到野兔，日子就好过了。从此，他再也不肯出力气种地了。每天，他都把锄头放在身边，躺在树墩子跟前，等待着第二只、第三只野兔自己撞到这树墩子上来。世上哪有那么多便宜事啊。农民当然没有再捡到撞死的野兔，而他的田地却荒芜了。

守株待兔的寓言讽刺的是那些不靠踏实劳动，只想凭侥幸获取果实的人。守株待兔的农夫可笑，任晓峰、马向景偷盗银行巨款，再用巨额赃款购买彩票的故事就可悲了。

梦想天上掉馅饼　偷盗巨款买彩票

　　2007年4月14日14时许，邯郸农业银行金库发生特大盗窃案，被盗现金近5100万元。现金管理中心管库员任晓峰、马向景有重大嫌疑，分别于4月18日、19日被抓获。邯郸市中级人民法院经审理查明了5100万元被盗的主要过程：2006年10月13日至18日，任晓峰与赵学楠、张强利用看管金库的便利条件，先后两次从金库盗取人民币20万元购买彩票，后归还。2007年3月16日至4月13日，任晓峰与马向景又多次从金库盗取人民币共计3295.605万元，任晓峰用其中3125万元购买彩票，结果未中奖。2007年4月14日8时许，任晓峰和马向景再次密谋后，从金库盗出现金6箱共计1800万元，用其中1410.1万元购买彩票，未中奖后，二人分头潜逃。案犯落网以后，邯郸市中级人民法院根据各被告人在犯罪中的具体情节和作用，依照《中华人民共和国刑法》和最高人民法院有关司法解释，以贪污罪判处被告人任晓峰死刑，剥夺政治权利终身，没收个人全部财产；以挪用公款罪判处任晓峰有期徒刑六年；对任晓峰进行数罪并罚，决定执行死刑，剥夺政治权利终身，没收个人全部财产。以贪污罪判处被告人马向景死刑，剥夺政治权利终身，没收个人全部财产。以挪用公款罪判处被告人赵学楠有期徒刑五年。以挪用公款罪判处被告人张强有期徒刑二年，缓刑二年。以窝藏罪判处被告人宋长海有期徒刑三年。

　　任晓峰、马向景等人贪污银行巨款买彩票，贪污贪出了天文数字，买

彩票也买出了天文数字，结果又如何呢？这些人明明有不错的工作，却宁可去贪、去偷，不靠辛勤工作过平安幸福的生活，反而用贪污、挪用巨款去赌虚无缥缈的大奖，上演了一幕妄想不劳而获的丑剧，最终落得个身败名裂的下场。

守株待兔的农夫可笑，任晓峰、马向景贪污银行巨款买彩票可悲，山东的权某出狱后10天重蹈覆辙更是不劳而获的反面教材。

不劳而获成恶习　偷鸡摸狗又被捉

权某是山东平渡市李郭镇东马村人，他不愿意出力流汗，总是梦想着一夜过上富裕的日子，曾因盗窃罪被判刑3年。刑满释放后，他看到乡亲们这几年都富了起来，很多人都住进了宽敞明亮的大瓦房，羡慕不已，自己怎样才能拆掉草屋住瓦房呢？出外打工他怕受苦，种田挣钱他怕受累，还不如去偷，钱来的既快又省力。于是出狱后10天他又干上了偷盗的勾当，结果偷来的拖拉机还没有开到家就被抓住了。事后他后悔地说道："俺早就将在监狱里干警们苦口婆心的教诲扔到脑后了，心里划算着，到离家远的地方晚上去偷，谁也捉不住俺，俺和曾因盗窃被劳教4年，刑满释放的街坊蒲某合计后，偷了朱家桥镇这辆九成新的泰山牌拖拉机，俺俩自以为这价值四五千元的东西这么轻而易举地到手了，做梦也没想到会栽得这么快，俺好后悔啊！"

权某的例子再次告诉我们，不劳而获，社会不容，违法必惩，等待他的又是漫长的铁窗生涯。

二、诚实劳动最光荣

诚实是做人的基本准则，劳动是生活的基本手段。诚实劳动就是用自己勤劳的双手，合理、合法、诚实守信地换取劳动的果实。诚实劳动是劳动的基本态度和信念，是我们在劳动时应当坚持的。与此相反，不靠诚实劳动，靠巧取豪夺，是错误的想法和行为，严重的是要触犯法律的。

（一）诚实劳动助力新生

我们在劳动改造中，首先就要树立诚实劳动的劳动观，并在劳动中恪守诚实劳动的准则，这不仅有利于我们在劳动中改造思想，更有利于我们扎扎实实地学习和掌握劳动技能，实实在在地做好产品，常言说："产品就是人品"，今天，你诚实劳动做好产品，为你的劳动改造加分；明天，你诚实劳动展示人品，让你的人生走出一片更广阔的新天地。

"改造标兵"的荣誉来源于诚实劳动和积极改造

服刑人员罗某通过自己的诚实努力考取了计分许可证和劳动上岗证，积极主动地接受劳动和教育改造。无论是参加车间生产劳动，还是加入生态园生产，或者担任分监区卫生员，他都不怕苦累，任劳任怨。无论什么样的改造任务，他都实实在在地完成，他的改造表现，分监区全体服刑人员有目共睹，有口皆碑。罗某毫无争议地被评选成为监管局系统"改造标兵"。正如他自己曾经说过的那样："做人要讲诚信，才能面对自己的是非，才会有毅力痛改前非，获得新生。"

罗某能获得监狱局系统的"改造标兵"称号是光荣的，是他诚实劳动和认真改造的充分体现。诚实劳动是光荣的，我们要真正地改造自己就要从诚实劳动做起。

（二）诚实劳动是康庄大道，越走路越宽

诚实劳动，关键在诚信，诚信是做人之本，立业之基。诚信是道路，随着开拓者的脚步延伸；诚信是智慧，随着求学者的求索积累；诚信是成功，随着奋进者的拼搏临近；诚信是财富的种子，只要你诚心种下，就能找到打开金库的钥匙。诚实劳动，小到一个人、一个家庭、一个个体企业，大到一

个大型的跨国公司、一个民族，都应该诚实劳动。诚实劳动会使你誉满天下，有更多的朋友、更忠诚的客户、更广阔的市场。诚实劳动让你走上康庄大道，康庄大道就是宽阔平坦、四通八达的大路，是健康、正直、光荣的道路。诚实劳动让你在康庄大道上越走路越宽，前途越美好。

我相信你和你的公司

斯汀是一家公司的业务员。一次在接到一个公司定制塑料袋的订单后，他马上仔细查看了关于塑料袋的资料和照片，发现自己的公司不能生产这种塑料袋，于是他如实告诉客户自己公司不能生产，叫他去找别的公司。结果这个客户让他帮忙介绍一家，斯汀说："有是有一家，不过我也没有合作过，要不你去问一下。"于是他就把联系方式告诉了客户，客户连连对他表示感谢。一个星期后，客户又来找斯汀，说那个公司给他的感觉不是很好（原因是刚开始说好了价格，到下单时却说出种种理由不能生产，最后说要加价，而且要加50%以上）。客户很生气地说完后，告诉斯汀其实他不是不能接受加价，而是感觉那个公司的诚信不是很好。所以他希望让斯汀的公司来做，最后还加了一句："我相信你和你的公司。"

面对诱惑，不怦然心动，不为其所惑，虽平淡如行云流水，却让人领略到一种山高海深，这是一种闪光的品格——诚实。有的人总说诚实的人很傻，放着赚钱的机会不干。其实诚实的人走的是一条康庄大道，他会放弃所有不正当的机会，去赢来所有人的信任，他的道路会越走越宽，他的机会越来越多。

(三) 坑蒙拐骗是死胡同，到头来无路可走

"坑蒙拐骗"这四个字没有一个是好字，它代表一切不诚实劳动、投机取巧的行为。靠这样的行为处世，坑了亲友，亲友唾弃你；坑了生意伙伴，生意伙伴远离你。一个人落了个坑蒙拐骗的名声，好事无人知，坏事传千里，你坑得了一时，坑不了一世，坑蒙拐骗是一条死胡同，总有一天你会无路可走。到了触犯法律、身陷牢笼的那一天，后悔也来不及了。

张强的"劳动创富"为什么走到了尽头?

沈阳公安捣毁了一家日销千余斤有毒、有害水发制品的黑加工点,发现了工人张强(化名)的一本"制假笔记",其中记录了他一年两个月制假生涯的技术要领和心得体会,如增重用工业碱、漂白用双氧水等。张强在这本笔记的扉页上写道"劳动创造财富,目标成就人生"。

25岁的张强只有初中文化,16岁开始在这个水发制品加工点当工人。他的工作就是用煮、晾、泡等工艺制作百叶、茄参、毛肚等水发食品。制作过程中会加入起增重作用的工业碱,起漂白、防腐作用的双氧水和起中和酸碱作用的盐酸。张强在"制假笔记"的背面,详细记录了他每天发制各种产品所用原料的数量,如"2011年1月1日,煮茄参60斤,2日200斤,3日90斤……"张强说,20斤茄参用了不到4两工业碱,经过煮、晾、泡等流程,两天时间就可以发制出180斤茄参,也就是1斤茄参原料可以出9斤货。根据张强的"制假笔记",2011年1月,黑加工点销售"假茄参"26000斤,销售额30余万元,去掉2900斤原料的成本价20万元,黑心老板仅茄参一种产品的毛利润就达到10万元。正是由于这种"细心"和"努力",张强越来越得到老板的信任。

在违法漂白食品的过程中,张强年轻的人生被"毒百叶"染黑了。在"制假笔记"中,有"战胜恐惧有胆量"的字样。张强说,那时已经开始知道所做的工作是违法的,整日生活在恐惧中。但是,贪婪战胜了恐惧。天网恢恢,疏而不漏,张强和他的老板最终受到了法律的严惩。隔着冰冷的铁窗,张强流下了悔恨的泪水:"我现在特别怀念以前的工作和生活,无论是做木匠时难闻的油漆味,还是做电焊工刺眼的火花,虽然很辛苦、很累,但是很快乐,不像造假时天天生活在恐惧中,至今落得这样的下场。"

张强年轻的人生被"毒百叶"染黑了。现在社会上的食品安全问题很严重,一些像张强一样的人为了谋财,不惜以危害别人的健康甚至生命为代价,制假贩假,赚昧心钱。张强竟然在他的"制假笔记"中美其名曰"劳动创造财富,目标成就人生"。对此,我们一定要清醒地认识到,这些人的劳动不是诚实的、为社会创造价值的有益的劳动,是骗人害人的犯罪行为,是道德和法律所不允许的。这些人的劳动不可能成就他们的人生,只能使他们的人生走进死胡同,走上绝路!

自把质量关就是自检诚信度

某监狱第三分监区生产车间承接了一批纸袋加工业务。由于厂家准备在春节前搞一系列的商品宣传促销活动,所以此批任务必须在30天内完成。但分监区劳动力有限,即使全员参与,仍然与厂家要求数量有一定差距。这时,厂家提出能否把质检、记数、粘贴号码等工序省略掉,从而省出更多的劳动力。这就要求所有服刑人员在劳动中诚实守信、高度自觉、自把质量关。分监区经研究,同意了厂家的提议,在提高劳动效率的同时,也检验一下服刑人员的诚信度。

一切都按照计划进行,大部分人的劳动积极性都很高,最终生产任务在预定时间内完成。厂家满意地带走了全部成品。然而,春节过后,厂家却送回来一批残次品。主要问题是没有封底、封底开胶、绳没有穿上、数量严重不足等。分监区马上对包装上的识别号码进行查找,确定此批残次品全部为服刑人员刘某所为。分监区对刘某按照规章制度进行了严肃处理,对其不诚信的行为予以批评教育。

犯罪进了监狱,说明自己以前所走的路是错误的,在劳动中改造自己,就是要彻底改造自己的恶习,就是要帮助自己找到正确的人生路。一次小小的不诚实劳动,不仅仅意味着刘某在质量上过不了关,还意味着做人方面也不合格,如果不及时悬崖勒马,刘某所走的仍然是一条死胡同。

(四)诚实劳动光荣,坑蒙拐骗可耻

全社会都在提倡诚信,即使是普通人的诚实劳动,都是光荣的,都是值得提倡的；即使是一次小小的欺骗，都是可耻的。我们要牢固地树立诚实劳动的态度和观念，彻底抛弃任何不诚实的行为，做一名光荣的诚实劳动者。

彩票站老板诚信经营　既光荣又生意兴隆

2008年10月27日，彩票站老板罗某帮别人代买的彩票中了500万元，虽然委托方还没有付彩票钱，彩票还在罗某手中，但他果断地将彩票送归委托人张先生。当罗某将那叠彩票递到张先生手上时，对方竟花了近两分钟，才用颤抖的双手找到了那张中大奖的彩票。"谢谢！谢谢！"张先生不断鞠躬，向罗某表示感谢。

罗某帮别人代买的彩票第二次中得500万大奖是2010年1月，这名幸运者中得足球胜平负第10004期一等奖，奖金500万元。然而，让他比中奖更高兴的是，这注彩票是他委托彩票站老板帮他购买的，中得一等奖后，老板第一时间通知他并将彩票给了他。

"彩民中奖，我比谁都高兴，是幸运女神在眷顾我！"罗某笑着说，自己经营投注站已经六七年时间了，一直都是诚信经营，从来没有动过歪念。如果他悄悄领走500万元，他的良心会一辈子不安。"与其折磨一辈子，不如守着清贫坦坦荡荡生活。""虽然投注站经常遇到有人打电话买了彩票不认账，我的月收入也才两三千元，但做事就要讲诚信，不是自己的我坚决不能要！而且，这名中奖彩民就是因为2008年看见我的诚信，才到我的店来买的，我们彼此信任。"中奖者说："我是在2008年罗某的诚信事件后，才开始到他们店里买彩票的，主要是觉得这里让人放心。"这期电话委托买票后，由于工作忙，他一直没有时间去拿票，彩票就放在了罗某的投注站。一大早，他就接到罗某的电话，当时他还真有点不敢相信。"票拿到手里了，才真正感觉自己中奖了。过几天我一定会过来感谢他的！"

罗某的诚信行为赢得了普遍赞誉，也引起了良好的社会反响，为此，四川省体彩中心专门向国家体育总局体彩管理中心提出申请，授予罗某"中国体育彩票诚信标兵"的光荣称号。

三、责任缺失，劳动帮我们重塑

责任是一种美德，是一个人为人处事的基本要求。一个人只有尽到了对父母的责任，才是好子女；只有尽到了对社会的责任，才是好公民；只有尽到了对下属和单位的责任，才是好领导；只有尽到对工作的责任，才是好员工。只有每个人都认真地承担起自己应该承担的责任，家庭才能幸福、集体才能团结，社会才能和谐运转、持续发展。责任的缺失可不是小事情，一个人缺乏对自己、对家庭、对他人、对社会的责任心，就容易做出违背道德、违反法律的事情。为了重树责任心，就要亲自去劳动，亲自去付出，在辛勤的劳动中体会收获的艰辛，在收获中体味劳动的甘甜，也只有在体会了艰辛和甘甜之后，才能体会到人人都应该担当的那份责任。

（一）责任缺失，祸患无穷

记得有一个银行家说过一句话："如果你眼里只有钱的话，总有一天你会挣不到一分钱。"假如你一切向钱看，你就会不择手段地挣钱，坑蒙拐骗、投机倒把、巧取豪夺，你就会无所不用其极，责任、法律都会被抛到脑后，最终害人害己，触犯法律，人财两空。

为了钱，失去了老婆和儿子

某监狱六分监区服刑人员王某，这次入狱前曾经两次被判刑，两次的铁窗生涯都没能改变王某好逸恶劳、贪图享乐的生活观念，没能树立起正确的劳动观与责任感，从而导致了他的第三次犯罪。王某曾是一名专业的汽车修理技师，有着和谐美满的家庭，妻子是一名教师，两个儿子也将相继大学毕业，走上工作岗位。按理说，王某的家庭是美满的，生活也是幸福的，夫妻二人有稳定的工作，两个儿子也很有出息，他为什么还要一再犯罪

呢？完全可以说，是不劳而获的思想和缺乏起码的家庭责任感害了他，这些错误的观念就像魔鬼一样控制了他的头脑，让他再次走上了犯罪的道路。最终，王某因诈骗罪与招摇撞骗罪再次被判处有期徒刑17年。得知王某再次被判刑的消息后，王某的妻子一怒之下回了老家，与王某断了关系，他的两个儿子也因伤心一度拒绝与王某相认。再次受到法律的严惩让王某真的后悔了。王某终日以泪洗面，口中不停地说着"对不起老婆，对不起孩子"。可是这一切的后悔与自责都晚了。

俗话说，一个人不能在同一个地方跌倒两次，可是王某却在一个地方跌倒了三次，只能说是不劳而获的思想和缺乏起码的责任感，才这样一而再、再而三地触犯法律，结果是妻子走了，儿子的脸面也让他丢尽了，王某的犯罪给家人和社会带来多大的危害！正所谓人财两空啊！

(二) 责任缺失，见利忘义

人一旦丧失了责任，就会见利忘义，就像脱缰的野马，把所有的道德、法律、亲人的嘱托忘得一干二净，胆大妄为，违法乱纪。很多犯罪都是因为责任缺失造成的，如偷盗、抢劫、诈骗、谋财害命，甚至包括各种过失犯罪。

见利忘义起贼心　贪图钱财被判刑

2009年3月1日，女青年陈某到荷花市场李某的店中联系转让门面的事，以付房租为由，称需借用李某的银行卡，让其男友把钱汇到卡上。后二人一起去银行自动柜员机上查询钱是否汇到李某的银行卡上。查询时陈某发现李某卡上有一万多元钱，就想把李某的钱偷走。于是陈某在二次查询时记住李某银行卡的密码。回到店中陈某趁李某不备将银行卡偷走，到银行将李某卡上的 14500 元钱取走。法院认为，被告人陈某以非法占有为目的，秘密窃取他人财物，数额巨大，其行为已构成盗窃罪，判处有期徒刑四年，并处罚金 5000 元。

责任缺失，见利忘义，违法乱纪，害人害己。这样的犯罪，在我们的社会上时有发生，这样的悲剧还在不断重演。如果是你，当"探囊取物"的机会突然出现在你的面前的时候，当你的生活出现困境的时候，当个人利益和他人、集体利益发生冲突的时候，你会为所欲为地伸出罪恶的双手吗？如果真是这样，那只能说明你是金钱的奴隶，而不是自己的主宰。所谓不是自己的主宰，就是你还不能对自己的行为负起责任来，就是你不能靠正确的思想控制自己的行为，而是见利忘义、随波逐流。怎么才能成为自己的主宰，你从劳动中去体会吧，劳动会告诉你，一分耕耘一分收获，一份责任一份利益。

(三) 责任缺失，劳动树人

钱没了，仅仅是钱没了，人还在，就可以靠辛勤的劳动去挣钱；信义没了，责任丢了，做人的根本就没了，这可不像钱一样，一时半会儿就能挣回来的。做人的根本没了，只能重新做人，怎么重新做人？方法只有一个，只能是低下头去，认真做事，抬起头来，重新做人。认真做事，就是认真地劳动，在劳动中体会到，每一分钱、每一份成果都是劳动所得，都凝结着劳动者的付出和责任；体会到劳动中要不得一点马虎，一丝一毫的不负责都可能给工作造成难以挽回的损失。这就是劳动帮助我们重树责任的道理。当我们认真劳动了，当我们重树了责任心，我们就可以抬起头来，光明磊落地做人。

劳动让他重拾责任、重塑自我

某监狱九分监区服刑人员陈某因经济犯罪获刑 20 年，责任的缺失让他锒铛入狱，劳动让他重新认识了责任，重拾责任让他重塑了自我。

入监之初，分监区根据陈某文化知识水平较高的特点安排其参加生态

车间的劳动生产。刚参加劳动的一件事让陈某对"责任"有了深刻的认识。在一次土样检测劳动环节中,陈某并没有认真对待,想当然地虚报了一个 pH 值,这个不负责任的行为导致之后的配方施肥出现错误,使近两周的土壤改良劳动返工。干警查明原因后,针对这件事暴露出他对劳动不负责的态度,结合他的犯罪根源进行了深入的剖析。这次教训让陈某触动很大,他开始认真清醒地反思自己,找出了自己最大的敌人——责任缺失。这之后,陈某开始用脚踏实地的劳动态度、虚心学习的劳动精神、一丝不苟的责任心和虔诚的改造观念投入到劳动中。责任意识树立了,责任心有了,认真的劳动给陈某带来了丰硕的改造成果,他先后获得了两个"改造积极分子"奖励,并被评为监狱"改造标兵",一个全新的自我正在形成。

一个人的人格、良心、责任,不是钱能买来的,陈某的进步是在劳动中实现的,"男儿在劳动中成长,土地在劳动中变绿"。责任缺失不可怕,犯了罪也不可怕,可怕的是不知道自己犯罪的根源,可怕的是还没有一个真心诚恳的改造态度,可怕的是还没有找到和使用"劳动"这剂"良药"。重拾责任,重新做人,从手头的劳动开始吧!

热爱劳动吧!"劳动使人建立对自己的理智力量的信心","没有顽强的、细心的劳动,即使再有才华的人也会变成绣花枕头似的无用的玩物"。劳动,实际工作,才能够使我们从病态、放荡中清醒过来。没有一种力量能像劳动那样,能使人成为伟大和聪明的人。劳动是防止一切社会病毒的伟大的"消毒剂"!

四、劳动是人间正道

习近平总书记2015年4月28日在庆祝"五一"国际劳动节暨表彰全国劳动模范和先进工作者大会上的讲话中指出:"在我们社会主义国家,一切劳动,无论是体力劳动还是脑力劳动,都值得尊重和鼓励;一切创造,无论是个人创造还是集体创造,也都值得尊重和鼓励。全社会都要贯彻尊重劳动、尊重知识、尊重人才、尊重创造的重大方针,全社会都要以辛勤劳动为荣、以好逸恶劳为耻,任何时候任何人都不能看不起普通劳动者,都不能贪图不劳而获的生活。"习近平总书记的讲话代表了全社会对劳动的最高尊崇,我们的社会、我们的国家正是因为给了劳动最高的尊崇,给了劳动者最高的尊重,我们的国家才会建设得越来越好,我们的国家才会越来越强大,人民才会越来越幸福。我们这些正在服刑、接受改造的特殊社会成员,也曾经是受人尊敬的、成千上万的劳动者中的一员,由于我们犯了罪,今天我们不仅不能以普通劳动者的身份为社会做贡献,甚至连自己的美好生活都破坏了,摆在我们面前的只有一条路,早日以积极的、端正的态度投入到劳动中去,劳动是人间正道。

(一)看社会大势,加入社会劳动大军

2015年4月28日,庆祝"五一"国际劳动节暨表彰全国劳动模范和先进工作者大会以最高的规格表彰了全国劳动模范和先进工作者,这是中国继1979年后时隔36年再次对劳动模范和先进工作者进行最高规格的表彰,目的是弘扬劳模精神,弘扬劳动精神,弘扬中国工人阶级和广大劳动群众的伟大品格。党的十八大以来,国家不断加大对劳动模范和先进工作者的表彰力度,彰显国家对劳动和劳动者的尊重,全社会已经形成了尊重劳动的良好风气,在全社会劳动大军声势浩大的滚滚洪流面前,在狱中接受改造的我们应该怎么面对呢?应该拿出什么实际行动呢?

中国时隔36年再次最高规格表彰劳模

2015年4月28日,庆祝"五一"国际劳动节暨表彰全国劳动模范和

先进工作者大会在北京人民大会堂以最高规格表彰全国劳动模范和先进工作者。中共中央总书记、国家主席、中央军委主席习近平在会上发表重要讲话,并代表中共中央、国务院致以节日的祝贺。这次会上,中共中央、国务院决定授予2064人全国劳动模范荣誉称号、授予904人全国先进工作者荣誉称号。这是中国继1979年后时隔36年再次对这一群体进行最高规格的表彰,目的是弘扬劳模精神,弘扬劳动精神,弘扬中国工人阶级和广大劳动群众的伟大品格。

劳动模范和先进工作者是共和国历史上的一个特别荣耀的群体。劳动模范和先进工作者曾激励了一代代中国人。中国社会科学院当代中国研究所研究员姚力说,劳动模范和先进工作者既是普通劳动者,又是开风气之先、引时代潮流的社会精英,汇聚着国家上层意志与民间社会的互动力量。国家行政学院政治学部教授王伟说,劳模和先进工作者是实现中国梦的生力军,代表了全国各族人民在中共中央的领导下取得的成果。他们受到表彰,也让全体为社会主义事业奋斗的人们得到鼓舞。

马克思指出,一切历史的第一个前提就是人们为了能够"创造历史",必须首先生产满足吃喝住穿及其他一些东西需要的资料。而生产物质生活资料的恰恰是劳动者。劳动群众才是构成全部国家生活的基础,是推动历史发展真正的最后动力。

新中国成立初期,国内外紧迫形势和早日实现社会主义工业化的目标激发人们建设国家的积极性,社会结构重整唤起人民群众的主人翁意识。至今,我国共7次以中共中央和国务院的名义对劳动模范进行表彰。1950年、1956年,中共中央和国务院(政务院)先后两次开展全国劳动模范表彰活动。自上而下,全国开展了不同层次的劳模评选活动,劳模表彰进一步制度化、规范化。当选劳模成为激励和影响了几代中国人的精神楷模。1977年至1979年,中共中央、国务院连续五次召开大会表彰劳模。

习近平在讲话中指出,不论时代怎样变迁,不论社会怎样变化,我们党全心全意依靠工人阶级的根本方针都不能忘记、不能淡化,我国工人阶级的地位和作用都不容动摇、不容忽视。中国宪法明确规定,中国是工人阶级领导的、以工农联盟为基础的人民民主专政的社会主义国家。当下,除了工人、农民、知识分子、干部和解放军指战员外,劳动群众也包括广大通过诚实劳动和工作、合法经营,为中国特色社会主义事业做出贡献的建设者们。

习近平在会上指出,无论时代条件如何变化,我们始终都要崇尚劳动、尊重劳动者,始终重视发挥工人阶级和广大劳动群众的主力军作用。

长春轨道客车股份有限公司转向架制造中心焊工李万君代表全国劳动模范和先进工作者宣读倡议书,向全国广大劳动群众发出倡议,用劳动为实现中国梦添砖加瓦,争做有智慧、有技术、能发明、会创新的劳动者。

以上表明,劳动者得到最大程度的尊重,劳动者个人价值的实现与国家的需要得到最紧密的结合,有利于形成一种价值观的共振,掀起工人阶级和广大劳动群众发挥伟大创造力量的热潮。对此,我们应该怎样面对和拿出什么样的实际行动呢?诚恳地接受教育和改造,树立正确的劳动价值观,包括热爱劳动、尊重劳动、劳动光荣的思想认识,认真思考个人的需要、个人回归后的需要,把个人的需要和社会需要有机地结合起来,也找一找个人价值观和社会价值观的共振。在日常的服刑改造中,积极劳动、认真学习技能,走上实实在在的劳动之路,这样你就加入到了整个社会的劳动大军之中,你的劳动也就融入社会大生产之中,你也会找寻到劳动者的收获与快乐。

(二)学习劳模,向优秀的劳动者看齐

要加入到社会劳动大军中,就要向成千上万的普通劳动者们学习,向优秀的劳动者学习,向那些劳动奖章的获得者们学习。

从农民工到全国五一劳动奖章获得者

在贺州市美仪瓷厂,有这样一名员工:他是车间主任,却每天都在生产车间里忙碌;他只是初中毕业,但车间里有什么技术难题,没有他解决不了的。他就是全国五一劳动奖章获得者叶威。

1996年，年仅16岁刚初中毕业的叶威进入美仪瓷厂，当了一名农民工。"那时候他年纪虽小，却很勤奋好学，碰到问题他都会问个不停。"叶威的师傅黄雄对叶威的印象很好，认为是个可以培养的好苗子，所以也毫不保留地教导他。经过多年的学习和实践，叶威成长为厂里的生产骨干和技术能手。

2006年，厂里改制并在原有基础上进行技改扩建，需要新上一条年产2000万件中高档日用瓷生产线。新建成的成型二车间新产品品种多、大产品多，工艺要求高且新工人多、熟练工少。面对这些困难，叶威主动请缨，担任新品车间主任。他通过开展劳动技能竞赛、质量教育、技术攻关等措施，加强员工技术技能培训，使新成立的车间能在较短时间内承担起重任。新产品的产量、质量均比原生产线显著提高，成品率由原来的75%~85%提高到96%，每年"变废为宝"的产品达300万件，仅此一项就可为企业额外增加数百万元收入。

平时，叶威经常主动组织技术质量攻关和革新活动。他根据车间生产作业的特点和质量要求，提出合理化建议，对引进的设备进行工序、工艺改良，使劳动强度大的成胚、上釉等工序、工种实现了机械化。近年来，叶威每年都有十几项技术改造成果，提高了企业效率和产能，减轻了员工的劳动强度，改善了劳动条件和工作环境，成为名副其实的革新能手。

前些年，由于国际经济大环境的影响，美仪瓷厂作为以出口为主的企业，也遭遇困难。叶威一直坚定地与企业共渡难关，有时几个月没领工资，他也带领车间近200名员工坚守生产一线，直到生产经营走出困境。

生产中，他推行每天安全培训20分钟，形成长期制度。多年来他带领的成型二车间从未发生过安全生产事故。

2015年，叶威因工作出色获得"自治区劳动模范"称号。2016年，他又获得"全国五一劳动奖章"。

勤奋好学，勤学好问，叶威从一名农民工成长为一名生产骨干和技术

能手；不怕困难，不怕失败，质量攻关，技术革新，叶威成了一名名副其实的革新能手。叶威的起点只是个初中生和农民工，但他能通过自己的努力，成为企业的一名技术骨干和管理干部，为企业创造了巨大财富，为企业发展和社会进步不断做出自己的贡献。起点低不是障碍，只要你能积极劳动，勤学技能，你也会进步和发展，也会成为劳动能手，也会受到肯定和尊敬。

(三) 学习身边人，争做劳动改造积极分子

要走上劳动这条人间正道，就要从现在做起，从我做起，从身边的劳动模范学起。下面是山西某监狱刘某自述的"在劳动中爱上劳动"的故事，其实，这样的人，这样的事我们的身边也有，他们身上有很多值得我们学习的东西，从身边的人学起，也是我们最切实可行的劳动改造之路。

在劳动中爱上劳动

我在服刑人员烹饪大赛中再次获得一等奖，警官和狱友们纷纷向我表示祝贺，我的心里美滋滋的。

我是背负着死缓徒刑走进高墙的。在我以往的人生轨迹中，从来没有参加过真正意义上的劳动，没有形成劳动意识和劳动技能。错误的认识导致错误的行动，刚入监时，我自以为懂点法律，无论改造好坏，两年后总会减刑为无期，因此找各种理由逃避劳动。赵警官洞察了我的错误思想，发给我一本《罪犯教育系列教材——公民道德教育》，让我在认真学习全书的基础上，着重学习第13单元"积极劳动是服刑人员树立正确劳动观的主要表现"，要求我把本单元内容详细抄写在笔记本上，每学一小节，写一篇心得体会。赵警官还把俄国教育家乌申斯基的名言——"劳动是人类存在的基础和手段，是一个人在体格、智慧和道德上臻于完善的源泉"，写在我的笔记本扉页上。

在认真的学习中，我逐渐认识到劳动的意义和重要性，知道了服刑人

员只有积极劳动，才能改造思想，矫正恶习。

监狱根据我的年龄和身体状况，安排我在伙房监区改造。"劳动岗位就是培训场所，工种就是培训项目。你要结合劳动生产的特点，脚踏实地地完成好本职任务，在劳动过程中掌握一技之长。"赵警官语重心长的话，牢牢地刻在我的心里，成了我的改造信条。

我把每天出工劳动当作自己增长技能的大课堂，无论是在米面组做馒头、蒸米饭，还是在炒锅组炒菜，我都严格要求自己，用心琢磨，用心钻研；对分配的生产任务，无论有没有警官在场，都老老实实地干，保质保量地完成。每当看到一个个雪白的馒头、包子从自己手上诞生，一盆盆过油肉、蛋炒面从自己手上出炉，心中充满了成就感，体会到劳动后的喜悦和付出后的满足。

为了提高业务技能，我报名参加了监狱组织的职业技能烹饪培训班，购买了《烹饪技术大全》《川味解析》《粤菜品尝》等书籍，利用一切可能的时间刻苦钻研南北菜系，在每天的炒菜中加以实践，最终获得了烹饪专业中级职业技能等级证书。

2016 年、2017 年，我两次获得监狱开展的烹饪技术大赛第 1 名。在颁奖典礼上，赵警官鼓励我说几句，我回顾了自己从厌恶劳动到在劳动中爱上劳动的过程，回忆自己改造 12 年来三次获得减刑的经历，发自肺腑地说："我们服刑人员只有在劳动改造中，用勤劳的汗水去洗刷自身的污垢，才能与旧我彻底决裂，才能真正重塑新我。回家后，我计划靠一技之长来自食其力，永远做一个守法公民。"

劳动是人间正道，是重塑新我之道，是摆在我们面前的光明大道。习近平总书记 2015 年 4 月 28 日在庆祝"五一"国际劳动节暨表彰全国劳动模范和先进工作者大会上的讲话中指出："我们一定要在全社会大力弘扬劳模精神、劳动精神，大力宣传劳动模范和其他典型的先进事迹，引导广大人民群众树立辛勤劳动、诚实劳动、创造性劳动的理念，让劳动光荣、创造伟大成为铿锵的时代强音，让劳动最光荣、劳动最崇高、劳动最伟大、劳动最美丽蔚然成风。"监狱中的劳动者们，相信通过你们的努力，也会使你们的劳动成为我们这个社会的一道靓丽的风景。

劳动改造分册

第三章

劳动铺就回归路　劳动助力追梦人

回归之路从哪里开始？何时开始？如何开启？很多服刑人员面对这些问题，往往长时间地处于迷茫之中。这里我们要告诉大家的是，在完成认罪、悔罪、端正改造态度的基础上，要特别注重解决以下几个基本问题：一是服刑人员对自己的人生重新定位和确立并追求梦想的问题。犯罪入刑是人生的重大挫折和变故，要接受长时期的服刑改造生涯，每个人都需要重新进行人生定位，确立回归以及回归以后的人生梦想，有了新的定位和梦想，才有利于开启回归之路新旅程；二是服刑人员了解社会、不落伍于社会的问题；三是服刑人员解除精神压力，轻松改造的问题；四是服刑人员必须履行一个劳动者的权利和义务的问题。这几个问题对于每个服刑人员来说都是最基本的、前提性的，而劳动是解决这些问题的最好方式，通过劳动解决了这些基本问题，你的改造生涯就会步入正轨，你就会成为一个有梦想、追求梦想并能够实现梦想的人。

一、劳动中自我定位，劳动中追求梦想

人生定位和梦想是每个人在自己的人生路上都应该思考和确立的，更是我们每个走在回归新生路上的人必须尽早思考和确立的。人生定位就是选准人一辈子的位置和方向，定位不正确是方向性的错误，方向性的错误会让你满盘皆输。所以，人生定位一定要有，一定要准，一定要慎重。梦想每个人也要有，定位是起点，梦想是目标。有了起点就会一步步走下去，有了目标就有了希望，有希望就会有奋斗的动力，有了奋斗的动力就是成功的开始，"幸福都是奋斗出来的"。

定位，就是确定某一事物在一定环境中的位置，如产品在市场中的定位、人在社会中的定位，员工在组织中的定位。人生定位，就是确定人这一辈子，在社会上从事哪项工作，并把它发展成终生的事业。比如，一个人想通过开饭馆创业，饭馆经营就是他的人生定位；一个人想成为一名护士，护士就是他的人生定位；一个人想通过养鱼致富，那么，养鱼专业户就是他的人生定位。"我的梦"就是我的人生理想，是在一个人人生定位的基础上确定的更大的人生目标，比如饭馆经营者的梦想是要开一家全国连锁的快餐店或者是一家本地区最大、最高档的酒店，年利润达到他理想

的一个数值等；比如一个护士的梦想是在护理事业中做出卓越贡献，希望荣获护理事业的最高荣誉奖——南丁格尔奖；再如一个养鱼专业户的梦想是要占领更大的市场，创造更多的收入，让家庭过上更好的幸福生活，等等。

对于大多数服刑人员来说，人生定位首先要和自己错误的过去告别，纠正错误的人生航向，首先要将自己定位于做一个守法公民，定位于做一个对社会有用的人，然后，再去重新选择正确的人生定位，确立你的梦想。那么如何去进行定位和确立梦想呢？那就是劳动，在劳动中去寻找定位，在劳动中确立梦想，劳动对于我们服刑人员的人生定位和梦想来说，有着最直接、最实际的引导、启示作用，劳动是最好的寻找定位和梦想的途径和手段，也是最好的实现定位和梦想的途径和手段。只要你积极地、认真地投入到劳动中去，你就一定会重新找到自己的人生定位和梦想。

（一）在劳动中定位与追梦，态度第一位

> **文化讲堂**
>
> 志向是天才的幼苗，在肥田沃土里将成长为粗壮的大树。不热爱劳动，不进行自我教育，志向这棵幼苗也会连根枯死。确定个人志向，选好专业，这是幸福的源泉。
> ——苏霍姆林斯基

也许有人会抱怨，我都判刑入狱了，一切都没了，还谈什么人生定位，谈什么梦想。那么，我告诉你，深入到劳动中去吧，劳动中就有你定位的锚，劳动中就埋着你梦想的种子。对服刑人员来说，的确，你们犯了罪，入了狱，失去了自由，但是你们不是没有了机会，没有了路，机会和路就在你们的脚下，就在你们的手中，就在你们每天的劳动中。对失去自由，只能在狱中接受教育和改造的人来说，寻找定位和梦想只靠警官讲、老师教不行，必须要靠自己在劳动中去思考，去体会。对此，一是要有一个好的态度，服刑人员在改造的道路上，重要的是看你有没有一个必胜的信念和态度；二是必须在劳动中做一个有心人，你若是个有心人，你参加的劳动本身就是你的机会，劳动中你还会触类旁通发现别的机会。

百折不挠——必须的态度

小松，九年刑期，三次减刑未达到预期值，小松说："自己是一个牢运非常差的人。"小松又是一个情绪容易受激的人，刑满前一年，最后一次减刑受挫，小松一直耿耿于怀，状况频出，多次在违纪边缘徘徊。正赶上监区习艺劳动工艺突然变得复杂，小松从事的又是"核心工艺"，工艺、质量要求高，他只能完成任务的30%，想着再无减刑机会，便提出换一个轻松的劳动岗位，被警官严词拒绝，当小松的火气一触即发的时候，心理咨询师给了他很好的引导，使他相信，尽管工艺复杂，但以他的劳动能力，适应并完成任务是完全可能的，说到底，还是他的态度有问题，如果一遇到挫折就采取过激的方式，最后只会害了自己。小松在心理咨询师的鼓励下，暗下决心，一定要提高技能，完成任务，说不定将来回归后还能成为自己的饭碗呢！他不仅没再申请换岗位，还把余刑当成免费的培训机会，苦练"核心工艺"，小松的技能提高的确走过了一段艰难的道路，从迟迟不能提高产量，到逐渐提高到70%，期间小松一度引起警官怀疑是不是消极怠工，差点被关禁闭，小松都艰难地挺过来了。四个月后，小松的技能已经可以实现天天超产，月月超产，许多监区的服刑人员简直难以理解小松的进步，面对他人怀疑的目光，他总是笑一笑说："这是必须的态度。"

从减刑无望、消极、易怒，到愈挫愈勇，从只能完成30%到天天超产，小松实现了从态度到行动的彻底转变，难学的"核心工艺"已经成了他回归就业的本领，月月超产也为他增加了"一笔笔"收入，最重要的是小松思想的彻底改变，他不仅"态度到了位"，而且"行动也到了位"，他

开始为回归积极学习更多的技能,他托人从网上购买了两本《食用菌栽培技术》,他正在为成功回归做着更多准备。他这种"必须的态度"完全让人相信,回归之后必定有美好的未来在等待着他。

(二)定位:适合自己的就是最好的

寻找定位和确定梦想,还怕我们在现实面前没有自信和不知如何寻找和选择。古人云:"天生我材必有用。"人生下来智力有高下,在不同的社会背景下成长,能力上也会有差异,社会对人才的需求也是多层次的,既需要工程师、科学家,也需要清洁工、缝纫工,"三百六十行,行行出状元"。自己的选择要建立在自己现实的基础上,既不要好高骛远,也不要自怨悲观,每个人都能够在社会上找到自己的位置。

西邻五子食不愁

在《泾野子内篇》一文中,记录着一则"西邻五子食不愁"的故事。西邻有五子,但三子残疾.西邻却认为五子"各有千秋":长子质朴,次子聪慧,三子目盲,四子背驼,五子足跛。按照常理看,这家的日子一定很难过,可是西邻有方,日子过得还不错。细一打听,原来他对自己的儿子各有安排:老大质朴,正好让他务农;老二聪慧,正好让他经商;老三目盲,正好让他按摩;老四背驼,正好让他搓绳;老五足跛,正好让他纺线。

你看,这一家人,各展其长,各得其所,三个残疾儿子都能扬长避短,利用了他们所具有的正常人所不具备的优势。这样一来,全家无一废人,日子过得还不错。这个故事告诉我们,全才是没有的,最重要的是从实际出发,找准自己的位置,适合自己的就是最好的。

(三) 我们都是追梦人，什么时候都不算晚

如果你还在抱怨自己的身份、自己的身体、自己的年龄，或者不好好劳动，过一天算一天，或者对自己彻底失去信心，对回归不抱什么好的愿望，更谈不上什么梦想，那就请你看看71岁被判处无期徒刑，74岁以保外就医的身份回家，二次创业种橙再创辉煌的褚时健的故事吧！

褚时健：古稀之年"触底反弹"，再创辉煌

2019年3月5日，一位商业老人离世的消息传遍了网络，他就是褚时健，云南红塔集团有限公司和玉溪红塔烟草（集团）有限责任公司原董事长，"褚橙"创始人，人生先后经历两次成功的创业，被誉为中国烟草大王、中国橙王。

1979年至1994年，褚时健成功将红塔山打造成中国名牌香烟，使玉溪卷烟厂成为亚洲第一、世界前列的现代化大型烟草企业。1994年，褚时健当选全国"十大改革风云人物"。褚时健成为"中国烟草大王"。1999年1月9日，71岁的褚时健因经济问题被处无期徒刑、剥夺政治权利终身。2001年5月15日，褚时健因为严重的糖尿病获批保外就医，回家居住养病，活动限制在老家一带。2002年，保外就医后，74岁的褚时健与妻子在玉溪市新平县哀牢山承包荒山开始种橙，开始第二次创业。2004年获假释；后减刑为有期徒刑17年，2008年，减刑至有期徒刑12年，2011年刑满释放。2012年，85岁的褚时健种植的"褚橙"卖遍全国，褚时健成为"中国橙王"，亿万富翁。2014年12月18日，褚时健荣获由人民网主办的第九届人民企业社会责任奖特别致敬人物奖。

2019年3月5日，褚时健在云南玉溪逝世，享年91岁。

世人对褚时健无比尊崇的，是他从"中国烟草大王"，身陷囹圄跌至谷底，74岁携妻上山种橙，至"褚橙"

红遍大江南北的"V"字人生。这里我要特别向你推荐的也是他"触底反弹",再创辉煌的励志人生。

当被问及74岁了为何想来承包果园,褚时健说:"我不想晚年过得太穷困。我70多岁出监狱,总得找点事做,让生活充实点。"

褚时健是深圳万科集团董事长王石最尊敬的企业家,王石第一次到哀牢山,看到创业之初的褚时健穿着白色汗衫、蹲在地上、青筋暴动地和水管工砍几十块钱的价,震撼不已。褚时健给王石讲哀牢山的土壤怎么样、气候怎么样,大谈挂果之后是什么情况,又说这种橙子怎么怎么好。王石问他挂果要多长时间,他说要六年。六年之后他就80多岁了,一个70多岁的老人创业,大谈80多岁以后的场面,这是一种什么精神啊!

王石说:"我觉得这就是企业家精神。"用巴顿将军的名言来形容褚时健再合适不过了:"衡量一个人成功的标准,不是看这个人站在顶峰的时候,而是看这个人从顶峰上跌落低谷之后的反弹力。"

褚时健这样说反弹:"人生最重要的不是拥有多少财富和知识,而是拥有将一切翻盘的反弹力""当你处于生命低谷,不知道该干嘛的时候,你就去看书吧,这是一项稳赚不赔的投资。"

他靠什么样的方式反弹?靠这样拼命:

"你们干8小时,我给你们8小时的工资。干12小时,我给你们14小时的工资。那时候我们资金不如人,装备不如人,牌子不如人,只能没日没夜地干。"

这样干出来的成绩有:

20世纪60年代,他在糖厂,创下了连续15年利润爆发式增长的记录;

1979年,担任玉溪卷烟厂厂长,用18年时间将濒临倒闭的烟厂带到世界级企业,每年上缴的利税,占国家利税的六千分之一;

21世纪创办"褚橙",成了亿万富翁。

做一行成一行,能出这样的成绩,是因为他真的不要命在干。

褚时健这样说干事情:"人活着就要干事情,干事情就要干好。"

"就像搞农业,如果你质量搞不好,经过一个周期,10元资产就变8元了。"

"无论做什么事情,人都要有一颗敬畏心,自然规律、市场规律都要遵守。"

"对得起做过的事，对得起处过的人。"

"我这个人，心里放不下事，也算是个急性子。像2014年天干，老是不下雨，我每天晚上想到我的果树，半夜四五点就睡不着了，起来翻书翻资料，第二天叫上司机去找专家，一定要找到解决办法。我想着，我这么认真，果子的质量不会不好吧？"

褚时健是这样诚实劳动的：

"人在年轻时，要先学会吃苦，要实实在在挣钱，才能拿得住。"

"我一直和儿孙们强调，一个人工作、过日子都要认认真真，对产品要认真，对周围的人也要认认真真。"

因为褚时健的信守承诺、做事靠谱，他的"褚橙"种出来以后，朋友几十吨几百吨地帮他消化光了，销路逐渐打开。

曾有记者问褚时健，会在自己的墓志铭上写什么？褚时健回答了五个字："褚时健，属牛。"实际上，他出生在1928年，属龙，但他解释："我和老伴儿两个都属牛，一辈子都要劳动，一辈子都离不开土地。"这其实是中国老一代企业家一辈子的写照：哼哧哼哧、不分昼夜地做事干活，凭的是牛力气、一股牛劲儿。

而他们做成的事，也真的只有一个字形容：牛！

有一次，一个年轻人从福建来找他，说自己大学毕业六七年，还一事无成。褚时健一问，就知道他想"今年一步、明年一步、步步登高"。褚时健对他说："你才整了六七年，三十岁都没到。我八十岁还在创业，种果树十多年了，你急什么！"

褚时健以70多岁的高龄，从人生的谷底再次创业的故事，有很多值得我们反思和学习的地方。

第一，学习他不甘向命运低头的那股精神。从"中国烟草大王"的辉煌巅峰到被判无期徒刑的人生低谷，他的人生变故，恐怕没有几个人比他更悲惨了。假如你还在抱怨命运不济，为自己身陷牢笼而自暴自弃，你应该想想褚时健，他幼年丧父，老年丧女（女儿先于他被判刑入狱，自杀于狱中），夫妻二人70多岁双双入狱，身患严重的糖尿病才获保外就医。70

多岁保外就医,别人可能只能惶惶终日度过余生,而他却选择了坚强,选择了二次创业。向他学习,我们更应该振作起来,好好改造,改思想,学技能,改恶习,争取早日回归社会。

第二,学习他74岁的高龄还选择了"种橙"的人生定位和"总得找点事做,让生活充实点"的梦想。"种橙"看似根本不适合一个74岁的老人创业,因为橙子6年以后才能挂果,橙子产生效益的时候他都80岁了,对于一个身患糖尿病的老人来说能不能看到橙子丰收的那一天都是个问题,而他不仅干了而且干成了。看来,他真是把"种橙"当成自己的事业了,我们说这就是褚时健74岁为自己重新选择的人生定位一点都不错。其中值得我们思考和学习的是,对一个人来说,无论何时进行重新定位都不算晚,选准一项事业就坚定地干下去,70多岁的褚时健能干成种橙的事业,我们就能干成别的任何事业。而且事业和梦想的确是一个人的精神支柱,它不仅能让一个人有了方向、有了目标、有了动力和干劲,还能让一个人延年益寿,"找点事做,让生活充实点"也是有事实依据和一定科学依据的。

第三,学习他"干事情就要干好"的追梦精神。他是一个优秀的劳动者。从"中国烟草大王"到"中国橙王",他都是干出来的。"我和老伴儿两个都属牛,一辈子都要劳动,一辈子都离不开土地。""人活着就要干事情,干事情就要干好。"70多岁了还在创业,创业还选择6年以后才能挂果的橙子。"人在年轻时,要先学会吃苦,要实实在在挣钱,才能拿得住。"褚时健是一个勤奋的劳动者和追梦人、是一个倔强的劳动者和追梦人、也是一个诚实的劳动者和追梦人。褚时健以古稀之年追梦和奋斗的事例告诉我们,无论何时,也不要放弃你的人生定位和梦想,只要不放弃,希望就永远存在。

> **文化讲堂**
>
> 人生最重要的事不是拥有多少财富和知识,而是拥有将一切翻盘的反弹力。
> ——褚时健

第四,学习他永不言败,触底反弹,再创辉煌。我们中的很多人把入狱获刑看成自己的人生失败、人生谷底,自暴自弃,不好好改造,不好好劳动,与监狱警官对着干,希望你看了褚时健的例子,要好好想一想自己,

自己的失败是不是比褚时健还惨,自己的年龄是不是比褚时健还长,自己的人生落差是不是比褚时健还大。与褚时健相比较,是不是自己更应该早日迷途知返,早日拨转人生航向,重新找回人生的定位和梦想,在狱中好好改造,为回归努力追梦,以褚时健为榜样,也去创造一个自己的人生辉煌。人生没有捷径,凡是想着不劳而获的人最终都会一事无成!吃得苦中苦,方为人上人,只有经受得起人生的考验和磨难的人,才有触碰成功的机会!

二、 劳动中了解社会, 高墙内也不落伍

服刑人员在服刑期间应该做到了解社会、不落后于社会,而积极地参加劳动是做到这一点的最好途径。马克思说,"要生产商品,他不仅要生产使用价值,而且要为别人生产使用价值,即生产社会的使用价值"。"这种劳动部分地以今人的协作为条件,部分地又以对前人劳动的利用为条件。"马克思的这两段话说了两个意思,一是现代社会人们的生产劳动是为社会生产商品,是为了满足别人的需求而不只是自己对各种产品的需要;二是现代社会人们的生产劳动既是当下社会人们的共同协作,又在一定程度上以前人的劳动为基础。这两段话充分说明了劳动的社会性。劳动的社会性说明劳动是一个人融入社会、了解社会的重要方式。而我们在监狱里参加的劳动,也是社会化大生产的重要组成部分,是我们了解社会的一个重要窗口,只要我们积极地参加劳动,我们才不会脱离社会、落后于社会。

(一) 在劳动中了解社会是改造自我、回归社会的前提

每个人都是在了解社会中长大成人的,了解社会对每个人都非常重要。一个人走上了错误的人生道路,说明他并不真正了解社会;有的人根本不学习,不知道社会经济和科学技术的发展情况,连一门自食其力的劳动技能都没有,何谈了解社会;有的人对社会的偏见使他只看到了社会的这一面,没有看到另一面,只看到了坏的一面,没看到好的一面,所以他采取了偏激的行为,走上了犯罪的道路;有的人对社会的仇视态度使他采

取了报复社会的行为,害人、害己、害社会;有的人看社会戴着有色眼镜,看什么都不顺眼,完全生活在自我的圈子里,生活不幸福不说,一旦有了导火索,就误打误伤,误入歧途。所以,我们要通过劳动不断地了解社会,正确认识自己的错误和罪责,树立正确的世界观、人生观、价值观,学会正确地与人相处,学习至少一门自立于社会的职业技能,更好地改造自己、更好地回归社会。

劳动使于某顺利回归社会并创业成功

于某,因票据诈骗罪被判处有期徒刑14年,回归社会后自主创业,成功创办养猪场。于某能成功回归社会和他在监狱内积极参加劳动、学会劳动技能是分不开的。

于某入监后被分至第一分监区。第一分监区是监狱绿色农业特色改造功能区,主要从事农田种植养殖项目。于某在服刑期间,积极参加农业劳动,吃苦耐劳,尤其善于学习钻研。分监区定期邀请农业研究所的技术人员对服刑人员进行种植养殖技术培训,这大大激发了于某的学习兴趣,他买来农业种植养殖的书籍,在技术人员和警官的指导下大胆进行技术革新,通过土壤改良和种植品种优化,实现了农产品的产量和优质率的提升。由于良好的改造成绩,于某先后4次获减刑奖励,提前两年半获释。于某出监后,用监狱学到的劳动技能自主创业,筹集资金创办了一家养猪场。由于其在监狱积累了丰富的生产知识,养猪场很快就初具规模,并实现了连年盈利。于某的创业故事被监狱系统报道后,在广大服刑人员中产生了极大反响,于某回到监狱,向广大服刑人员讲述自己的回归和创业经验,鼓励他们积极劳动,在劳动中了解社会发展,学习能适应社会的一技之长,将来用自己的双手创造回归的美好生活。

在劳动中了解社会不是一句空话,它包括了解好的社会风气、劳动纪律、生产管理、国家政策、社会经济发展和科学技术进步情况、有利于你知晓重新就业的行业状况,以及非常实用的生产技术、劳动技能和市场形势等。对这类情况了解得越多,学习得越多,对你回归社会的帮助就越大。

(二) 劳动是了解社会的重要方式

在劳动过程中，通过接触人、接触自然、接触原材料和产品、接触生产设备和技术手段、接触市场等，可以帮助我们实实在在地了解社会。劳动使我们正确地了解人与人之间的关系，认识到人人平等、应该互相尊重和互相帮助；劳动使我们很好地了解自然界，懂得了自然规律和尊重自然规律；劳动使我们了解生产过程，掌握劳动技术，学会回归社会的生存本领；劳动使我们了解社会需要，发现市场机会和就业机会，为我们回归社会开始新生活、新事业打下基础；劳动还使我们正确地认识自己，知道自己的长处和短处，反省自己犯罪的根源，更好地悔罪改造、扬长避短，等等。所以，要了解社会，我们必须好好劳动。我们可以从下面两个参加QC小组活动的服刑人员的体会中看到劳动对了解社会的重要作用。

服刑人员参加QC小组活动的深刻体会

QC小组的全称是"质量管理小组"。某女监服刑人员刘某说："QC小组活动使我学会了用科学的方法思考问题、解决问题。"当她的爸爸得知她在监狱参加QC小组时，吃惊地说："监狱也有QC吗？QC的理念可是全社会广泛应用的呀。闺女，监狱为你们提供了这么好的学习平台，你可一定要好好珍惜啊，它会让你受益一生的。"

某监狱QC小组成员黄某说："谈到体会，我们的感触比较深。我们常把早日回归社会、和谐融入社会作为改造目标，但如何去实现，需要在改造过程中，提高我们的再社会化程度，缩小与社会的差距。正是QC小组活动帮我们解决了这个问题，它就像一场及时雨，'润物细无声'，对我们的人生具有矫正和导向作用，为我们将来回归社会奠定了坚实的基础。参加QC小组，矫治了我们的行为方式，使我们养成了自觉遵规守纪、互助合作的习惯，影响了我们生活的很多方面，

加速了回归社会的步伐。"

刘某和黄某的体会告诉我们，监狱劳动虽然在大墙内，但是它的意义却在大墙外。"劳动"就像一台万能机床一样，能够满足我们了解社会、适应社会、学习进步的多种需求，把改造人的劳动、满足社会需求的劳动和回归社会的需求很好地结合了起来，监狱为我们提供了这么好的条件，我们可不要荒废这良好的"学习机会"啊！

（三）如何在劳动中更好地了解社会

机会永远属于有心人，永远属于爱劳动、会劳动、会学习的人。如何在劳动中更好地了解社会呢？首先我们要通过辛勤地劳动洗刷自己被污染的心灵，消灭我们思想中的社会病毒，摘掉有色眼镜，这是我们真心地投入到劳动中的前提。然后在劳动中认真地学习、观察、思考和操作。学习操作技术，掌握生产技能，遵守劳动纪律，更好地为下一道工序服务。长此以往，你就会知道得更多，了解得更多。

把简单的事情做好就叫不简单

某监狱服刑人员王某，性格倔强，有一种不服输的精神。当这种性格和精神用到了正确的地方，用在了劳动中，就成了他战胜困难的武器。糊纸袋是一种比较简单的劳动，但是刚开始的时候，王某由于没有掌握正确的技巧，屡屡失误，导致自己的产品大部分不合格，经常受到批评。但是他并没有放弃，自己不断进行总结和思考，找出自己操作中的问题，同时好学多问，向其他劳动能手请教学艺。经过努力，王某终于以一种不服输的精神，在最短的时间内学会了糊纸袋的操作手法，成了糊纸袋的行家里手。

王某的收获绝不仅仅是成为糊纸袋的行家里手那么简单，我们在监狱内从事的劳动或者我们接触的很多事情，看起来都像糊纸袋一样简单，其实，一个人了解社会、进而立足于社会都是从这些简单的事情开始的。著名企业家，海尔集团的总裁张瑞敏说："什么叫不简单，天天把简单的事

情做好就叫不简单。"王某的"不简单"就是从"简单"开始的，但是也有很多人不屑于做好简单的事情，一口就想吃个胖子。其实是他的头脑太复杂，爱想入非非，不愿意在朴实的劳动中寻找出路。我们一定要想想自己是不是这样的人，如果是，那说明你还不了解社会，不了解人生，还不是一个合格的劳动者。

李某参加QC小组活动的体会

服刑人员李某，参加了监区组织的QC小组活动，出色地完成了"提高建筑模板异型板一次检验合格率"的课题，达到了质量目标96%的要求。在成果发布时他总结了自己的体会："本次活动在教会我们如何提高产品质量的同时，也给了我们很多人生的启迪，产品质量要环环控制，做人做事要脚踏实地。我们之所以锒铛入狱就是由于放纵了自己人生的言行。所以新生要像控制产品质量一样控制好自己人生的每一步。在这个日新月异的年代，监狱的大墙足以成为隔开我们与外面世界的一道鸿沟，通过QC小组活动，通过各种劳动生产活动，我们就可以跨越这道鸿沟，了解到我们想知道的一切。"

李某参加QC小组活动的收获和体会，为他回归社会以后，尽快地适应社会、适应工作打下了非常好的基础。因为他能通过QC小组活动体会到控制质量如控制人生的每一步、体会到如何与社会接轨。他不是被动地、简单地劳动，而是在用心、用脑、用知识解决质量问题的同时，观察社会、反思自我。不但解决了质量问题，也锻炼了自己适应社会的能力。"书到用时方恨少，事非经历不知难"，知难而进必有所获。劳动是一部知识丰富的百科全书，只要认真劳动就会读懂这本书；劳动是社会的一个载体和缩影，只要认真劳动，就能知天下事，行万里路。劳动为我们提供了非常好的培养技能、增进知识、了解社会的平台，如何在劳动中更好地了解社会、增长知识？关键看我们自己。看了上面的几个例子后我们建议大家：在劳动中了解社会，一要有端正的态度，二要有积极进取的行动，三要有持之以恒的毅力。

三、劳动减压又治病，天天快乐迎新生

轻松快乐，应该是每一个人生活工作的基本状态。轻松快乐地投入改造，也应该是一个服刑人员追求的良好状态，然而，对于服刑人员来说，做到这一点并不容易。服刑人员失去了人身自由，背负罪责，给家庭、社会造成了危害，刑期漫漫，前途暗淡，每个人都背上了沉重的精神压力！特别是刚刚进入监狱的一段时间，突发重大的人生变故，万念俱灰，后悔万分，难以适应改造，精神压力非常大。这种巨大的精神压力不仅不利于改造，还对我们的身体造成严重的伤害。每一个背负精神压力的服刑人员都应该尽快从这种压力中解脱出来。劳动是我们的精神减压阀，劳动就像一个控制开关，能够打开我们的精神阀门，把我们的压力释放出来。非常幸运的是，监狱为我们提供了劳动这个精神减压阀。你了解这个减压阀吗？你会运用这个减压阀吗？这可是解除你的精神压力、有利于你的健康和改造的法宝啊！正如德国近代史上杰出的政治家和外交家俾斯麦所言："劳动可以使身体得到休息，劳动可以使精神得到休息。"

（一）精神压力的严重危害

精神压力的危害主要有以下几个方面：（1）精神压力比较大，人的身体会出现各种不良反应，如吃不下饭、睡不着觉。科学家通过实验发现，人在精神高度紧张时，对信息加工的能力是下降的，人看外面的视野就窄了。比如开车的时候，你紧张，有车并过来都看不见，结果发生事故了。所以，压力过大的时候，会表现出身体的不适，更严重地会导致神经系统的错乱。（2）精神压力大，人的身体免疫力会下降。心理压力反映到身体上，表现为人一紧张就全身发抖，这只是外部的应激反应，最主要的是它会导致人体内部的变化，最大的变化是人体的内分泌系统出现了紊乱，疾病就会乘虚而入，甚至威胁我们的生命。健康心理学研究发现，精神压力大，会导致很多疾病，如精神病、失眠、感冒、高血压、脑溢血、糖尿病、癌症、过敏、骨质疏松，等等。

服刑人员普遍精神压力大，患病率高

某监狱第九分监区服刑人员王某，因贪污罪被判处无期徒刑，入狱前曾是某公司的老总。入监伊始，辉煌的事业、成功的人生和身陷牢笼的巨大落差，使他一度失去了乐观生活的勇气，陷入巨大的精神压力之中，高血压、心脏病接踵而至，以前风光无限的王总变成了一个意志消沉、精神萎靡、疾病缠身的小老头。

某监狱服刑人员王某，因犯强奸罪被判处有期徒刑14年，入狱前从事建筑行业，由于家人对他的失望和放弃，入狱后始终背负着沉重的思想包袱，精神萎靡不振，沉默寡言，学习注意力不集中，劳动态度不积极，与同监舍人员不沟通，呈现自我完全封闭的状态。

外国的独居制极易损害罪犯的身心健康

起源于美国宾夕法尼亚州费城监狱的独居制要求罪犯不许出监房，罪犯之间不许随意互进监房，也不许参加劳动，长期处于狭小的空间内，没有人交流，使监禁者产生了极大的心理压力，严重地损害其身心健康。据统计，实行严格独居的监禁者，患精神病的可能性比平常高出10倍以上，并产生了更多的身体疾病。

(二) 劳动使我们重回快乐家园

劳动为什么能为我们的精神解压？据行为医学研究发现，追求"成就感"或"事业的成功"是人类行为极其重要的动机之一。而工作正好是人们满足成就欲望的无可替代的途径。人们的人格特质，诸如思维方式、自我意识、行为风格、人际交往的健全态度和良好形象等，往往在工作的过程和成果中表现无遗。世界卫生组织（WHO）指出了劳动对缓解压力的积极意义：（1）工作不仅给人们提供衣食住行等经济、社会上的支持，还对人的心理、人格的稳定和成熟起到积极的作用；（2）工作作为一种相对稳定的社会行为，对人的身体强健和心理健康起着非常重要的作用；（3）工作之中还可以帮助人们排解一些不必要的烦恼。

农疗劳动，身体受益，人获新生

某监狱服刑人员许某，入狱后因精神压力大患上了高血压病。分监区组织服刑人员"走出监舍、感受阳光、感受自然"活动，自己动手开垦荒地，建立习艺性农疗基地。许某积极要求参加，并在劳动中认真学习种植技术和管理方法。经过两年的积极劳动，许某不但掌握了西红柿、黄瓜等蔬菜的种植技术，身体也一天比一天强壮了，高血压也逐渐下降，直至恢复正常，彻底告别了服用多年的降压药，而且由于劳动积极，获得了假释。

假释回家后，为了减轻子女的负担，他与人合伙承包了一块菜地，把在监狱中学到的技术用在了承包的菜园管理上。不久前，许某给监区警官来信说，监狱的改造使他重新找到了人生的目标，在劳动中学到的技术使他在承包的菜地中如鱼得水，他的菜园取得了很好的经济效益，他的身体也越来越好，使他对今后的生活充满了信心。

《钢铁是怎样炼成的》一书的作者奥斯特洛夫斯基说："医治一切病痛最好的、最宝贵的药品，就是劳动。"

（三）劳动者，快乐着

苏联伟大作家高尔基说："我知道什么是劳动：劳动是世界上一切欢乐和一切美好事情的源泉。"劳动不仅创造物质财富，更给我们创造着幸

福和快乐，劳动者虽然很辛苦，但是很充实，在收获劳动成果的同时，也收获着健康和快乐。所以有人说"劳动者是最快乐的人"。而对于不劳动的人，有一句谚语更适合他："平日不劳动的人，一生都没有节日过。"对于因各种原因不幸福、不快乐的人也有一句谚语很适合他："幸福的泪由劳动的汗水酿成，失望的泪只有用奋斗才能抹去。"古罗马军事活动家和政治家马尼里乌斯说得更好："劳动本身就是一种享乐。"

95 岁的王老汉修车 30 年，快乐又长寿

95岁的王老汉在马路边修车30年了，很多人不明白，问他为什么他如此高龄，还干这么累的活呢？他说"我是个闲不住的人，忙忙活活的啥毛病没有，一在家待着，哪儿都不舒服。我修车不为钱，发挥点儿余热，还可以天天看见老邻居。"支撑老人30余年路边修车的动力就是如此单纯。王老汉搬家以后，他还要回到原来的马路边修车，老人说："我修车就是为了每天能看见这帮老邻居，跟他们唠唠家常，我就高兴了。另外北二马路这片儿是我以前住的地方，我对这个地方有感情。"王老汉很长寿，95岁的高龄让很多人向他寻觅长寿的诀窍，也有很多人想学习他的心态。王老汉回答得很简单，"我长寿的秘诀就是不停劳动，不停工作，每天都很开心。一个人吃饱了就睡肯定不会长寿，得不停地运动。"老人的女儿也高兴地说："我爸只要一出门，啥毛病都没有了。"

还有一位修自行车的师傅，有人问他风雨无阻地在路边为人修车苦不苦。师傅笑着说："我的人生乐事，莫过于有车修了，乐从修车中来，苦亦在修车中解脱。"这是何等豁达的心境。他在神圣的劳动中收获快乐，在艰辛里体验幸福，他不因工作的低微，而舍弃自己，而是在劳动中不断地追求和创造，快乐地为他人服务，在劳动中收获着自己的快乐。正如法国谚语所说："无聊是一种疾病，最好的处方是劳动。"

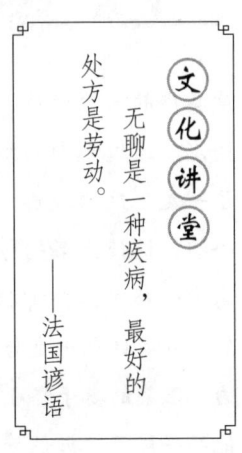

文化讲堂

无聊是一种疾病，最好的处方是劳动。

——法国谚语

18世纪中叶到19世纪初，欧洲最重要的诗人、思想家歌德说："一个有真正大才能的人却在工作过程中感到最高度的快乐。"这两个修车师傅的故事告诉我们：劳动是快乐的源泉，劳动者是最快乐的人；乐观的生活态度是面对逆境、以苦为乐的原动力。古罗马著名政治家、演说家、雄辩家、法学家和哲学家西塞罗有一个著名的论断："劳动使人忘忧。"我们说，忘忧又使人更加轻松地投入劳动中。服刑人员都有很大的精神压力，但是劳动能让我们的压力化大为小，化小为无，转而更好地劳动，拥有更多的快乐，进而带来更好的改造效果。

劳动使他的精神状态大为改观

在劳动中收获快乐

　　服刑人员王某，因故意杀人罪被判处无期徒刑。2011年7月的一天，王某某接到了家中的来信，其妻子自己无法承担家庭沉重的负担，决定与他离婚。王某本来就因刑期漫漫，父母年迈、家有幼子，难解思想压力，如今妻子又要抛下年迈父母和膝下幼子离他而去，真是雪上加霜。接到信后，王某寝食不安、精神恍惚，陷入了巨大的精神压力之中。

　　分监区了解情况后，一方面对他加强思想疏导，一方面调整了王某的工作岗位，由原来的体力劳动换至身体相对轻松，但注意力要高度集中的质检岗位，以转移注意力，减轻精神压力，使其早日走出心中的阴影。通过干警的细心教育和高度集中注意力的劳动，王某的精神压力有了一定程度的缓解。恰逢分监区开展QC小组活动，分监区吸收他进入QC小组，这使王某的劳动积极性被充分调动起来，全身心投入到劳动中。注意力转移了，精神状态也好起来了，不再终日为家中事情愁眉苦脸了。当然，分监区也一直与王某的妻子联系，做了大量思想工作，经过多次协调努力，王某的妻子终于答应不与其离婚了。当警官把这个好消息告诉王某时，他高兴极了，握住警官的手喜极而泣。人放松了，王某的劳动更积极了。

这个案例告诉我们，转变思想、缓解精神压力，劳动的作用很大。我们一定要很好地利用劳动机会，全身心地投入到劳动中去，我们就能放松下来，快乐起来，才能学会很多劳动技能，实现顺利改造自己的目标。

服刑人员由于自己的过错，失去了自由，离开了家庭，失去了很多东西，但是与其终日闷闷不乐，还不如踏踏实实地去劳动。事实证明，只要用心对待劳动，努力肯干，我们就会在劳动中收获快乐和幸福。

四、劳动是公民的权利和义务

每一个公民都有劳动的权利和义务，这是法律的规定。《中华人民共和国宪法》（以下简称《宪法》）第四十二条规定："中华人民共和国公民有劳动的权利和义务。"《中华人民共和国劳动法》第四条规定："用人单位应当依法建立和完善规章制度，保障劳动者享有劳动权利和履行劳动义务。"有劳动能力的人必须享有劳动的权利和履行劳动的义务，即使是犯了罪的人也一样，《中华人民共和国监狱法》（以下简称《监狱法》）第六十九条规定："有劳动能力的罪犯，必须参加劳动。"这些法律规定说明，劳动也是我们每个服刑人员应该享有的权利和必须履行的义务。

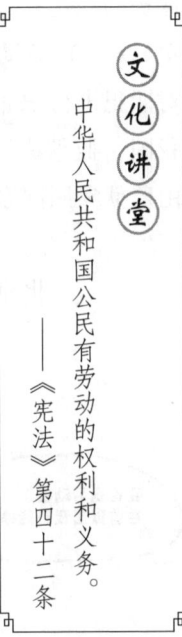

文化讲堂

中华人民共和国公民有劳动的权利和义务。

——《宪法》第四十二条

（一）劳动是我们应该享有的权利

劳动者的权利是指劳动者依照法律行使的权利和享受的利益，"权利"两字，一方面是指劳动者依法"行使的权利"，另一方面是指劳动者依法"享受的利益"。劳动者可以依法行使的权利主要有：（1）劳动者享有平等就业、选择职业的权利。为了保证公民享有的劳动权利能够得以实现，宪法规定："国家通过各种途径，创造劳动就业条件。"《监狱法》规定"有劳动能力的罪犯，必须参加劳动"，既是对罪犯劳动权利的保护，也是为罪犯回归社会后就业创造条件。（2）劳动者享有取得劳动报酬的权利。《监狱法》第七十二条规定："监狱对参加劳动的罪犯，应当按照有关规定给

予报酬并执行国家有关劳动保护的规定。"北京市监狱局2002年1月1日起实施了《关于给予罪犯劳动报酬的暂行规定》，在全国率先将罪犯参加劳动应得报酬以法规形式确定下来。目前，全国监狱系统普遍实行了对罪犯的劳动报酬制度。(3) 劳动者享有休息、休假的权利。《监狱法》第七十一条规定："监狱对罪犯的劳动时间，参照国家有关劳动工时的规定执行；在季节性生产等特殊情况下，可以调整劳动时间。罪犯有在法定节日和休息日休息的权利。"(4) 劳动者享有获得劳动安全卫生保护的权利。《监狱法》第七十二条规定："监狱对参加劳动的罪犯，执行国家有关劳动保护的规定。"北京市监狱局2006年10月31日颁布了《罪犯劳动保护规定》。(5) 劳动者享有接受职业技能培训的权利。我国监狱始终非常重视对罪犯进行职业技能培训。(6) 劳动者享有享受社会保险和福利的权利。我国《监狱法》第七十三条规定："罪犯在劳动中致伤、致残或者死亡的，由监狱参照国家劳动保险的有关规定处理。"

北京市监狱系统在全国率先实行劳动报酬制度

2002年4月，在北京市监狱局所属各监、所中服刑的服刑人员全都拿到了第一季度的劳动报酬。获得劳动报酬，在北京市监狱史上还是第一次。北京市监狱系统首次将罪犯参加劳动应得的报酬以法规的形式确定下来，在全国率先实行劳动报酬制度。据悉，北京市第一季度发放劳动报酬达18万元，获得劳动报酬的服刑人占全部参加劳动服刑人员的98%。中国政法大学王教授说，北京监狱局实行的劳动报酬制度，在法治的进程上，应该说迈出了一大步。

北京市监狱一名因盗窃罪被判处11年有期徒刑的服刑人员在劳动报酬

发放清单上签字时说:"我对在监狱里能拿到劳动报酬真的感到非常新鲜。在人们的印象中,罪犯在监狱接受劳动改造,是理所应当的,因为那是他们接受惩罚的一种形式,不计报酬在情理之中,没想到监狱局会制定这样一项规定。我刚在《北京新生报》上看到了有关消息,没想到这么快就执行了。"另一名罪犯则高兴地说:"能拿到劳动报酬,心里很高兴。劳动报酬从数额上说,虽然不算太多,但是它直观地体现了我们在狱中的劳动表现。或许对于家庭条件比较好的罪犯来说算不了什么,可对于那些家庭经济情况不好,生活有困难的人来说,也确实有很大帮助。这非常有利于我们在狱中安心接受改造。"一名服刑人员在看过监狱在楼道里张贴的"第一季度罪犯劳动报酬一览表"后,激动地说:"我也是劳动者了,在监狱里我也能挣钱了。"

惯偷挣了第一笔"干净钱"

2003年4月,福建省某监狱参加劳动的1885名服刑人员领走了第一笔共计近6万元的"工资"。贵州籍服刑人员林某就领到了"高薪"。监狱发"薪"的当天,他迫不及待地把自己挣到的325元请管教警官帮助汇往贵州老家,他郑重地在汇款附言栏写上一行字:"这钱是干净的,放心花吧……"入狱前,林某的"偷盗生涯"长达9年之久,家人对他恨之入骨。入狱后,他没有书信、没人会见、没有接济,监狱发给的零用钱不够花,常在同监舍偷别人的牙膏、肥皂、方便面、辣椒酱,人们都称他是"娄阿鼠"。

监狱实施劳动报酬制度后,林某有所触动。一天到晚被人瞧不起的他开始暗暗使劲。他记住队长说的"自食其力,多劳多得,正当劳动得到的钱才是干净的"这句话。一个月下来,他终于品尝到了劳动的"甜头",领到了325元"工资"。

像劳动报酬一样,服刑人员所享有的劳动权利有了法律的保障。

(二) 劳动是我们必须履行的义务

任何权利的实现总是以义务的履行为条件。劳动者在享有法律规定的

权利的同时，还必须履行法律规定的义务。劳动者的义务是指劳动者必须履行的责任。这些责任包括：第一，劳动者应当完成劳动任务。第二，劳动者必须提高职业技能。所谓职业技能是指劳动者能够掌握和运用专门技术的能力。这种能力是一个人经过专业学习、职业培训和实践锻炼而获得的。提高职业技能对我们来说，是我们回归社会后就业的资格和生存的本领，也是我们履行劳动义务的能力。第三，劳动者必须执行劳动安全卫生规程。第四，劳动者必须遵守劳动纪律。第五，劳动者必须遵守职业道德。职业道德是指从事一定职业的人们在其特定劳动中的行为规范和准则。特定的职业不但要求人们必须具有特定的知识和技能，而且必须具有特定的品质。同时，全社会所有的行业都应当遵守共性的职业道德——"爱岗敬业、诚实守信、办事公道、服务群众、奉献社会"，这是全社会所有行业都应当遵守的共性的职业道德准则。

(三) 如何认识劳动权利和义务的相互关系

1. 劳动者的权利和义务是统一的

劳动者权利和义务的统一表现在：两者相互依存，不可分离。劳动者在享有法律规定的权利的同时，还必须履行法律规定的义务。作为权利，《宪法》规定"国家通过各种途径创造劳动就业条件"，让每一个有劳动能力的人都充分享有就业机会和获得报酬的权利。作为义务，《宪法》规定"劳动是一切有劳动能力的公民的光荣职责"，要求每一个劳动者都要以主人翁的态度对待劳动。

2. 劳动者的权利和义务是受法律保障的

这里所说的"保障"不能完全理解为保护。应该从两方面来理解，即劳动者的权利要受法律保护，同时，劳动者的义务要受到法律的制约。只有从这两层含义上来理解，其包含的意义才是完整的，也就是说，当法律规定的劳动者的权利受到某种损害时，劳动者可以据理力争，将损失补回来，这是受法律保护的；同时当没有履行法律规定的劳动者的义务时，也必然会受到法律的制约、制裁。

(四) 如何行使劳动的权利和履行劳动的义务

我国监狱中的服刑人员，必须参加劳动。行使劳动的权利要在参照

《劳动法》的基础上，严格按照《监狱法》的有关规定执行。原则是要以《劳动法》为基础，根据服刑人员的特殊情况按照《监狱法》的特殊规定执行。我国《监狱法》第六十九条至第七十三条对服刑人员劳动的权利和义务进行了规定。对于法律规定的权利，我们要依法行使，对于法律规定的义务，我们也必须依法履行。

于某只想享受劳动的权利而不履行劳动的义务是不对的

服刑人员于某，入监后不愿参加生产劳动。于某原来在菜园参加劳动，但经过一段时间后向分监区提出回车间参加劳动，目的是想挣分。在车间劳动基本上能完成任务，但在挣够分数之后，就消极怠工，在服刑人员中产生了极其恶劣的影响。

后来，经过监狱警官各种方式的教育，让其懂得劳动的权利和义务的关系，并安排于某参加最适合他的劳动，充分发挥其特长，于某的思想认识逐渐发生了转变，不再仅仅为了挣分才劳动，参加劳动的自觉性和积极性大大提高了。

这个案例中于某最初只关注自己的权利而忽视自己的义务，参加劳动只为挣分获利，说明他根本不懂得劳动的权利与义务的统一性。无论是在监狱，还是将来重新步入社会，任何人在享有劳动的权利的同时必须履行劳动的义务，这是法律的规定。现在，监狱按照《监狱法》的规定，为服刑人员提供适宜的劳动岗位，合理组织我们参加劳动，并依法保证我们享受劳动报酬、劳动保护、休息休假、劳动保险等劳动的权利，同时《监狱法》规定"有劳动能力的罪犯，必须参加劳动"。一方面，法律强制我们要履行劳动的义务，另一方面，作为服刑人员，也一定要不断提高自身的权利义务意识，自觉地履行劳动的义务，把劳动的权利和义务统一起来。

劳动改造分册

第四章

职业技能　新生的保证

第四章

災害防止・安全対策

职业技能是一个人从事一项职业所需要的专业技术和能力，是一个人顺利就业的基本条件和途径。对于服刑人员来说，职业技能具有更多的意义。首先职业技能是我们避免重新走上犯罪道路的重要条件；其次职业技能是我们自食其力的基本保证；再次职业技能是我们回归之后顺利就业的基本条件和途径；最后，也是其具有的最深远的意义，职业技能是我们实现人生定位和梦想的立足点和出发点。所以，作为一名服刑人员，我们一定要高度重视对职业技能的学习，争取学习掌握一项或多项职业技能，为自己的新生做好准备。

一、一技之长　回归之本

一技之长，是指一个人拥有某种职业技能或特长，一个人有了一技之长就有了立足于社会、自食其力和自我发展的本领。我们常用一技之长来形容服刑人员在监狱里应该习得的职业技能。掌握一技之长，既是我们认真改造、学有所成的一个重要标志，更是我们顺利回归、自立于社会的本领。如果我们没有一技之长，回归之后还是无法成为一个自食其力的人，很容易回到重新犯罪的老路，所以，一技之长更是我们的回归之本。

（一）政府的初衷，监狱的努力

我国监狱组织服刑人员进行劳动改造的一个重要目的就是培养服刑人员的职业技能即我们常说的一技之长。我国《监狱法》第四条规定："监狱对罪犯应当依法监管，根据改造罪犯的需要，组织罪犯从事生产劳动，对罪犯进行思想教育、文化教育、技术教育。"北京监狱管理局《落实"一四五四"北京行动纲领推动教育改造工作新发展三年（2018-2020）行动计划》规定："加强职业技术教育。针对多数罪犯没有赖以谋生的一技之长、贴近监狱工作实际、贴近改造罪犯需求、贴近社会就业需求，组织开展实用性强、见效快、社会需求量大的技术教育项目，促使罪犯获得社会承认的职业技能等级证书，掌握一定的职业技能、能够赖以谋生并自食其力，促进罪犯顺利回归社会。"说明监狱在组织我们劳动的同时，想尽一切办法让我们学习掌握更多的职业技能。

职业技能的相关知识

开展职业技能鉴定，推行职业资格证书制度，是落实党中央、国务院提出的"科教兴国"战略方针的重要举措，也是我国人力资源开发的一项战略措施。这对于提高劳动者素质，促进劳动力市场的建设，促进经济发展都具有重要意义。

《劳动法》第六十九条规定："国家确定职业分类，对规定的职业制定职业技能标准，实行职业资格证书制度，由经备案的考核鉴定机构负责对劳动者实施职业技能考核鉴定。"

《职业教育法》第八条明确指出："实施职业教育应当根据实际需要，同国家制定的职业分类和职业等级标准相适应，实行学历文凭、培训证书和职业资格证书制度。"这些法规确定了国家推行职业资格证书制度和开展职业技能鉴定的法律依据。

职业资格是对从事某一职业所必备的学识、技术和能力的基本要求，反映了劳动者为适应职业劳动需要而运用特定的知识、技术和技能的能力。职业资格与学历文凭不同，学历文凭主要反映学生学习的经历，是文化理论知识水平的证明。职业资格与职业劳动的具体要求密切结合，更直接、更准确地反映了特定职业的实际工作标准和操作规范，以及劳动者从事该职业所达到的实际工作水平。

职业资格证书是劳动就业制度的一项重要内容，也是一种特殊形式的国家考试制度。它是指按照国家制定的职业技能标准或任职资格条件，通过政府认定的考核鉴定机构，对劳动者的技能水平或职业资格进行客观公正、科学规范的评价和鉴定，对合格者授予相应的国家职业资格证书。职业资格证书是劳动者具有从事某一职业所必备的学识和技能的证明。它是劳动者求职、任职、开业的资格凭证，是用人单位招聘、录用劳动者的主要依据，也是境外就业、对外劳务合作人员办理技能水平公证的有效证件。

我国监狱为了提高改造质量，帮助服刑人员成功回归就业，从监狱实际出发，结合服刑人员的自身情况，举办了各种职业技能培训项目，让无数个服刑人员掌握了回归的一技之长。

童某在监狱搞园艺种植　连妻子都兴奋不已

2017年江苏省洪泽湖监狱建成近万平方米的全钢结构高标准玻璃温室大棚，发展现代农业职业技术实训基地，栽培高效果蔬、药材和花卉，用于培训服刑人员新型农业技术，这在江苏省内监狱系统尚属首家。监狱教育矫治支队教导员介绍说："服刑人员大多数来自农村，又将回归农村，学会这项技能，可以说是因地制宜，普遍都很看好园艺技能的就业形势和创业空间。"教育矫治支队一位负责心理矫治的民警说："亲近自然，用自己的灌溉看种子绽放出色彩和芬芳，可以让服刑人员更加近距离地触碰到生命的成长，心怀感恩，这大棚园区还是服刑人员心理健康教育的新课堂呢！"

服刑人员童某是从第十一监区选调到大棚的。他说："刚听说监狱大棚要选调服刑人员，想到自己有多年园艺经营实践经验，我就报了名，想去练练技术，出去还能重操旧业。可是担心监区不同意放人。"据第十一监区秦副监区长回忆，童某是熟练缝纫工，平时表现一直较好，监区真难舍他去大棚，但考虑到他的兴趣和刑满后就业创业的需要，监区很快便同意了他的申请。教育矫治支队张副支队长介绍："大棚种植是方式，授艺学技才是目的，为有农业、农村、农民等'三农'背景的服刑人员回归就业提供技术支持，像童某这样的园艺人才当然是适当的人选，但吸收的大多数还是在技术上从零开始的学员。"正如大家所预料的，童某到了大棚真的是如鱼得水，童某对未来的创业很是期待："我和大伙儿干得特别欢，出去后打算在生态农业和高效大棚种植项目上创业发展。"2017年12月11日是童某刑满释放日，他没有早早来到监区门口等候回家，而是来到大棚，向"徒弟们"再三叮嘱："每天晚上收工前给菜苗喷一次小水，西区

的花怕冷，过夜或低温时要盖上膜，决明子挑壳老的先采收……"接丈夫回家的童某妻子抑制不住心中的兴奋："孩子爸曾在电话中说他每天摆弄花草、种植果蔬，还能尝到自己种的黄瓜、西红柿，很有成就感。一开始我以为他说假话宽慰人，心想监狱里怎么会有这些东西。后来监狱邀请我参加亲属帮教会，我到大棚参观，看到这里长的水果彩椒、圣女果、鹤首葫芦、李白瓜等，这才相信了他的话。"

监狱里办的现代农业职业技术实训基地，无疑会让服刑人员学会一门适合于他们的职业技能，我们也相信童某回家创业一定会获得成功。让服刑人员学会一技之长，顺利回归就业创业，过上幸福美满的生活，始终是党和政府对监狱教育改造服刑人员的基本方针，监狱也在这些方面不断做出更多的投入和努力。

(二) 一技之长助回归

"把刑期变学期"，是监狱要求服刑人员必须遵循的改造理念，就是要求我们在服刑期间积极参加监狱组织的思想政治学习、文化知识学习和职业技能学习等各种学习，不断提高我们的文化修养，改进我们的知识结构。我们一定好好珍惜监狱为我们创造的各种学习条件和机会，特别是学习和掌握一技之长的机会，从自己的兴趣和将来的人生定位出发，积极学习职业技能，把回归的本领带回家。

一技之长，就业的"敲门砖"

云南省宜良监狱在开展"刑释人员就业、安置回访调查"活动中发现，很多刑释后的学员在谈到自己如何取得目前的工作和生活状况时，均提及了"技能"二字。

刑释后的邱某介绍说，凭着在监狱学习的缝纫技术以及持有的职业资格证，很

快就找到了工作，厂方包吃包住、提供三险一金、月薪5000余元，在当地属于高薪酬。他说，能掌握劳动技能，是就业的"敲门砖"。邱某说："首先，监狱在安排劳动岗位时，让我们以学习职业技能为主，所学技能与社会用工需求相结合，在服刑劳动中积累了一定的实战经验，为将来的刑释就业打下了坚实的基础。其次，监狱依据社会需求安排职业技术培训项目。深入学习之后，自己的理论和技术水平得到了提高。在系统的学习中找出自身差距，有针对性地巩固和加强。最后，在就业形势异常严峻的情况下，能在激烈的竞争中脱颖而出，靠的是精湛的、过硬的技术。从我自身的情况来看，正是由于自己在服刑期间摆正心态，积极参加劳动、刻苦学习劳动技能，在学习中不断发现自身不足并及时改正，才为后来的就业铺就了一条光明大道。"对于未来，邱某想的是先做好一名熟练工人，向缝纫技师方面努力，以后再看有没有更好的发展机会去创业。现在，邱某还找到了一个漂亮的女朋友，两人都在这家服装厂上班，他们每月共同攒下7000元，为将来结婚做准备。

在谈及自己刑释后的感受时，邱某笑着说："当初重新回归时，社会日新月异的变化让我一时无法适应。现实的结果证明，如果当初自己在服刑期间得过且过，什么技术都没有学到的话，不敢想象刑释后的处境。在就业过程中，厂方非但没有歧视我的服刑经历，反而在看了我的职业资格证书后认为，在监狱还能学到过硬的缝纫技术，证明了我改过自新的决心和勇气，便当即作出了聘用决定。"

从许多刑释人员回馈的信息可以看出，从监狱学到的一技之长，不仅是就业的"敲门砖"，而且很多人凭借自己的一技之长和职业资格证书，还可以拿到"高薪"，更为可贵的是一技之长、职业资格证书还大大增加了社会和用人单位对刑释人员的信任，更加相信我们是彻底改过自新的新人，我们的回归之路也因此而变得更加宽广和顺畅。

从文盲到根雕技师

文盲，厨师，根雕大师，这几个看似关联不大的词语，在监狱里被联系在了一起，在一个服刑人员身上实现了化腐朽为神奇。某监狱第二监区服刑人员许某由于家境困难，从小就没有上过学，是一个地地道道的文盲，还曾是一个好斗好赌、好吃懒做的"混混"，因赌博失利做抢劫致人重伤被判刑入狱。监狱针对他刑期长、没有文化的特点，将其列为特困对象，长期进行救助，进行跟踪帮扶，使其实现了从消极改造到积极改造的转变。监狱安排他跟一名文化程度较高的服刑人员学习厨艺，让其参加了扫盲班和厨师培训班。扫盲班让他一年多时间就实现了真正的脱盲，厨师班除了让其学到了厨艺，还让他意外地学到了另一门技能——雕刻。因为在厨师培训班上用萝卜雕刻小鸟小鱼激起了许某学习雕刻的兴趣，他又报名参加了监狱组织的雕刻班，监狱组织的雕刻班传授的理论知识和技巧虽然比较初级，但对刚刚扫盲过的许某来说，仍然像听天书一样，但是许某没有退缩，他虚心学习，勤学好问，刻苦练习，一个个萝卜在他的手上报销了，越来越多的萝卜在他的手上变成了栩栩如生的凤凰、小鸟、鱼儿……许某的努力感动了周围的人，也被关注他的警官看在眼里，喜在心上。在监区大会上，监区领导对许某勤学苦练技艺的事迹提出了表扬。这种鼓励成为许某艺术生涯的强力推进剂，许某开始向新的高度发起冲击，经过数个严冬酷暑的磨炼，监狱一个个废弃的树疙瘩变成了一件件巧夺天工的根雕，一段段不起眼的木头，经他的手成了精美的艺术品。

功夫不负有心人，许某的根雕作品相继在监狱、山东省监狱管理局组织的活动中获奖，在司法部2013年组织的"放飞梦想，重塑人生"系列艺术活动中获得"二等奖"，更加令人振奋的是，他在出狱前与当地著名的"宏达根艺"艺术品公司签订了用工合同，成功实现了提前就业。

许某在监狱的改造培养下，从一个文盲成长为一个掌握艺术技能的根雕技师，实现了成功就业。他的事迹说明，我们的监狱为我们提供了越来越好的条件，只要努力，谁都可以学得一技之长，只要掌握一技之长，谁都可以在社会上找到自己的位置。

二、多学必益　技不压身

我国的改革开放已经走过了40余年的历程，社会主义市场经济体制改革也越来越深入,市场各个领域的竞争也更加激烈。对于我们来说,将来回归时面对的就业竞争同样也会非常激烈,所以,我们必须在服刑期间"把刑期变学期",努力学习掌握职业技能,同时,我们还要充分利用监狱为我们提供的劳动习艺、职业技能培训、考取职业资格证书等机会,尽可能地学习更多的技能或本领,当你在求职路上、在未来的生活中遇到困难的时候,你练就的一身本领既让你比别人有更多的机会,又会让你比别人有更多的自信。只要你拥有了一技之长或多种技能,就一定能找到适合自己的位置。

阿不力米提的和谐快餐店

如今的阿不力米提是伽师总场和谐快餐店的老板,很多人都知道他为人憨厚,诚实守信,生意做得好。阿不力米提是新疆兵团其盖麦旦监狱刑释人员,由于在监狱里积极参加职业技能培训,掌握了养羊技术和厨艺,刑释后的他,在家里饲养了90只羊,但随后他发现近几年羊肉价格在不断下降,光卖羊肉根本不划算,于是打算开个饭馆,把自己的羊肉加工成抓饭、烤肉、烤包子等熟食,增加羊肉的附加值。

只有真正改造好自己,多学劳动技能,重返社会后靠勤劳的双手,一定能开拓出属于自己的幸福生活!

2015年初,阿不力米提凭借自己做饭的手艺,开始筹备餐馆的建设。知道他是刑释人员,伽师总场给他在场部免费提供了一间32平方米的门面房,他开饭店还享受好几年免税的国家政策。2015年下半年,和谐快餐店正式开业了,主要经营抓饭、炒面、拌面、烤肉和清炖羊肉,早餐提供抓饭、馕饼、干果、酸奶等食物。刚开始,到和谐快餐店吃饭的顾客挺多,一个多月后,客人就慢慢少了。眼看着快餐店的生意一天比一天差,阿不力米提和妻子急得焦头烂额。当时正赶上团场农忙时节,场里的干部职工们连续一个多月都在地里农忙,中午都没空回家吃饭。阿不力米提灵光一闪,增加了送餐服务,而且免费给大家提供抓饭、拉面,并让大家多给他的饭菜提意见。之后他

根据反馈的意见，对食物口味、品种进行了调整和改进，生意逐渐好了起来。

随着国家对新疆发展建设力度的加大，牧场小城镇化建设步伐也更快了，到牧场的外来务工人员越来越多，和谐快餐店的生意也越来越好。进入夏季，阿不力米提在快餐店旁建起了遮阳棚，增加了桌子，吸引更多的人来这里吃饭，饭馆开业第一年就赚了6万多元，加上卖成品羊肉的钱，一年收入很可观。2016年6月，阿不力米提又在五连连部开了一家分店，为连队职工群众和外来建筑工人提供餐饮服务。

阿不力米提在给曾经一起改造的狱友的来信中说：只要真正改造好自己，多学劳动技能，重返社会后靠勤劳的双手，一定能开拓出属于自己的幸福生活。

从阿不力米提的例子我们可以看出，他的成功靠的不仅仅是一技之长，而是在监狱学到的多项本领：当羊肉价格不断下降，光卖羊肉肯定要亏本时，他靠自己的厨艺办起了和谐快餐店，当快餐生意一天比一天差时，他免费给大家提供抓饭、拉面，并让大家多给他的饭菜提意见，他根据反馈的意见，对食物口味、品种进行了调整和改进，生意才逐渐好了起来。你别小看他给顾客提供送餐服务、免费提供抓饭、拉面和征求对饭菜的意见，他这项技能叫经营管理，所以，阿不力米提的成功靠的是他的"养羊技术+厨艺+经营管理"，当然还有他那双勤劳的双手。阿不力米提的例子更加有力的证明：一身的本领+勤劳的双手=美好的新生活。

从囚犯到车间主任

两年前刑释的杨某给云南省某监狱的狱友们来信了，告诉狱友们他在广州一家铸造厂精工车间工作，由于表现突出近期被厂方提拔为车间主任，负责管理整个精工车间的生产，他在信中还说，只要狱友们掌握好生产技能，愿意凭自己的双手吃饭的人都可以来找他。杨某当上车间主任的故事让他的狱友们倍受鼓舞，大家回忆起杨某改造期间学习技能的做法更是受到了很大的启发，大家一致认为杨某能当上车间主任与他当年在劳动改造中多学技能的做法是分不开的。

杨某的服刑生涯也不是一帆风顺的，刚入监时，身背死缓刑的他也是灰心丧气，整天唉声叹气浑浑噩噩地混刑度日。在警官的悉心教育下，在看到身边积极改造的同改一个个身怀技能走上了新生之路，他才幡然醒悟。他开始狠干苦干，在车床工的岗位上越干越勇，多次被评为生产能手，基于他良好的表现，先后被安排担任机修工、车间生产组长。他热衷于学习各种知识，别人休息娱乐时间，他抱着专业书籍"啃"，每年都订阅一些专业书刊"充电"。由于铸造厂从事的都是一些低端加工项目，他在平时能接触到的无非是一些手推车、老式车床、台钻等简单机械，就完成本职工作而言，基本不需要更多的学习，而他平时看的那些自动半自动甚至数控等专业方面的知识更是用不上，狱友们根本不理解他的做法。接下来，他又干出一件让狱友们更是难以理解的事——放弃生产组长不干而要求做台钻工，不到一年又换做打眼工、质检工、数货打包工，甚至其他打杂也干了三个月，精工车间的工序被他基本走完了一遍。现在回想起他当年的非常之举其实还挺有深意，对于一个车间管理人员来说，熟悉整个车间所有工序无疑是一种优势。

"机会总是留给有准备的人"这句话在杨某身上再次得到了验证，天上永远不会掉馅饼，要想有所成就，要想让自己的未来更加美好，就要积极努力地学习技能、学习更多的技能，所谓"技不压身"，一个人学到了更多的本领，永远不是一件坏事，反而由于你掌握了多种技能，你在职业发展的道路上会比别人机会更多、道路也会越走越宽，你就会实现更多的梦想。

三、 培养工匠精神

所谓工匠精神，是指工匠对自己的产品精雕细琢、精益求精的精神理念。工匠精神落在个人层面，就是一种认真精神、敬业精神，其核心是：不仅仅把工作当作赚钱养家糊口的工具，而是树立起对职业敬畏、对工作执着、对产品负责的态度，极度注重细节，不断追求完美和极致，给客户无可挑剔的体验。近些年来，国家领导人在多个场合、多次强调工匠精神，是为了大力弘扬工匠精神，厚植工匠文化，恪尽职业操守，崇尚精益求精，培育众多"中国工匠"。建设中国特色社会主义，实现中华民族的伟大复兴，需要成千上万的中国工匠。

(一) 服刑人员培养工匠精神的重要性

今天我们在这里强调服刑人员培养工匠精神，既与国家提出的工匠精神一脉相承，又有提倡大家学习职业技能的特殊性。首先，我们学习和掌握职业技能，要学习和发扬工匠精神。在学习和掌握职业技能中，工匠精神可以使我们精益求精、本领高强，从而使我们在回归后就业创业时，大大提高我们的职业竞争力。可以使我们在参与社会主义的现代化建设中做出更大的贡献。其次，我们在学习职业技能时要培养自己的职业操守，要学习和发扬工匠精神。一个现代合格的社会劳动者，不仅要有高超的职业技能，更要有高尚的职业操守，这对于服刑人员来说，也是我们改造自己的目标之一。

(二) 工匠精神基本知识和要领

所谓工匠精神，一是热爱你所做的事，胜过爱这些事给你带来的钱财。所以工匠精神最起码是一个人对待自己所做的事的高度热爱和投入的态度。二是精益求精，精雕细琢，无论是精益制作，还是精益管理，其要义在"精""益"两个字，"精"就是做到完美和最好，"益"就是做到更加完美、更加好。很多人认为工匠是一种机械重复的工作者，其实工匠有着更深远的意思。他代表着一个时代的气质，坚定、踏实、精益求精。工匠不一定都能成为企业家，但大多数成功企业家身上都有这种工匠精神。

1. 工匠精神的基本要求

(1) 少一些浮躁，多一些纯粹；

(2) 少一些投机取巧，多一些脚踏实地；

(3) 少一些急功近利，多一些专注持久；

(4) 少一些粗制滥造，多一些优品精品；

（5）有技术要义在精微、不追求极致不罢休的气派；

（6）有十年如一日、反复磨炼方成器的信仰。

2. 工匠精神的四字原则

"敬""严""专""精"。

（1）"敬"是工匠精神的厚土，体现在四个方面。

敬业之敬——这就是我为之奉献的事业；

师徒之敬——师徒结成终身的义务；

术业之敬——永远佩服那些手艺比我强的人；

自我之敬——大声地喊出工匠之名。

（2）"严"是工匠基本的态度，体现在四个方面。

认真——本事不在大小，关键是态度；

严谨——知之为知之，不知为不知，要虚心学习，不要不懂装懂；

严格——没有一个细节细到应该被忽略；

严肃——每一次都不能犯错。

（3）"专"是工匠自信的标签，体现在四个方面。

专注做事——活在当下；

安心工作——谢谢，现在是工作时间；

专业提升——匠人的技艺需要磨炼；

专一标准——绝不违反作业标准、产品标准。

（4）"精"是工匠永恒的追求，体现在四个方面。

精雕细琢——岁月流金，生命永恒；

用心钻研——十万分之一克的齿轮，还不够小；

持续改善——把改善当成工作的常态；

精益求精——坚信没有最好，只有更好。

3. 培养工匠精神的基本方法

（1）时刻保持"匠心"。

（2）不达标准绝不交货。

工匠有自己工作的标准，不因为钱而放弃标准。

死磕极致，把工作做到最好，甚至超出客户的期望。

追求完美，精雕细琢，把每一个细微处都考虑到位。

对自己严格要求，不断磨炼，使技艺达到登峰造极的境界。

要经得起严格的考验，巨匠就是在严格的规矩中施展他的创造才能的。

（3）让作品比生命更长。

生命品质的好坏不由自己定义，作品是最好的说明，这是一种生命的延续。

怀揣着一颗作品心，将每一项工作都当作"精工物件"。

先铸就作品，然后，作品成就你。

（4）穷尽一生磨炼技能。

必须全心投入工作之中，必须热爱自己的工作，千万不要有怨言。

必须精益求精、磨炼技能。这就是成功的秘诀，也是让别人敬重的关键。

（5）用笨功夫练就真本事。

胡适曾说过："这个世界聪明人太多，肯下笨功夫的人太少，所以，成功只是少数人。"

（6）差之毫厘也要计较。

在质量上，没有差不多，不达标就是不能交货，严守质量关。

在管理上，对违反制度的人，没有下不为例，严格进行惩处。

> 文化讲堂
> 我不觉得跌倒可怕，可怕的是再也站不起来。
> ——任正非

在时间上，严守时间观念，不浪费一分一秒。

做事斤斤计较，做人大大方方。

（7）过潜水艇似的生活。

立下长远目标。

耐得住寂寞，经得起诱惑。

平心静气，执着于自己感兴趣的事。

所谓过潜水艇似的生活，就是在你的人生、事业处于低谷的时候，要在蛰伏状态下去奋斗、不放弃，只有如此总有一天你会浮出水面，创造出自己的辉煌。如今在国际市场上叱咤风云的华为公司的创始人任正非就是一位通过潜水艇似的人生奋斗创造辉煌的励志楷模。任正非44岁的时候，经营中被骗了200万元，被国企南油集团除名。曾求留任遭拒绝，还背负200万元债款。妻子又与其离婚，他一个人带着

年迈的父母和弟弟妹妹在深圳住棚屋，借钱创立了华为公司。已过了冲锋势头，没有资本、没有人脉、没有资源、没有技术、没有市场经验，看谁都比他强的一个人，逆袭成功，用27年时间，把华为带到世界500强，行业世界第一的位置。

（8）做"勤奋"的粉丝。

付出不亚于任何人的努力。

（9）人品比技术更重要。

产品就是人品，工匠精神首先是诚实做人，认真做事，才能成为工匠。

（10）不学他人之短，精益求精做工匠。

在别人应付时，以最负责的态度去工作。

在别人浅尝辄止时，将工作做深、做透。

在别人敷衍行事时，把工作做好、做完。

在别人差不多就够时，争取最佳效果。

在别人让领导满意时，好到出乎意料。

4. 七个"不放过"处理问题

（1）找不到问题的根源处绝不放过。

（2）找不到问题的责任人绝不放过。

（3）找不到问题解决方法绝不放过。

（4）改进方法落实不到位绝不放过。

（5）问题责任人没受到教育不放过。

（6）没有长期的改进措施绝不放过。

（7）没有建立其奖罚机制绝不放过。

（三）服刑人员培养工匠精神应注意的问题

首先，我们要结合我们的改造实际，正确地理解和接受工匠精神，我们的改造也需要工匠精神。工匠精神首先是一种精神，是一种无论做什么都要追求精益求精的精神，对于我们正在接受改造的服刑人员来说，就是要在我们改造中的方方面面讲求工匠精神。人的改造是一个系统的工程，既要有思想上的改造，也要有行为上的矫正，我们都是有各种罪责

在身的人，我们身上有各种各样的坏毛病、坏习惯，我们需要以工匠的精神改造自己的思想和行为。我们首先要在自己的思想上接受和构筑工匠精神，在自己日常的各种行为活动中落实工匠精神，将工匠精神融入改造的每一个细节，让工匠精神成为我们的一种思维方式，化为我们的一种行为习惯，我们在职业技能上讲求工匠精神才会有一个扎实的思想基础和行为基础。

其次，我们要热爱劳动，在劳动中恪守工匠精神。我们要树立正确的劳动观，要树立产品即人品的观念，要坚决执行产品质量标准，要严格按照工艺技术标准作业，要树立为顾客服务的理念，要树立下道工序就是顾客、就是上帝的理念；要克服浮躁心理，要摒弃掉"差不多就行了"的不良心态，去除敷衍塞责、投机取巧的恶习；要时刻把工匠精神牢记心间，要以尽善尽美的态度，对待每一个操作，对待每一个技能的学习，对待每一个产品质量；要以更高的标准、更严的要求，把自己打造成一个真正的工匠。

最后，我们要以锐意进取、艺无止境的态度，追求工匠精神。工匠精神就是一种永不止步、勇攀高峰的精神。工匠精神是一种永远对自己的挑战精神，很多时候我们觉得做得差不多的时候，实际上我们可能离高水平、高技能、高质量还差很多，即使我们在某一个技能上、某一个方面的确做得很好了，但工匠精神可以让你实现更大的超越，迈上更高的台阶。工匠精神就是只有更好，没有最好。所以我们要培养自己的工匠精神就是要不断进取，持之以恒。

老李把工匠精神落实到改造的方方面面

老李入狱前是一名公司法人代表，入狱之初，往昔的风光和身陷囹圄的巨大落差，使他陷入深深的痛苦和迷茫，患上了轻度抑郁症，整天沉默寡言，自怨自艾。作为一名20世纪80年代的大学毕业生，老李有一定的文化知识和管理经验，在民警的教育帮助下，经过自我调节，他逐渐走上了改造的正轨。一经投入，他把当年企业管理的办法用在了自己的改造上，改造中的每件事都让他做到了精益求精，说他有工匠精神也毫不为过。

第一件事，叠军被。刚开始他尽管累得满头大汗却总是叠不出四四方方的那种最佳形状，但他非常用心地观察当过兵的同改叠军被的手法和技巧，终于悟到了叠军被的诀窍——"三分叠，七分理"，"叠"是基础，一定要做好，而手法干脆，寸劲适当的"理"才能使其最终方正成型。这一诀窍使他一夜间叠军被的水平飞速提高，并且立马提升了一个档次——不用在地板上叠，直接在床铺上也叠得又快又好。小有成就使他的兴致越来越高，还指导监室同改们学习叠军被，看着那像模像样的豆腐块儿军被，老李有了掌握一门手艺的成就感。

第二件事，生产劳动中学习技能，提高生产效率。老李所在监区的劳动任务是给一些工艺品粘上闪闪发亮的人工"钻石"，如串珠、耳环、手机套壳等，先把胶泥涂在它们表面，然后用一种有负压的粘钻枪吸上"钻石"往上面粘贴。那些"钻石"很小，五颜六色的，有各种型号。就这样一种简单的工艺，老李也非常投入，第一天粘钻他就非常用心，完全沉浸其中，是所有新到服刑人员中第一周完成任务量最多的，他随时都在琢磨和借鉴粘钻的技巧和手法，每一天都在尝试冲刺前一天的完成量，一旦突破心里就非常高兴。同改们说，没有人像老李这样对粘钻如此上心着迷的。而老李却说，他是把劳动中的成就感和兴趣紧密结合了起来，能把产品做到精益求精，把产量做到最大，可以让他收获劳动的快乐。所以他每天参加劳动时都是精神抖擞、身心愉快地投入并期望能突破自己的纪录。

老李这种在改造中发扬工匠精神的做法有很多，比如练习广场舞、阅读学习等。

老李这种把工匠精神用于改造的方方面面的做法，特别值得我们学习，这种做法非常有利于我们改造自己的思想，转变原有的恶习，矫正自己的行为，进而在职业技能学习和生产劳动中成为一名真正的工匠。

工匠精神打造的"特别技工"

"技术好,特别受公司优待……","做事靠谱,特别规矩……"。在广东省东莞市某电子有限公司,提起才入职两个月的设备维修技工刘某,工友们的评价带着赞赏和肯定。他们讲的刘某,是2018年2月从湖北省某监狱刚刚回归社会的刑释人员。2009年9月,一无所长、游手好闲的刘某因盗窃罪被判处12年有期徒刑。刑期是特殊学期,入狱后,刘某在监狱里学法律、学养成、学规范、学文化、学技术。劳动技能方面监狱让他主要学习了电子设备维修劳动技能,刘某孜孜不倦地追求技术、钻研技术,凭借着一股干劲和对技术的渴求,他掌握了一门实用的电子设备维修职业技能。

刘某入职仅仅两个月,首先得到单位认可、同事好评的是他高超的职业技能。工厂里的技术岗位非常重要,生产设备维修、模具调试、流水线运行维护,这些都直接决定经济效益。刘某在监狱参加劳动改造,从2011年就开始学习机修技术,长期的狱内学习操作,使他从不学无术变成了行家里手,电子设备的每一个操作流程和原理都烂熟于心。到公司上班后,刘某如鱼得水,迅速成为公司的技术骨干。刘某上班第一个月,领取了6000元工资,公司还包吃包住,这让其他岗位的工友很是羡慕,工友小刘说,"谁叫人家懂技术呢?他的事我们搞不来","有技术,人勤快,肯学肯做"。通过一个月的观察,公司很满意,专门出资为其租了住房,配备了专属办公室,还把一辆面包车交给他,供其配送货物使用。公司负责人说:"作为公司技术骨干,只要他一直这样踏踏实实,发展前景一定会很好"。

工厂里同事们对刘某格外称赞的还有他特别的行为习惯。"每次进别人办公室都会先轻轻敲门示意,很有礼貌。"短短两个月接触,工友们发现刘某有很多的特别之处。"说话做事很文明,感觉比较有素质。"工友小黄并不知道刘某的过往,提起这位新来的技工,她讲了个小故事:公司食堂就餐人数多,秩序很不好。刘某来了后,主动帮助维持就餐秩序,组织大家有序排队,他自己经常最后吃饭,慢慢地,大家受到感染,现在就餐秩序比以前好了很多。刘某被工友们称道的特别之处还在于"宿舍比别人都干净，衣服被子叠得像豆腐块儿，连生活用品都摆成了一条线。"公司有人知道他的来历，有的不知道。有的工友对他的一些特别习惯感到好奇，打听他的经历，刘某坦然面对，并不回避自己的过去。公司负责人说："刚开始还是有担心的，我们暗中观察，发现他自我管理意识比较强，在监狱里培养的一些好习惯延续到工作生活中，现在我们对他放心，也有信心！"

自我管理意识比较强、高超的技能和特别的行为习惯，是刘某在监狱里通过长期的学习和行为矫正养成的。在监狱里，严格的劳动制度、监规监纪、队列训练等一系列改造活动，与常人在社会上的日常行为活动相比要严格得多，恰恰是这些近乎苛刻的行为管理和改造活动，才使我们逐渐转变着观念、矫正了恶习、形成了好的自我管理意识。其实换个角度看，监狱对我们的这种改造和管理方式，不也是工匠精神的体现吗？人的行为是分层次的，当我们通过这种改造和管理方式，完成了对自己的世界观和行为习惯的基本转变，我们就可以把这种工匠精神升级为自己对待劳动的态度，升级为自己对职业技能的学习，升级为自己高质量的作业和精美的产品。到那个时候，我们就把自己打造成了具备工匠精神的、技能高超的、同时又是改造好了的对社会有用的专业人才，我们的回归就一定会受到欢迎，我们的未来就一定会非常美好。

劳动改造分册

第五章

合格劳动者的劳动意识

国家赋予监狱组织服刑人员劳动改造的目的和任务是什么？是使服刑人员成为合格的社会劳动者和守法公民。合格社会劳动者应该具备哪些条件？上一章我们讲了职业技能，掌握一技之长的确是合格社会劳动者的基本条件，但是只有这个基本条件是不够的，还需要我们在劳动中培养正确的劳动意识。劳动意识是指人们在生产劳动中形成的劳动目的、劳动态度、劳动纪律、劳动协作等思想认识的总和。劳动意识也称劳动观念，它是构成人的世界观和人生观的重要内容，也是一个人成为合格社会劳动者必不可少的重要思想条件。这一章我们将重点学习几种重要的劳动意识，由于人的劳动意识的形成和发展同参加生产劳动是密切相关的，我们一定要注意在劳动中培养自己的这些劳动意识。

一、诚信意识——人无信不立

诚实劳动是光荣的，"诚实劳动是康庄大道，越走路越宽"。在这里我们讲一讲劳动中的诚信意识。"诚信"就是诚实守信，诚信是立人之本。孔子说："人而无信，不知其可也。"意思是人若不讲信用，在社会上就无立足之地，什么事情也做不成。所以，诚信是一个人必备的优良品格。诚信意识是一个人讲诚信的思想根基，就是要在自己的思想深处确立诚信是做人之本的思想意识。没有这样的意识，就会经常脱离诚信，脱离诚信，就会受到背信弃义的惩罚。劳动中的诚信意识是诚信在劳动中的直接体现，实实在在地工作，生产实实在在的产品，对自己的劳动过程和结果负责到底。"信誉"是一个人坚守诚信所赢得的别人的信任和赞誉，"信誉"是比任何宝贵的物质财富还要珍贵不知多少倍的无形资产，有了信誉，一个人就有了立足之本，他的事业就有了根基，他的生意才会财源滚滚。

（一）视诚信为生命

诚信是立人之本，一个人能立足于社会，靠的不只是有多么强壮的身体，不只是物质意义上的生命，靠的也不是拥有多少财富，靠的是诚信。诚信是公民的第二个"身份证"，诚信就像我们的生命一样重要，比金钱更宝贵。

司各特诚实守信，宁愿光荣地死

英国著名的小说家瓦尔特·司各特是一个诚实守信的人，虽然他很贫穷，但是人们都很尊敬他。他的一个朋友见他的生活很困难，就帮他办了一家出版印刷公司，可是他不善于经营，不久就倒闭破产了。这使原本就很贫穷的他又背上了六万美元的债务包袱。

司各特的朋友们商量，要凑钱帮助他还债。司各特拒绝了，说："不，凭我自己这双手我能还清债务。我可以失去任何东西，但唯一不能失去的就是信用。"

当时很多报纸都报道了他的企业倒闭的消息，有的文章充满了同情和遗憾。他把这些文章统统扔到火炉里，并在心里对自己说："瓦尔特·司各特不需要怜悯和同情，他有宝贵的信用和战胜生活的勇气。"

在那以后他更加努力地工作，学会了许多以前不会干的活，经常一天跑几个单位，变换不同的工作，人累得又黑又瘦。

他的一个债主看了他写的小说后，专程跑来对他说："司各特先生，我知道您很讲信用，但是您更是一个很有才华的作家，您应该把时间更多地花在写作上，因此我决定免除您的债务，您欠我的那一部分钱就不用还了。"

司各特说："非常感谢您，但是我不能接受您的帮助，我不能做没有信用的人。"

这件事之后，他在日记本里这样写道："我从来没有像现在这样睡得踏实和安稳。我的债主对我说，他觉得我是一个诚实可靠的人，他说可以免掉我的债务，但我不能接受。尽管我的前方是一条艰难而黑暗的路，但却使我感到光荣，为了保全我的信誉，我可能困苦而死，但我却死得光荣。"

由于繁重的劳动，司各特曾经病倒过。在病中，他经常对自己说："我欠别人的债还没还清呢，我一定要好起来，等我赚了钱，还了债，然后再光荣而安详地死去。"

这种信念使司各特很快从病中康复了过来。两年后他靠自己的劳动还清了债务。

司各特是视诚信如生命的人，诚信使他赢得了尊重、赢得了比金钱更重要的人生财富。诚信是立身之本，古往今来，凡是品德高尚的人，都是诚实守信的。

(二) 诚信是发自内心的诚实

真正的诚信是在没有任何监督措施的情况下，面对威胁和诱惑，依然坚持诚实守信。李嘉诚和司各特的诚信就是发自内心的，尽管生活一度艰辛困苦，但仍坚守着内心的那份诚信。一个失信于人的人，不可能从别人那里得到预期的回报，只会让别人讨厌和离开。

池莉的诚信

池莉是大家熟悉的作家。作家出版社与她签约创作长篇小说《小姐，你早》，离交稿日期只差不到 10 天时，电脑突然出了故障，完成的 10 多万字文稿顷刻间化为乌有。她呆坐在电脑前，脑子一片空白。怎么办？向出版社说明情况，争取延缓交稿时限？特殊情况嘛，料想编辑会理解。但池莉没有那样做。既然答应人家，怎好失信于人？失信无异失节，不能小看。于是，她把休息时间压缩到最低限度，宁可"蓬头垢面"、衣裙不整，也要昼夜不停地赶写书稿，最终如期完成了。仅仅一周多时间，人瘦了一圈，两只敲击键盘的手几近麻木。

诈骗犯自觉讲诚信

服刑人员陈某,因诈骗罪获刑,分监区非常重视对其进行诚信教育,在劳动改造中从质量、定额等方面时刻考核他的诚信度,随着教育的深入和其自身的努力,陈某的思想发生了深刻的改变。2011年6月,陈某参加教育科组织的乒乓球比赛,耽误了两天生产任务。月底在月考核分公布时,陈某发现自己参加乒乓球比赛的那两天依然记了劳动分,心里当时又高兴又紧张,高兴的是自己多出了两天的劳动分,紧张的是怕干警发现。在这样忐忑的心情中度过了两天,没有人发现陈某多记分的情况。陈某在暗自窃喜的同时,心里也多了一份不安:"自己是因为诈骗罪走进的监狱,欺骗给自己、家人和社会带来了严重的危害,干警多年来对我进行诚信教育,希望我做诚实守信的人,如果我多拿这两天的劳动分,岂不是辜负了干警的期望,将自己多年改造的成果葬送了?"经过激烈的思想斗争,陈某鼓起勇气,主动找到干警说明了情况。最终干警及时修改了陈某的月考核分,对于其诚实守信的行为,分监区召开大会进行表扬,并对他给予了物质奖励。

司各特的诚信、池莉的诚信、诈骗犯陈某自我反省讲诚信,都是自觉自愿的,其实大多数时候,能够约束住我们的并不是外在的监督和控制,而是自己内心的诚实。如果你能做到发自内心的诚实,你的诚信意识就提升了,你就是一个诚信的人,诚信就成了你的一种好的品德。

(三)不诚信,必自损

诚信意识缺失,就会发生不诚信的行为。想想我们身边有不少人正是因为没有诚信意识,失去了人心,失去了朋友,有的还因坑蒙拐骗受到了法律的制裁。让我们看看服刑过程中两个不诚信的例子。

偷别人的产品被扣分

服刑人员魏某,在某监狱第十五分监区服刑改造。一天下午出工后,魏某发现旁边的祁某还在换衣服没来,而其上午加工的铝箔插块成品就摆在桌子上,于是趁周围人不注意,顺手将祁某的成品拿了一部分放在自己的成品箱内。祁某来到岗位后,发现自己的产品少了,马上向干警报告。经干警调取监控录像,发现成品正是魏某窃走的,于是立即找其谈话教育,魏某开始拒不承认,但在监控录像面前,不得不低下了头。分监区经集体研究决定,对魏某进行扣分处理,并令其在分监区全体服刑人员大会上做深刻检查。

偷工减料 加分变减分

某监狱第六分监区为了激发服刑人员的劳动积极性,每年不定期地举办劳动竞赛,获得前三名的生产组将能获得加分奖励。该分监区服刑人员商某作为生产五组的组长,距离够分假释回家只差不到10分了。为了能够在劳动竞赛中获得好成绩,商某不惜以牺牲诚信为代价,偷偷减少工艺流程,气垫连接筋本该四道线缝纫,他擅自改为两道线缝纫,一暗一明装饰线只缝纫明线,他认为反正减少两道线也在里面,外面根本看不到,能加快缝纫速度就行了。可他没有想到他所生产的这批蹦床回到厂家后均出现了气垫开线的情况,经厂家检查后确认是缝纫时私自减少工艺流程导致连接强度不够造成的,只得退回监狱返工,商某在劳动竞赛中获得的第一名也因此作废,反倒因为不按操作规程劳动被扣掉10分。事后,商某非常后悔自己的行为,为了得到一时的利益,丢掉了诚信为本的做人准则,是非常错误和不值得的。

诚信是立人之本,我们再次从上面的例子中受到了教育。本来就是因为诚信的缺失犯了罪,服刑劳动期间还这么不讲诚信,足以说明二人的诚信意识是多么差。事实说明,当一个人失去诚信时,他必将自食恶果。

(四)诚实守信誉自来,誉满天下事必成

诚信是人与人、企业与企业乃至一切社会交往的基本前提,你诚信待人,人才会善待你。所谓信誉,就是有信才会有誉,有诚信才会带来声誉,才能形成人与人、单位与单位和商品交易之间相互信任的关系,才会形成双方自觉自愿的反复交往。一个人有信誉,就会有更多的朋友,就会受到单位的重用;一个企业有信誉,就能赢得顾客的心,就能占领更广阔的市场。

海尔集团创立于1984年,是从一家资不抵债、濒临倒闭的集体小厂发展而来的全球大型家电第一品牌。2016(第22届)中国品牌价值100强榜单发布,海尔以1516.28亿元的品牌价值,连续15年蝉联榜首。2018年"海尔"品牌价值更是高达3502.78亿元。"海尔"的良好信誉,是靠海尔人的诚信经营积累起来的,是靠成千上万的员工真诚服务换来的,在海尔,广泛流传着一些海尔员工用自己的汗水实践着"卖信誉而不是卖产品"理念的故事。

真诚到永远

1997年7月的一个清晨,海尔洗衣机公司驻昆明售后服务站秦冠胜接到云南昭通市洗衣机用户刘平章的电话,请他上门服务。此时,适逢大雨滂沱,秦冠胜毫不犹豫,披上雨衣去了车站。公共汽车在沟壑纵横的山路上颠簸了16个小时,夜间11时在距昭通市27公里处遇到意外险情——路前方山体滑坡,泥土沙石飞流直下,惟一通往昭通市的交通线路被阻断了。司机为乘客着想,决定原路返回昆明。秦冠胜没听劝阻，毅然下车，坚持步行前往昭通市。茫茫黑夜，风雨交加，秦冠胜一步一个趔趄，无数次地跌倒爬起，置生死于不顾。次日凌晨4时到达昭通，考虑到用户此时正在休息，秦冠胜在传达室等候到上午8时才登门为用户服务。用户刘平章早晨醒来，已从广播中得到昭昆线发生山体滑坡导致交通中断的事情，当秦冠胜站在他面前时，他感到十分意外，得知原委后，这位南国汉子猛地抱住了刚强的海尔人感动地泣不成声。

为了履行对用户的承诺，秦冠胜在泥泞的山路上徒步走了4个多小时，险些献出了自己的生命。这样的诚心，当然能感动"上帝"。海尔人信奉：世界上并不一定有十全十美的产品，但能通过百分之百的服务让用户满意。"真诚到永远"的海尔宗旨，就是通过上面这些事情扎根于用户心中的。海尔的信誉，也是通过这些普通员工的真诚工作在用户心中留下了深刻的印象。

"诚"字怎样写？海尔集团的领导做了一个很好的解释：一个"言"字加一个成功的"成"字，就是"诚"，要让说出的承诺兑现，付诸实施，并要见成效。海尔以诚取信，以诚取胜。海尔有一句员工经常互相提醒的话：百金买名，千金买誉。做99件好事不一定有人记住；但一件事服务不及时、不周到，信誉就会丧失，再花十倍、百倍的努力也未必能够挽回。"海尔"高达3502.78亿元的品牌价值，就是海尔赢得顾客信任、占领市场的巨大无形资产。

二、责任意识——责任重于泰山

什么是责任？对责任的理解通常可以分为两个方面：一是指分内应做的事，如职责、尽责任、岗位责任等；二是指如果没有做好自己的工作，就应承担不利的后果或强制性义务。劳动中的责任意识就是清楚地知道什么是自己的责任，并自觉、认真地履行自己的责任的思想观念。劳动中有责任意识，再复杂的工作也能高质量的完成，没有责任意识，再简单的产品也会被粗制滥造；劳动中有责任意识，再危险的工作也能减少风险，没

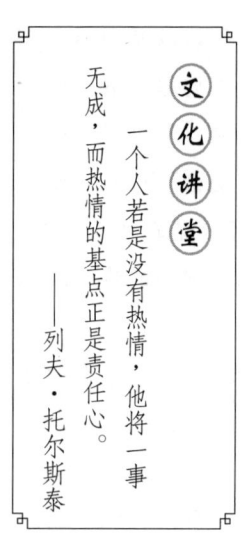

文化讲堂

一个人若是没有热情，他将一事无成，而热情的基点正是责任心。

——列夫·托尔斯泰

有责任意识，再安全的岗位也会出现险情；劳动中责任意识强，再大的困难也可以克服，劳动中责任意识差，再小的问题也会让你裹足不前。有责任意识的人，受人尊敬，招人喜爱，让人放心。

树立责任意识，首先要认识到责任的重要性。我们经常听到这样一句话：责任重于泰山，用它来形容责任的重要性再合适不过了，用它来唤起人们的责任意识是在很多场合被经常用到的。社会各行各业，各个单位，各个岗位上的每个人，都有自己的职责和任务，强调责任的重要性，强调增强责任意识，其实是针对一个人的岗位职责和任务的，每个人都要完全担负起自己的岗位职责所对应的责任，只要是岗位职责所在，就是最重要的。社会上人们的岗位虽然不同，分工不同，职责不同，但是每个人要树立的责任意识却是相同的，这就是责任重于泰山。一个社会的责任体系，一个单位的责任体系，就是靠每一个人的责任意识、责任担当来形成的，每个人都树立了责任重于泰山的意识，每一个人履行好了自己分内的责任，一个单位才能为社会提供优质的服务产品，这个社会才是有责任的社会，我们每一个人才会因此而受益。

（一）第一位的责任意识是必须做好自己分内应做的事

在社会上，每个人都有自己的责任，都必须做好自己分内应做的事，如父母养儿育女的责任，老师教书育人的责任，医生救死扶伤的责任，工人保质保量按时完成生产任务的责任，军人保家卫国的责任……社会上的每个人都履行了自己的责任，社会方方面面的工作就做好了，在劳动中，每个人都履行了自己的责任，生产任务就能按时、保质、保量地完成。责任只有大小之分、缓急之别，但绝不是可有可无的。责任是必须要履行的，是谁的责任，谁就应该认真及时地去履行。

喝厕所马桶水的日本女邮政大臣

如果说日本内阁最令人瞩目的官员，相信非邮政大臣野田圣子莫属，因为她除了是内阁最年轻的阁员外，也是唯一一位女性大臣。

野田圣子的第一份工作是在帝国酒店当白领，这是她涉世之初的第一份工作。但她万万没有想到上司安排她做的第一项工作是洗厕所！上司对她工作质量的要求特别高：必须把马桶洗得光洁如新！怎么办？是接受这个工作？还是另谋职业？一位先辈看到她的犹豫态度，不声不响地为她做了示范，当他把马桶洗得光洁如新时，他竟然从中舀了一碗水喝了下去！先辈的举动让野田圣子发现自己的工作态度有问题，根本没资格在社会上肩负起任何责任，于是她对自己说："就算一生要洗厕所，也要做个洗厕所最出色的人。"当她洗完马桶之后，毅然盛了一杯厕所水喝，自然，她所清洗的厕所，一向光洁如新，她也不止一次地喝过马桶里的水。先辈的态度和洗厕所的经历，使她明白了什么是工作，什么是责任心，而这次经历也成为她日后做人处事的精神源泉，从此她漂亮地迈出了职业生涯的第一步，并踏上了成功之路。

野田圣子的例子很好地告诉我们，什么是责任？如何履行好自己的责任？无论是洗厕所，还是当内阁邮政大臣，只要是你分内的事，都是你必尽的、也是你必须尽好的责任。野田圣子如果当年连洗厕所的责任都尽不到，就不会成为今天肩负重大责任的日本内阁邮政大臣。让我们永远记住野田圣子的这句话："就算一生要洗厕所，也要做个洗厕所最出色的人。"

（二）第二位的责任意识是必须承担没有做好本职工作的后果的意识

责任意识不仅是要做好自己分内应做的工作，而且必须承担自己因为这样或那样的原因，没有做好工作，甚至给工作或他人造成严重损失的责任。谁都有可能犯没有履行好责任的错误，谁都有可能自认为负到责任

了,但是工作照样没做好,在这个时候,如果你能勇敢地站出来,勇于承担应该承担的责任,改正错误,把事情做得更好,你的责任意识就真正树立起来了,你就是一个有责任心的人。

终生难忘的一次爆炸

1963年春天,是28岁的杰克·韦尔奇到通用电器公司的第三个年头。因为他的严重失误,导致他们进行化学实验的工厂发生了一起大爆炸。在一个大水槽里,韦尔奇准备把氧气灌入一种高挥发性的溶剂中。他的伙伴戈万很担心这种做法的危险性,韦尔奇不以为然地说:"不,我相信我的判断,等着瞧吧!我的伙计。"在戈万再次提醒时,韦尔奇信心十足地说:"别忘了,我是这里的负责工程师,我会承担起一切责任。"可就是实验中的一个无法解释的火花,引起了这场灾难性的爆炸。整个工厂报废了,尽管没有死人,可实验室的人都受了不同程度的伤,这起事故应该说是韦尔奇一手造成的,他是这里的负责人。

韦尔奇跑进废墟,努力地寻找着那个可能出现问题的加压机。他就是这种牛脾气,干任何事情,非要进行到底。经过努力,他终于找到了失败的原因。于是,韦尔奇怀着沉重的心情驱车去了集团总部,他必须到那里当着众位执行官的面解释这场事故的起因,而后听由执行官发落,他已经做了最坏的打算。

查理·里德是这次调查事故的总负责人,也是一位杰出的科学家,任何化学实验的失败都很难瞒得住他。查理说:"你现在给我们解释一下失败的原因吧。"

韦尔奇紧张地说,"我们对氧气进行高挥发性溶剂分解,在还原的过程中,一个无法解释的火花溅了出来,然后……"韦尔奇分析了全部失败的经过,查理不时地点头。

"你知道在高温环境下做高挥发气体实验时会发生什么吗?"

"我知道,只不过这没能引起我足够的重视。"在行家里手面前,韦尔奇只得实话实说。

"你想怎么办呢?"查理一针见血地切入了正题。

韦尔奇低下头:"我愿对我所做的一切负全部责任,如果公司认为我不能胜任的话,我马上滚蛋。"韦尔奇说出这句话时,心里非常难过,他现在已经不愿意离开这个可以实现理想抱负的公司了。

查理老头很生气:"韦尔奇博士,我关心的是你在失败中学到了什么?请你正面回答我。"

"我学会了谨慎和谦虚,还有在完成一项工作时,光大胆是远远不够的。"韦尔奇不再像刚才走进屋子时那样忐忑了。

"你现在是否能够修理反应器程序呢?"

"我能够。"

"那么,你认为你是否应该继续进行这个项目呢?"这才是问题的关键,查理不失时机地提了出来。

"如果公司准许的话,我很愿意在跌倒的地方爬起来。"韦尔奇充满了自信。

查理满意地看了看韦尔奇:"韦尔奇博士,你可以走了,回到你的工作岗位上去。"

韦尔奇一愣:"那,我的处分呢?"

查理幽默地一笑:"公司给你的处分是,给你一个同样的实验工厂,让你继续研究和实验,不过请千万别再把它炸掉。"全屋子里的人被逗得哈哈大笑,韦尔奇也难为情地笑了。

当韦尔奇勇敢承担起全部责任的时候,执行官查理·里德没有给他惩罚,给了他鼓励,给了他自信,同时又给了他再爬起来的机会。正是韦尔奇勇于承担责任的态度获得了查理的信任。一个勇于承担责任的人才能得到别人的信任,其实,责任意识中也包含了自信,一个连自己都不相信自己的人怎能得到别人的信任呢?杰克·韦尔奇就是凭借着勇于承担责任,做事一定要负责到底的精神,使自己变得最优秀,使自己成了"全球第一CEO"。

自判死罪的李离

据《史记·循吏列传》记载,春秋时期,晋文公称霸,他任命有功之臣李离为晋国的狱官。李离错误地听取了下级的汇报,把没有死罪的人处死了,当他发觉后,就判自己"过失杀人"之罪,把自己关押起来,定了死罪。因为他是对国家有贡献的人,晋文公闻讯赶来,宣布赦免他的死罪。并劝他:"官有贵贱之分,处罚有轻重之分,下级官吏有错,不是你的过错!"李离说:"我担任的官职是长官,并不让位给下级官吏;享受俸禄多,也不和下属平分利益,现在我错误地听从了下级汇报而判人死罪,却把罪转嫁到下级官吏身上,这可不对。"因此拒绝接受赦免,晋文公说:"你如果自以为有罪,我也有罪吗?"李离说:"狱官遵守法纪,错误地判刑,应判自己的刑,错误地判人死罪,就应判自己死罪。您因为我能审察和判定疑难案件,所以让我当狱官,现在我错误地听取下吏的汇报而判人死刑,罪责当死。"说完,就拔剑自杀了。

李离为自己的错误自判死罪,虽然是个极端的例子,但却更加强有力地说明了责任意识必须包含承担你没有做好自己工作的后果的意识。

(三)树立劳动中的责任意识,才能让我们变得更优秀

我们中间的很多人,就是因为责任意识差才犯了罪。总有一天、总有一些事,甚至是让我们终生难忘的一些事使我们认识到责任的重要性,我们会提醒自己今后对那些事一定要负起责任来,这说明你有了责任意识。有了责任意识,并能真正地付诸实践,真正地负起责任来,你就会成为一个负责任的人。如果你不仅在劳动中负责任,而且做任何事情都有责任

心，你就会变得更优秀。

对工作负责让吉姆脱颖而出

吉姆和朋友格尔前往一家公司应聘。那家公司待遇优厚，参与应聘的人不少。面试结束后，主考官说还需要复试一次，让他们5天后报到。5天后，他们早早地来到了公司。公司老总亲自为他们安排了当天的工作——给每人一大捆宣传单，让他们到指定的街道发放。

吉姆抱着传单，来到了划定的地盘，见人就发给一张。有的人接过去了，有的人连理都不理，有的接过去就随手扔掉，他只好捡起来重发。忙碌了一整天，可手上的传单还剩厚厚的一叠。下午5点，吉姆拖着疲惫的身躯回公司交差。格尔一看到他就说："你怎么还留那么多传单在手中？"吉姆一看大家手上都是空的，心慌了。老总问吉姆发了多少。他涨红着脸，把剩下的传单交给老总，难为情地说："我干得不好，请原谅。"在回家的路上，格尔一个劲儿地埋怨吉姆，骂他傻，并告诉吉姆自己的传单也没发完，剩下的全都扔进了垃圾桶，其他人想必也是如此。吉姆这才恍然大悟，心想这份工作自己肯定没指望了。

结果却出人意料。在那次招聘中，吉姆成了唯一的被录用者，让他感到很纳闷。

半年后，吉姆因为业绩突出，升任部门经理。在庆典晚宴上，他询问老总当初为何选择了他。老总说："一个人一天能发放多少传单，我们早就测试过。那次我给你们的传单，用一天时间肯定是发不完的。其他人都发完了，唯独你没有，只有你是对自己工作负责任的。答案就这么简单。"

吉姆感慨地对人说："那一次求职经历我终生难忘，它让我明白了一个受用一生的道理：对企业负责就是对自己负责。"

对自己的工作负责，使吉姆成了唯一的被录用者，对自己的工作负责，使吉姆脱颖而出，对工作负责，是公司老总选拔人才的重要标准。吉姆是一个负责任的人，发放传单、唯一被录用的特殊经历，使他终生难忘，并且令他深刻地认识到了什么叫负责任。

(四) 责任意识不仅满足于有,还要用心加强

通常我们说要强化责任意识,要警钟长鸣,就是这个意思。强化责任意识,会让我们把工作做得更好,警钟长鸣,会让事故和损失防患于未然。

海尔人的责任意识:2%的责任得到100%的落实

为了发展海尔整体卫浴设施的生产,1997年8月,海尔集团派魏小娥前往日本,学习掌握世界最先进的整体卫浴生产技术。在学习期间,魏小娥发现,日本人试模期废品率一般都在30%~60%,设备调试正常后,废品率为2%。魏小娥问日本的技术人员:"为什么不把合格率提高到100%?"日本人反问道:"100%?你觉得能够做得到吗?"从对话中,魏小娥意识到,不是日本人能力不行,而是思想上的桎梏使他们停滞在98%。作为一名海尔员工,魏小娥的标准是100%,即要么不干,要干就要做到最好。她拼命地利用每一分一秒的学习时间。3周后,她带着赶超日本人的信念和先进的技术知识回到了海尔集团。

半年后,日本模具专家宫川先生来中国访问,见到了"徒弟"魏小娥,此时,她已是卫浴分厂的厂长。面对着操作熟练的员工、一尘不染的生产现场和100%合格的产品,他大吃一惊,反过来向徒弟请教。

宫川先生说:"100%的合格率是我们连想都不敢想的,对我们来说,2%的废品率和5%的不良品率天经地义,你们是怎样提高产品合格率的呢?"

"用心!"魏小娥简单的回答让宫川先生大吃一惊。用心,看似简单,其实很不简单。原来,魏小娥从日本学习归国之后,便开始重点抓卫浴分厂的模具质量工作。无论是工作日还是节假日,魏小娥紧绷的质量之弦从来没有放松过。有一次在试模的前一天,魏小娥在原料中发现了一根头发,这无疑是操作工在工作中无意掉进去的。一根头发丝就是废品的定时炸弹,万一混进原料中就会出现废品。魏小娥马上给操作工统一制作了白衣和白帽,而且要求大家统一剪短发。就这样,在魏小娥的努力下,2%的责任得到了100%的落实,2%的产生废品的可能被一一杜绝。终于,100%

这个被日本人认为是"不可能"的产品合格率,被魏小娥实现了,无论是在试模期间,还是设备调试正常后。

"用心",就是魏小娥的责任意识,从魏小娥身上,我们看到了海尔人超一流的责任意识。张瑞敏说:"第一流的素质才能造出第一流的产品。"在工作中,如果人们能够像魏小娥这样用心,也一定能成为第二个"魏小娥"。其实,任何工作,无论它有多么的艰难,只要你全力以赴、负责任地去做,就一定能化难为易。一个人很成功,一定是他很用心。魏小娥的"用心"和杰克·韦尔奇说的"每天找出一种让自己变得更优秀的方法"是一个道理。一个责任意识强的人一定是一个非常"用心"的人。

(五)没有做不好的工作,只有不负责任的人

我们经常说,世界上的事就怕"认真"二字,"认真"和上面说的"用心",就是负责任,只要"认真"了,再难的工作也能做好,只要不"认真"了,就是再好的技术,再有经验的人,也做不好工作。

老木匠不是造不好房子,只是不"认真"了

有个老木匠准备退休,他告诉老板,说自己要离开建筑行业,回家与妻子儿女享受天伦之乐。

老板舍不得他走,问他是否能帮忙再建一座房子,老木匠说可以。但是大家后来都看得出来,他的心已不在工作上,他用的是软料,出的是粗活。房子建好的时候,老板把大门的钥匙递给他。

"这是你的房子,"老板说,"是我送给你的礼物。"

老木匠震惊地目瞪口呆，羞愧得无地自容。如果他早知道是在给自己建房子，他怎么会这样呢？现在他得住在一幢粗制滥造的房子里！墙上的铭牌上写着："生活是自己创造的。"

谁都知道，老木匠不是造不好房子，只是不"认真"了。责任意识是我们思想深处的东西，一旦它不牢固了，一定会表现在我们的行动上。我们应该反思自己，我们是不是不负责任地在"建造"自己的生活？不认真工作，消极应付，凡事不肯精益求精，在关键时刻不能尽最大努力。等我们惊觉自己的处境，早已深困在自己建造的"房子"里了。想想你的"房子"，每天你敲进去一颗钉，加上去一块板，或者竖起一面墙，用你的心好好建造吧！你的生活是你一生唯一的创造，不能抹平重建，只要生活一天，也要活得负责、认真。

三、学习意识——在学习中进步

在这里我们讲的是在劳动中要热爱学习，要积极培养劳动中的学习意识。为什么要学习？为什么要培养学习意识？也许你会认为这个问题太简单了：为了培养劳动技能，为了成为劳动能手，为了加分，为了减刑。这种回答有点老生常谈，而且多少有点功利色彩。著名教育家、思想家陶行知说："在劳力上劳心，是一切发明之母。事事在劳力上劳心，便可得事物之真理。"说的是在劳动的时候，不仅要用体力，还要用心，才能学到知识，才能有发明创造和认识事物的真理。所以，在劳动中学习，可以提高劳动技能只是一个基本方面，更能让我们学到各种科学知识，更能让我们实现各方面的进步。

（一）学习意识来源于进步意识

学习意识来源于对进步的追求，满足于现状或者丝毫也不要求进步就不可能有学习意识。学习和进步的这种关系在劳动中体现得尤为明显，刚开始接受一项新的工作时，还会有掌握这项新技能的动力，但是一旦掌握了，成了熟练工，进入了日复一日的重复劳动状态，这种状态最容易使人满足于现状。这个时候，我们只有不满足于现状，有强烈的进步意识，才有可能发现现状也许不是最好的，还有很多值得学习和改进的地方。所以，是进步愿望推动了学习，学习意识来源于进步意识。

擦玻璃擦出了新发明　见惯不惯学新知

河南中学生李津汉的第一项发明是"蒸汽式节水玻璃清洁器"。李津汉经常帮家人做家务，他在家擦玻璃时发现，使用传统方式很难把玻璃擦干净，人站在高处也不安全，就开始琢磨着改进方法。他打扫卫生时发现，水烧开后，蒸汽喷到玻璃上，玻璃上的灰尘比平时好擦多了。李津汉反复试验发现，蒸汽具有很强的膨胀性和渗透性，灰尘在蒸汽作用下松动，就很容易将玻璃清洁干净，也不需要化学清洁剂。于是，李津汉运用这个原理，开始了他的第一个发明，不懂的地方，他就翻书本，请教家长和老师，最后终于发明了"蒸汽式节水玻璃清洁器"，他的这项发明获得了第二届"未来杯"全国中学生创意设计竞赛一等奖。

李津汉的第二项发明是"磁性双面玻璃清洁擦头"。怎样实现人站在室内就可擦室外的玻璃呢？李津汉又想到磁力相吸的原理，如果使用磁性双面玻璃清洁擦头，内动外应，人只需站在室内，就能达到一次操作，玻璃两面干净的效果，还保障了人身安全。在科技老师指导下，李津汉花了几个月时间做出样品，后经过反复实验修改，研制成功了"磁性双面玻璃清洁擦头"。这个小发明清洗玻璃，每平方米可节水99%，省时75%~85%，已获国家专利。

看来，打扫卫生这么简单的家务劳动，如果"在劳力上劳心"，还真能劳有所学，学有所获，没准还能成为一个发明家呢！我们每个人都有自己的劳动岗位，有的简单，有的复杂，经过一段时间的劳动之后，劳动技能会越来越熟练。当你成了劳动"老手"以后，你会不会摆起老资格呢？觉得

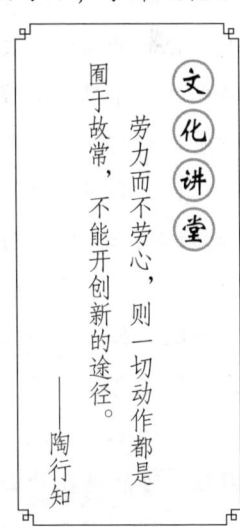

文化讲堂

劳力而不劳心，则一切动作都是囿于故常，不能开创新的途径。

——陶行知

自己什么都会了，没什么可学的了，"这样的工作对我来说太简单了，我都干烦了"。如果是这样，你在劳动中就会裹足不前，你的学习动力就会枯竭，学习意识就没有了。看了上面的例子，你难道没有什么触动吗？

（二）学习意识在解决问题中培养

我们在劳动中经常会遇到很多问题，对待问题的态度、解决问题的途径和方法都很重要，除了迎难而上，更重要的是通过勤于学习来解决问题，这其中其实有很重要的学习意识因素，学习意识不强，可能会长期容留问题的存在，既影响了问题的解决，又阻碍了一个人的进步。所以，在劳动中遇到问题不是坏事，问题就好像摆在我们面前的一把把锁，学习则是打开这一把把锁的金钥匙，我们要在问题面前积极主动地学习，向警官学、向师傅学、向书本学，千方百计地谋求解决问题的办法，当一个一个的问题得到解决以后，我们会发现所有的问题都是纸老虎，真正的问题在我们心里和灵魂深处，真正的问题在我们的学习意识上，所以，解决问题需要学习，解决问题更是培养学习意识的好办法。

我帮新入监服刑人员过劳动关

唐小虎（化名）是新入监服刑人员，下队劳动将近两个月了。刚来时，他的劳动排名总在前两名，而今却排到了倒数，常常因完不成劳动任务而反省学习。警官批评他劳动不专心，喜欢东张西望，作为一名心理互助员，我觉得有必要找他好好谈谈。

我首先问了他的一些基本情况，如余刑、罪名、家庭情况等，两人渐渐熟悉起来，他也对我有了一些信任。然后我切入主题，聊起劳动改造情况。他说，刚开始劳动任务低，他经常能超额完成任务，后来分监区转产了两次，加上劳动任务适当增加了点，就感觉差距越来越大，自己心里急，但越急越出错，出次品多，返工多。

我问他："那警官说你不专心工作是怎么回事？"他说："我有一个坏习惯，可能是在外面小偷小摸养成的，只要有人从我身后过，就会紧张，忍不住转头去看。警官从我后面经过，我一听脚步声，就知道警官来了，

就紧张，忍不住去看一眼。"我说："还有呢？"他说："我还有一个习惯，每做一件产品生怕出错，就要反复检查，确保质量没问题了再做第二个。所以给警官的印象是不专心，混时间，其实不是的。"我问："警官让你反省学习，你心里有想法吗？"他说："这倒没有，只是觉得很累，心里很累。"

从与他的谈话中，我感觉他是一个极其没有安全感的人，缺乏自信，带点强迫症。针对这些，我从以下几方面进行了开导：

第一，肯定了他的想法，帮助他理解教官的教导。我谈了自己受警官批评后的感受和收获，指出警官善意的批评与惩罚，其实是希望我们改掉坏习惯，好好改造，所以每当警官批评我们时，我们就要静下心来，好好反思一下，自己身上到底存在哪些缺点，然后真心实意地改正。

第二，针对性教育，引导他一是有意识地告诉自己，身后经过的人没注意自己，强制性控制自己不回头；二是集中所有注意力于自己的工作上，时时提醒自己加快手中操作的节奏，口中不停的念"快点快点"，让脑海里没有丁点私心杂念。

第三，教会他劳动技巧，帮其改掉一些操作毛病。服刑人员刚来时，为了能确保每个成品没有差错，也为了他们更快地熟悉产品，所以要求每完成一个产品要反复检查，但这个习惯如果在后期不改掉，会拖累产量。我告诉他的办法是：每穿一根线都要盯着，如有线高、线松、线尾的毛病，随手解决，等所有线缠完后，直接丢到成品盒中，不要犹豫，相信自己的产品绝对没问题，同时要快速地拿起下个产品的材料，不去想上一个产品。这样一可增加自信心，二可加快节奏，让动作连贯，使注意力更集中，更好地完成任务。

第三天中午，唐小虎遇到我，很开心地对我说："赖师傅，我这两天按你说的做了，感觉真的快了很多，谢谢你！"能帮助同改解除困惑，我真的很开心。通过这次的互助工作，也给我自己很大的信心，感觉很好！

案例中的"我"是一名服刑人员身份的心理互助员，是帮助唐小虎解决问题的人，也是个很好学的人。这名心理互助员通过详细了解唐小虎的情况，运用了心理学等方面的知识，帮助唐小虎找到了解决问题的办法，让唐小虎自己反思自己的缺点，并加以改正，这些办法很有成效。很显

然，出现在唐小虎身上的类似问题，在我们的劳动中比比皆是，这些问题无论大小，无论难易，解决问题的办法，既可以靠他人帮助，更要靠个人努力，归根结底要靠个人努力。每个人解决自身问题的过程，正是自己学习和进步的过程，这一过程中最主要的要靠本人的主观能动性，这就是劳动中的学习意识。通过本案例可以看到，所有像唐小虎一样当在劳动中面临各种问题的时候，只要能够正确地面对问题、思考问题、勤学好问地解决问题，就能不断培养和提高学习意识。

(三) 学习意识强，既在劳动过程中，也在劳动过程外

简单地把"在劳动中学习"理解成在劳动过程中学习是不准确的。陶行知说："做是学之中心，可见做之重要。"什么才是做呢？他说："只有手到心到才是真正的做"，"单单劳力，单单劳心，都不算是真正之做，真正之做必须是劳力上劳心"。"劳力上劳心"就是围绕着劳动用心学习，在劳动中用心学习了，还不能完全解决问题，回到宿舍接着学，再不行就请教别人或从书本上去找答案，这是更勤奋的"劳力上劳心"。所以，只要是围绕劳动遇到的问题学习，无论是在劳动过程中，还是在劳动过程外，都属于"在劳动中学习"。我们要树立的正是这样的学习意识。

一分劳动　一分学习　一分收获

某监狱第九分监区服刑人员王某，分监区安排他参加生态园的习艺性康复劳动。随着分监区劳动教育化系列活动的开展和深入，王某的劳动观念端正了，改造态度积极了，劳动中的学习意识也越来越浓了。

在土壤改良劳动中，他在对"土壤为什么需要改良"和"心灵土壤的贫瘠是否也需要改良"两个问题的思索中，悟出了改造自己首先要从心灵改造开始；在育苗、间苗劳动中，他以劳动比改造，从对蔬菜的呵护中学会了用爱心去对待自己和别人、对待世界；在整枝、打杈、摘芽过程中认清了自己的不良行为也需要修理，学会了心态调节的方法；在施肥、除虫劳动中，他认识到自己以前的自私心理，和责任心的缺失，从而面对现实，一丝不苟重塑自我。

王某牢固地树立了在劳动中学习的意识，从要我劳动变成了我要劳动，从要我学习变成了自发自觉的学习、无处不在的学习。王某利用业余时间先后自学了二十余种蔬菜的日光大棚种植技术，成为生态车间小组的技术带头人，获得了"改造积极分子"的光荣称号，并被减刑为有期徒刑19年。劳动和学习让他深刻体会到："一分劳动、一分学习、一分收获。"

劳动中爱学习，要像家常便饭一样，无论是简单的劳动作业，还是高技术含量的工种，都要一边劳动，一边学习，一边思考。这样做了，学习意识就会不断增强，劳动技能就会不断提高，进步就会随之而来。

为了攻克技术难关，张某到了废寝忘食的地步

分监区根据服刑人员张某的技术特长，把他安排在电子产品生产小组的特种工具操作岗位，大大激发了他的劳动积极性。2010年3月，电子产品生产小组因新产品开发急需加工制作铝制散热模块，可当时公司尚未给出加工技术标准，他们要求生产小组率先加工部分成品，待后期公司工艺标准给出后再予以完善。经过努力，虽然模块制作完成了，但是加工工艺、原材料下料、紧固孔预制等各项技术指标都与理想标准有一定差距。分监区在车间选取了包括张某在内的5名有技术背景和技术特长的服刑人员，组成了技术攻关小组，力求通过技术革新来提高铝制散热模块的加工质量。攻关小组出谋划策、集思广益，特别是张某更是到了废寝忘食的地步，经常回到监舍还在学习相关知识，绘制图纸、找其他技术人员研究探讨，最终凭借辛勤的付出，攻关小组仅用了四天时间就顺利攻克难

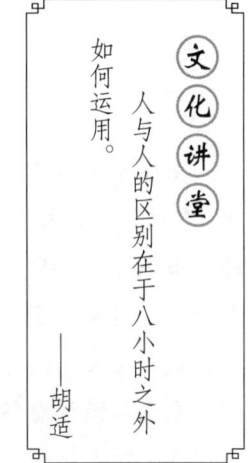

文化讲堂

人与人的区别在于八小时之外如何运用。

——胡适

题，生产出了合格的产品，张某还创造性地绘制出了该模块的工艺加工图，并最终被公司技术研发部门采用。张某这种废寝忘食的精神，不仅使自己的技术水平大大提高，还为监区和合作公司作出了贡献，受到监狱和合作公司的表彰，获得了合作公司颁发的"劳动模范"荣誉证书。

劳动过程外的学习是劳动中学习的延伸，是一个人学习意识更强的充分体现。事实上，劳动中遇到的问题，不一定在劳动中就能得到完全解决，很多时候需要在八小时以外去"劳心"，这样的学习更有目的性，更能丰富人的知识面，更能让人进步。上面的例子有力地说明了这个道理。胡适先生说："人与人的区别在于八小时之外如何运用。"有时间的人不能成功，挤时间的人才能成功。八小时之内决定现在，八小时之外决定未来。

（四）培养终身学习的学习意识，争做学习型员工

芬兰人用"昨天的面包不充饥"来形容终身学习的必要性。当今社会发展变化之快，用日新月异形容毫不为过。学习是适应社会发展的唯一途径，所以，现在的社会被称为学习型社会，企业争做学习型企业，员工也要争做学习型员工。一个人不学习，就跟不上时代发展。不要让监狱的大门挡住我们学习的步伐，只要我们"在劳力上劳心"，今天的学习型服刑人员，就是明天的学习型员工，就是明天的成功者。

读书学习是毛主席的生活常态

毛泽东主席是个终生与书为伴的人，他热爱学习热爱读书。毛主席曾说："我一生最大的爱好是读书学习。""饭可以一日不吃，觉可以一日不睡，书不可以一日不读。"自少年时代起，毛泽东就善于挤时间看书学习。长沙求学时期他勤学苦读，革命战争年代他利用战争空隙争分夺秒地研读，社会主义建设时期更加嗜读。

毛主席经常看书看得很晚，他的保健医生徐涛很担心他的身体，劝他多休息，但是他不听。后来，徐涛发现毛主席喜欢聊天，就找机会和毛主

席到户外散步聊天。有一天，两人出去散步，他趁势说："主席，您读书很多，但方法不科学。您这么整天读，不休息，太疲劳，违背辩证法嘛。"

毛主席却摇头说："你那点辩证法不全面，你对事物的理解也有局限。看文件累了看报纸，看正书累了看闲书，看大书累了看小人书，看政治书累了看文艺书，我这也是一种休息。你不承认？"毛主席就是这样执着地从书本中吸取知识。

中南海里毛主席的故居就像一个书的世界，居室的书架上摆满了书，办公桌、饭桌、茶几上到处都是书，床上除躺卧的位置外也全都被书占领，连厕所里也摆放着书。为了读书，毛主席把一切能利用的时间都用上了。在游泳之前活动身体的几分钟里，他有时还要看上几句名人的诗词；游泳之后顾不上休息，就又捧起书本翻阅起来。他利用上厕所的时间，把宋代淳熙本《昭明文选》等书断断续续地看完了。

毛主席外出开会和视察工作，常常带一箱子书。普通列车震荡颠簸，他全然不顾，总是一手拿着放大镜，一手按着书页，阅读不辍。到了外地，同在北京一样，床上、办公桌上、茶几上、饭桌上都摆放着书，一有空就看起来。

毛主席晚年虽重病在身，仍不废阅读。他重读了新中国成立前出版的从延安带到北京的《鲁迅全集》及其他书刊。

有一次，毛主席发烧到39度多，医生不准他看书。他难过地说："我一辈子爱读书，现在你们不让我看书，叫我躺在这里，整天就是吃饭、睡觉，你们知道我是多么难受啊！"工作人员不得已，只好把拿走的书又放在他身边，他这才高兴地笑了。

我们介绍毛泽东学习的故事，是想通过毛泽东几乎疯狂的学习精神，启发大家无论是谁、无论在什么地方，都可以学习，都应该学习，劳动时可以学，不劳动时也可以学。学习意识是一种精神，是一种追求无止境的精神，是一种不怕困难，永攀高峰的精神。希望我们化压力为动力，化动力为行动，在学习中不断进步。

四、创新意识——创新永无止境

> **文化讲堂**
>
> 创新是民族进步的灵魂,是一个国家兴旺发达的不竭源泉,也是中华民族最深沉的民族禀赋,正所谓『苟日新,日日新,又日新』。
>
> ——习近平

创新的意思就是创造新的、更好的东西,改变或取代旧的东西,根本的改变和某种程度的改变都可以叫创新。劳动中的创新是创造新的生产工艺、加工技术、劳动方法,开发新的原材料、动力或能源,设计和生产功能更好、质量更高的产品,开拓新的市场,等等。劳动中的创新意识是劳动者在劳动中进行创新的动机、愿望和设想,是劳动者把日常劳动和创新活动结合起来的一种积极上进的思想观念。劳动中的创新意识是劳动者开始创新活动的出发点和动力,是培养劳动者创造性思维和创新能力的前提,是实现工作改进和突破的重要手段。对一个人来说,创新能力是他的就业和创业资本,也是个人竞争力的资本。

(一) 认识创新的作用

创新是改变,改变旧的、落后的东西,创造新的技术、产品等一切更有价值的东西;创新是一扇门,打开它,就能找到新出路,开辟新天地。

创新:不买新设备,也能实现新型落砂机的功能

2010年4月,某监狱第十分监区承接了北京某公司的毛衫加工项目,在试运行期间,一个问题一直困扰着分监区——由于落砂机经常出现过纱套圈的故障,跳线、断头、兜底等问题频发,导致线品质量不稳定。

为解决此问题,分监区成立了由干警和服刑人员骨干组成的技术攻关小组。经过对落砂机之间的分析和对比,攻关小组找到了问题的根源,原

来目前社会上使用的落砂机都是低台双环式落砂机，线培与过线套环的距离很短，且经过双环的平稳处理，纱线过轴分解平稳，不会产生各种跳动问题，跳线、兜底、断头现象都能够有效避免。而分监区使用的落砂机的型号较旧，属于过线套环单环高扬式，造成纱线过轴的不稳定，因此无法保证线品的质量。在资金不足以购买新式落砂机的情况下，攻关小组开动脑筋，反复实践，最终确定了解决方案，即在原有的落砂机单环前15厘米处，平行焊接一个新环，形成一个高扬式双环过纱装置，这样就大大增加了过纱的稳定性，使跳头、断线、兜底问题大幅度减少。这个问题解决后，分监区始终能够保质保量按时完成厂家下达的生产任务。

这是一项主要由服刑人员完成的创新项目，在不用花高价购买新型设备的情况下，完成了对旧设备的改造，实现了新型设备的功能。这就是创新的意义。服刑人员在劳动中遇到问题时，要首先想到能否改进和创新，这就是创新意识。经常用这种创新的思路解决劳动中的问题，既培养了我们的创新意识，又提高了我们的创新能力。

"小小神童"的奇迹

1996年10月18日，海尔推出中国第一台"即时洗"小型洗衣机。这种叫"小小神童"的洗衣机，填补了市场的空白，成为引导消费的热门产品。海尔科研人员在市场调研中发现，每年的6~8月都是洗衣机市场的淡季，他们认真分析了原因，原来，夏季人们换衣服特别勤，最热的时候一天换两次衣服，频次高但量很少，用5千克的大洗衣机费水费电，所以，洗衣机销量反而很少。在这种情况下，如果开发小洗衣机，将会有一个大的市场。经过上百次技术论证，开发"小小神童"洗衣机的方案成熟了，他们经过200多个日夜的研究试制，终于让"小小神童"投入了生产线。

"小小神童"上市后带来了新的消费群，市场上出现了不多见的排队抢购热潮。

海尔"小小神童"洗衣机的成功告诉我们：只要创新，就能攻克市场

难题。海尔把创新作为企业的灵魂,"只有淡季的思想,没有淡季的市场","小小神童"洗衣机就是张瑞敏"淡季不淡"创新思想的充分体现。海尔之所以能在强手如林的世界市场上摘取"白色家电世界第一"的桂冠,创新是海尔不断壮大的不竭动力。

（二）相信自己的创造力

头脑的好坏,绝非是天生的,主要看你后天如何用它。相信自己的创造力是培养自己创新意识的起点,创新意识的最大绊脚石是认为自己缺乏创造力。很多人有这样的想法,认为创造力是高不可攀的能力,总是以敬畏之心看待发明家。其实,人人都有创造力,即使是最伟大的创新点子,也不是无迹可寻、难以企及的。

劳动启发创新智慧

某监狱服刑人员吴某,抑郁症状明显,想问题较为偏激,缺少与他人交往的主动性和积极性。分监区让他加入桥牌兴趣小组,使他接触了更多的人,性格也变得开朗起来。喜欢动脑,喜欢思考是他的一大优点,后来分监区组织了习艺劳动,由于他善于思考,总能想出些新点子,在监区组织的习艺性劳动中,吴某利用废旧报纸做手工,并带动其他服刑人员,他们有的用废旧报纸编织收纳袋,有的做环保衣服,有的做成相框、孔雀和美丽的花瓶,大大丰富了服刑人员的业余生活。由于自己的创新意识和不懈努力,在分监区举行的习艺劳动比赛中,吴某获得了第一名的好成绩。

这个服刑人员在简单的劳动中,利用废旧报纸做手工说明两点:一是他有很强的创新意识;二是只要有创新意识,创新就无处不在,任何人、任何时候都能创新。有人说:"生命在于脑运动。"脑子是越用越好,而且对身体也有好处。

总之,每个人都有自己的创造力,只要你善于思考,你的创造力就能被激发出来。因此,我们要养成凡事都要用脑筋想一想、问一问为什么、怎么办的习惯,不满足于一知半解,不拘泥于现成的做法,我们的创新意识就会培养起来，创造力就会被激发出来。

（三）在劳动中有意识地改变思维方式，培养创造性思维能力

天才和愚蠢只有一步之遥，这一步之差与其说是智力不同，倒不如说是思维方式不同——以正确的方法进行思维，即使智力平平，也往往可以做出正确的判断。创造性思维能力指思维活动的创造意识和创新精神，不墨守成规、求异、求变，表现为创造性地提出问题和创造性地解决问题。创造性思维能力是创新意识的基本内容，是进行创新活动应该具备的基本素质。创造性思维能力是在一般思维的基础上发展起来的，是后天培养与训练的结果。下面介绍几种比较适合我们的方法，希望大家通过以下方法，有意识地改变自己的思维方式，培养自己的创造性思维能力。

1. 剔除成见法

成见是对人或事物所抱的固定不变的看法，因为认识僵化导致了成见的形成。成见是创新意识的大敌，在劳动中，每个人都会积累很多经验，这些经验能帮助我们解决很多问题。但是，有些时候经验就变成了成见，就会成为我们解决问题的障碍。解决问题，不要先入为主，要先剔除成见。

"观光电梯"的创意是怎么来的

美国摩天大厦的电梯因为游客的增多终于不够用了。为了解决这个问题，工程师们决定再修一部电梯。建筑师和工程师商讨如何增设新的电梯，专家们一致认为，最好的办法是每层楼都打个大洞，直接安装新电梯。方案定下来后，两位专家坐在酒店前厅商谈工程计划。他们的谈话被一位正在

打扫卫生的清洁工听到了。

清洁工说:"你们要把每层地板都凿开?"

工程师瞥了清洁工一眼,不屑地说:"那是难免的,不然你说该怎么办呢?"

"那大厦岂不要停业好久?"

"如果再不安装一部电梯,情况会更糟。"

清洁工立即说:"要是我,我会把电梯装在楼外。"

工程师和建筑师听了这话,相视片刻,不约而同地为清洁工的这一想法叫绝。就这样,这个"不以为然"的草根智慧,成就了观光电梯的产生。

电梯只能装在楼内,这就是一种成见,剔除成见法的目的,就是要放弃老模式,旧方法,客观地认识工作中的问题,不要受头脑中的定势所左右。

2. 关注细节法

这种方法告诉我们,要确切地看清楚你所考虑的任何细节,不要有所遗漏,也不要有所忽视,一个小小的细节,都有可能是你解决问题,搞出新发明的捷径。

锯的发明

一次,鲁班接受了建筑一座巨大宫殿的任务。工程需要很多木料,他和徒弟们上山用斧头砍木,当时还没有锯子,效率非常低。一次,他无意中抓了一把山上长的野草,却一下子把手划破了。鲁班很奇怪,小草为什么能这样锋利?于是他摘下了一片叶子细心观察,发现叶子两边长着许多小细齿,用手轻轻一摸,这些小细齿非常锋利。他明白了,他的手就是被这些小细齿划破的。这件事给了鲁班很大启发。于是他用大毛竹做成一条带有许多小锯齿的竹片,在小树上做试验,效果

果然不错，几下子就把树干划出一道深沟，鲁班非常高兴。但是由于竹片软，强度差，拉了一会儿，小锯齿就断了、钝了，需要更换竹片。鲁班想到了铁片，便请铁匠制作了带有小锯齿的铁片。鲁班和徒弟各拉铁片一端，在一棵树上拉了起来，一会儿就把树锯断了，又快又省力，锯就这样被发明出来了。

很多人都有被小草划伤的经历，但是鲁班没有忽略这个细节，成了锯的发明人。鲁班这个例子告诉我们留意哪怕是一次意外的细节，世界上很多发明创造都是因为有心人对意外细节的关注而产生的。而另一类更加值得我们学习和尊敬的创新者是把每一个细节做到极致的人，苹果公司的前CEO史蒂夫·乔布斯就是这样的人。

把每一个细节做到极致

苹果公司的前CEO史蒂夫·乔布斯留给我们很多反思。正如很多人在问，苹果公司的创新是如何产生的？该怎么向乔布斯学习创新？

美国一家投行的资深分析师保罗·诺格罗斯在一篇文章中这样写道："近乎变态地注重细节才是乔布斯的成功秘诀。"

细节决定成败。为了重新设计OS-X系统的界面，乔布斯几乎把鼻子都贴在电脑屏幕上，对每一个像素进行比对，他说："要把图标做到让我想用舌头去舔一下。"他是苹果产品的最终仲裁者，

然而我们却看到，他关心的是与产品有关的细节及其带给用户的体验。

关注细节更决定着能否为"正确的人为公司做正确的事"创造出自由空间。在乔布斯这样近乎苛刻的管理者的带领下，留下来的员工都是近乎"疯子"般关注细节的人，而公司的整个氛围和空间正是为他们所准备的。在这样的空间里，为用户提供完美的产品就成为每一个员工进行创新的

目标。

正如一位网友所说："当多年前，我第一次看到 iMac 时，我知道这不是一台 PC，而是一件完美的艺术品。是乔布斯一改计算机灰褐色、千篇一律的单调，将计算机从充满电路板气味的实验室带进了我们的卧室，并用相对低廉的价格，让我们获得了一次技术与艺术的完美体验。"

乔布斯去世后，美国总统奥巴马对他给予了高度评价：乔布斯是美国历史上最伟大的创新者之一，他勇于从不同角度思考问题，相信自己能改变世界。他确实改变了世界。数十年来，他一直走在世界的前面，走在时代和科技的最前沿，为全人类探路，为我们照亮未来。

乔布斯穷尽一生告诉我们，细节决定创新。创新就在我们身边，就是工作中的每一个细节，把每一个细节做到极致就是创新！在日常劳动生活中，你是否也能关注到每一个细节呢？

3. 明确目的法

这种方法要求我们在做事的时候一定要先明确做事的目的，并将其牢记于心。

目的明确，孙膑胜庞涓

中国古代著名军事家孙膑的老师鬼谷子在教学中极善于培养学生的创新思维。其方法别具一格。有一天，鬼谷子给孙膑和庞涓每人一把斧头，让他俩上山砍柴，要求"木柴无烟，百担有余"，并限期十天内完成。庞涓未加思索，每天砍柴不止。孙膑则经过认真思考后，选择一些榆木放到一个大肚子小门的窑洞里，烧成木炭，然后用一根柏树枝做成的扁担，将榆木烧成的木炭担回鬼谷洞，意为百（柏）担有余（榆）。十天后，鬼谷子先在洞中点燃庞涓的木柴，虽火势很旺，但浓烟滚滚。接着鬼谷子又点燃孙膑的木炭，火旺且无烟。这正是鬼谷子所期望的。

目的明确了,方法可以多种多样。在实现目的的各种方法中,寻找最好的方法,不仅能培养我们的创新意识,也许还能真有新的发明创造产生。

4. 思想解放法

有时,我们在解决某个问题的时候感觉已经绞尽脑汁了,但仍百思不得其解。思想解放法告诉我们,可以狂想,可以幻想,只要你敢于进行大胆的设想,就一定会有所发现,有所创新。

北京奥运会五个"福娃"的诞生

福娃是 2008 年北京奥运会的吉祥物,设计师韩美林设计过程中的参考资料装满了 74 个麻袋。他说:"在几百个备选方案中,经反复考虑,我们觉得一个单个的形象并不能完全代表中国的奥运形象。这时我就提出了另一个思路,吉祥物不是一个单个的个体形象,而是 2 个、3 个甚至 5 个的组合行不行?这个思路一打开,我们一下子兴奋起来。我们设计小组熬了一夜,终于拿出了一个组合形象的设计稿。"

哥伦布立蛋

在一次宴会上,一位客人对哥伦布说:"你发现了新大陆有什么了不起,新大陆只不过是客观的存在物,刚巧被你撞上了。"哥伦布没有同他争论,而是拿出一只鸡蛋,让他把鸡蛋立在光滑的桌面上。这位客人试来试去,无论如何也不能把鸡蛋立起来。这时,只见哥伦布拿起鸡蛋用力地往桌面上一磕,下面的蛋壳破了,但鸡蛋稳稳地立在了桌面上。之后,哥伦布说了一句颇富哲理的话:"不破不立的道理也是一种客观存在,但就是有人发现不了!"

我们当中的许多人不是也成天在嘲笑别人这也不行,那也不对,而让他自己干时,结果他什么也干不了,传统的思维已成为一种定势,让他在自缚的茧中无力自拔。要学会解放思想,要想到所有可能的情况,即使被认为不着边际,甚至被人嘲笑,也不妨试一试。创新就在你解放的思想中。

(四) 创新意识+不懈努力=创新

任何创新都不是空想出来的,只有在劳动中的努力和勤奋才能不断培养创新思维。还是那句话,不断努力,成就天才。

创造者之歌:王钦峰从农民工到工程师的人生故事

王钦峰从农民工到工程师的人生传奇,是靠勤奋学习、努力工作和勇于创新实现的。他拼命学习,用习题集为梦想铺平道路;他刻苦钻研,用不断创新实现人生价值。

1997年,王钦峰所在的公司跟客户签了一份生产轮胎模具专用电火花机床的合同,当时仅有的资料是一份机床平面示意图。然而要生产,就必须具有专业的工艺设计图纸。这时,公司董事长张恭运想起了爱做"习题集"的王钦峰。接到这个任务,王钦峰既兴奋又担心。当时,正值酷暑天气,王钦峰在没有风扇的房间里画图,滴落的汗水都把图纸弄花了。他每天早晨六点钟起床,夜里一直工作到后半夜两三点。就这样,他用七天奋战,换来了200张设计草图。在同事的共同努力下,公司第一台轮胎模专用电火花机床终于研发成功,并获得了国家专利。这台机床的成功开发,不仅为公司的发展带来契机,也填补了国内市场空白,改变了国内轮胎模具手工加工的历史。

此时的王钦峰并没有满足，他意识到，电火花机床作为一种新技术，研制成功后仍存在改进性能、提高生产效率的空间。他针对机床偶尔烧毁电路的缺点，展开了第二次攻坚。白天，他照着书本修改图纸；夜里，他到车间反复试验。经过不懈的努力，王钦峰发明的"电火花防弧电路"在全国同行业中率先解决了机床烧结难题，成为我国电火花行业一大革新。

之后，王钦峰又陆续发明和创新了轮胎模专用测量仪、取丝锥电火花机床、刻字机机床的专用对刀仪、半钢模具加工工艺等，他用不断的创新，实现了自己的人生价值。

创新才有出路，创新之路就在我们脚下，我们现在虽然还处在人生的特殊时期，但是，国家为我们提供了很好的劳动岗位和学习锻炼机会，关键要靠我们自己在劳动中培养创新意识和创新能力。我们要在思想上重视创新，在意识上培养创新思维，在劳动中不断抓住创新的机会。创新，一定会让我们走出一条全新的人生之路。

五、 进取意识——奋楫者先

梁启超说："人之处于世也，如逆水行舟，不进则退。"其意是，人生在世，就像在河流上划船逆流而上，不努力向前，就会后退。劳动中的进取意识如同逆水行舟，必须要有强烈的向前进的愿望和信念，并化成克服各种困难、冲破激流恶浪的努力行动，才能实现自己的理想和目标。"进"是一种前进的动力，只有不断学习，不断进步，才能不断提升自己的能力，让自己在工作中无往不利；"取"是指获取，但是在获取之前，你必须先有所付出，天下没有免费的午餐，"付出越多才能回报越大"。在劳动中树立进取意识对我们积极改造，提高自身能力，实现改造目标，追求成功和美好生活，具有重要的意义。

（一） 进取意识是成功的动力

进取意识是一种努力上进、力图有所作为的心态，也叫上进心。它要

求我们在劳动中努力去争取实现更高、更远的目标。无论是在生活中还是在劳动中，积极进取的意识都是我们追求梦想、实现劳动价值的动力源泉。要明白，一个没有进取意识的人永远不会得到成功的机会。

我们贫穷，不是因为上帝，而是因为我们从来没有想过致富

福勒是一个黑人小孩，由于贫困他不得不在5岁时就开始劳动。他母亲时常对小福勒说："儿子，我们不应该贫穷。我们的贫穷不是上帝的缘故，而是因为你的父亲从来就没有产生过致富的愿望。贫穷不是命运的安排，只要你有改变贫穷的决心，就一定会成功。"

"贫穷不是命运的安排。"这个观念在福勒的心灵深处刻下深深的烙印。他决定把经商作为摆脱贫困的方法，于是决定经营肥皂。他挨家挨户出售肥皂达12年之久。后来，他获悉供应肥皂的那个公司即将被拍卖出售。福勒很想把它买下，经过东拼西凑，他筹集到11.5万美元，但还差1万美元。他实在想不出还可以到哪里去借。一天晚上，他漫无目的地在街上走，看到一家承包事务所还亮着灯，就走了进去。写字台后面坐着一个因深夜工作而疲惫不堪的人，福勒直截了当地对他说："你想挣1000美元吗？"这句话吓得这位承包商差一点倒下去，"想，当然想。"

"那么，请你给我开一张1万美元的支票，当我还这笔借款的时候，将付1000美元利息给你。"福勒离开这个事务所的时候，口袋里有了一张1万美元的支票。他终于如愿以偿的成为了那个肥皂公司的老板，在不断地努力下，后来还取得了其他七家公司和一家报馆的控股权。当有人与他探讨成功之道时，他用母亲的那句话回答道："我们的贫穷，不是因为上帝，而是因为我们从来没有想过致富。"

福勒的成功是他辛勤劳动、不断进取的结果。试想，如果没有进取意识的支撑，他是很难坚持12年的苦心经营，也很难做出购买肥皂公司的决定，也更不可能去找一个完全不认识的供应商借钱。对我们每个人而言，要想成为劳动中的佼佼者，都要有不断进取的意识，这是成功的动力源泉。一个整天安于现状、不劳而获的人，就是到手的机会也抓不住。俗话

说，"机会只留给那些有准备的头脑"。只有满怀追求成功的进取意识，才能目光敏锐，不断地激发自身潜能，走向通往成功的道路。

(二) 要进取，需要从四个方面努力

进取的过程是一个需要通过一定的手段实现目标、获取成功的过程。在劳动中培养进取意识不仅需要我们要有自信和一定的劳动技能，还需要有合适的劳动目标，并且学会坚持。只有这样，我们才能在进取中取得成绩，实现自身的劳动价值（它们之间的关系可见下图）。

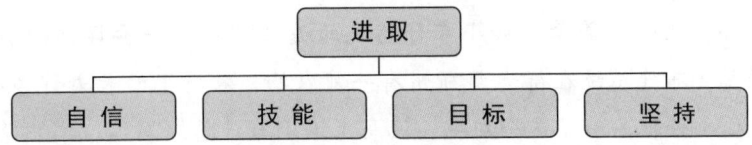

劳动中树立进取意识，需要从自信心的树立、劳动技能的掌握、劳动目标的合理确立以及不懈的坚持四个方面作出努力。其中，自信是前提，技能是基础，目标和坚持则是动力和途径，只要我们做好这四个方面，我们每个人都能在劳动中取得成功。

1. 自信是培养进取意识的第一步

美国著名的教育家拿破仑·希尔曾说："信心是生命和力量，信心是奇迹，信心是创业之本。"只有那些对自己充满自信的人，才能产生积极进取的上进心，并进而获得成功。

成功基于自信

布鲁金斯学会创建于1927年，以培养世界上最杰出的推销员而著称。它有一个传统，在每期学员即将毕业时，都要设计一道最能体现推销员技能的实习题，让学生去完成。在克林顿当总统的8年间，布鲁金斯学会设计的题目是让学员将一条内裤推销给克林顿，但是8年中无一人推销成功。小布什当总统之后，学会又给学生一个命题：请你把一把斧子推销给布什。

实际上，美国总统小布什什么也不缺，他要一把斧子干什么？即使他需要斧子，也不用他亲自去购买，退一步说，就是他亲自去买，也不一定会碰上你这个卖斧子的推销员。

有一个叫乔治·赫伯特的学员，并不认为这个题目是不可能完成的。他对完成这个题目充满自信，相信自己一定能够成功。为了完成任务，他围绕着斧子和小布什总统的关系进行了一番详细的调查研究，得知小布什总统在得克萨斯州有一座农场，农场里面长着许多树木，而树木需要修剪。有了这个发现，他马上给小布什总统写信，阐明总统需要买一把斧子的理由。小布什总统接到信后，也认为确实有必要买一把斧子，一来对树木进行修剪，二来锻炼身体，经常到林子里呼吸一下新鲜空气，三来可以调节一下繁忙的生活。于是他立即给这位学员寄去15美元，买了一把斧子。

一个对工作、事业有强烈进取心的人，一定是一个对自己十分自信的人。乔治·赫伯特的成功源于他的自信，他相信自己一定能够成功。基于这种自信，他产生了完成任务的强烈进取心，完成了别人看来不可能完成的任务。由此可见，自信心对于一个人的成功何等重要。

2. 要进取，就掌握一定的技能

进取意识不是盲目自信，也不是毫无根据的雄心勃勃，而是要靠自身的能力和水平来支撑。一个人要想在劳动中实现自己的价值，取得更大的成绩，没有一定的劳动技能是不行的。

价值千金的技能

斯坦门茨是德国著名的机械工程师，有一次，美国福特公司的一台机器发生故障，各方专家检查了3个月，竟然束手无策，最后无奈请来了斯

坦门茨。他经过研究和计算，用粉笔在电机上画了一条线，说："打开电机，把画线处内部的线圈减去16圈。"公司的人照此做了，一切恢复正常。福特公司问他要多少酬金，他说要1000美元。人们惊呆了，画一条线竟然要这么高的价！他坦然地说："画一条线值1美元，知道在哪个地方画线值999美元。"

斯坦门茨之所以敢接受美国福特公司的邀请去解决机器故障，并且敢要1000美元的酬金，是源于他有技能。是技能给了斯坦门茨自信，也是他名扬天下、取得成功的基础。

掌握技能是改造和回归的坚实基础

服刑人员吴某，在认罪悔罪的基础上，树立了积极进取的态度。干警根据他的表现及家庭生活困难的实际情况，安排他学习掌握了电气焊技术，这不仅使他成为车间里的劳动骨干，还多次受奖获得假释。出狱前夕，鉴于吴某在狱内劳动期间的优秀表现，监狱除了下发给吴某相应的劳动报酬外，还根据其家庭经济情况给予其4000元的新生基金。利用这些劳动报酬和新生基金，吴某购买了电焊机、切割锯等设备，开了一家电气焊修理部。吴某的修理生意很红火，不仅解决了家庭收入来源问题，还让他对未来的生活充满了信心和希望。

吴某的成功除了监狱的教育和帮助，还有两个方面的原因：一是他认识到只有抱着积极进取的心态，努力改造，才能早日回归社会；二是他积极肯学，掌握了扎实的电气焊技术，为他自谋生路打下了基础。可见，掌握一定的技能为吴某成功回归奠定了坚实的基础。

3. 合理目标的确立很重要

对劳动而言,光有前进的动力而没有前进目标也是不行的。目标是前进的方向,没有目标的人,就好比一只无头的苍蝇,只能到处乱窜。一个人只有确立了一个合适的劳动目标,并且以此为动力,不断进取,才能取得最终的成功。

出发之前,一定要有明确的目标

曾有个青年因为工作问题跑来找拿破仑·希尔,他大学毕业已经4年了,屡换工作,目前正处于失业状态。拿破仑·希尔对他说:"你找我帮你找工作,你喜欢哪一种工作呢?"他说:"这正是我来找你的目的,也是我一直苦恼的事情,我真的不知道自己想干什么。"拿破仑·希尔又问道:"让我们从这个角度看看你的计划,10年以后你希望怎么样?"

青年想了想:"我期待我的工作和别人一样,待遇优厚并且有技能买一栋房子和一辆汽车。当然,我还没有深入思考过这个问题呢。"

拿破仑·希尔继续解释到:"那是很自然的,你现在的情形就好比跑到火车站的售票处说'给我一张火车票一样'。除非你说出你的目的地,否则售票员没有办法卖给你车票。只有我知道你的目标,才能帮助你找工作。你确定自己的目标吗?"

青年陷入沉思之中。拿破仑·希尔也确信,青年已经学到了人生最关键的一课,那就是:你出发之前,一定要有明确的目标。

明确的目标能为我们的工作和劳动指引正确的进取方向。哲学家爱默生曾说过:"当一个人知道他的目标和去向,整个世界都会为他开路。"当我们有了追求成功的强烈进取意识,请为自己设定一个追求的目标!

4. 坚持,就一定会达到目标

人人都想成功。在生活中,有的人进取心很强,也有合适的奋斗目标,但总是三天打鱼两天晒网,或者遇到困难和挫折就放弃了,目标总也实现不了。因此,要将我们的进取意识真正变成我们的成功与收获,我们还必须学会坚持,做到咬定青山不放松的坚持,才能达到我们的目标。

坚持，刘会平终于成功了

刘会平，安徽省怀宁县江镇人，上海中饮餐饮管理有限公司董事长、上海安徽商会副会长。初中毕业后开始从事面点行业，2003年在上海推出"巴比馒头"后走上连锁经营道路，致力于开拓中国点心连锁事业。"巴比馒头"被上海餐饮协会评为著名连锁企业、上海大众化早点畅销品牌。刘会平被称为"中国馒头大王"。并当选2010年度十大经济人物之一。刘会平是个成功者，他的起点仅仅是一个初中毕业的农民，永不放弃的坚持是他成功的一个重要因素。

17岁那年，初中毕业的刘会平随一位油漆工师傅远走山东谋生计。母亲一直把他送到二十多里远的长途汽车站，一边抹着眼泪整理着他身上褶皱不堪的衣服，一边嘱咐道："你要做一行爱一行，以后走到哪也好有个手艺。"在山东，刘会平吃的是大白菜就馒头，和十多个人住在一个不到二十平方米的工棚，顶着大雪在室外洗澡，头发上都结了冰条。在恶劣的生活环境中，刘会平有生以来第一次感受到生存的艰难。这种难民式的生活持续了一年多。1995年年初，他向师傅提出了辞职。那个年月，跟从师傅远走他乡谋生的徒弟是不可以离弃师傅的，否则就会被扣上"背叛师门"的帽子。望着归来的儿子，父母怒火冲天。亲朋好友们也都认为他是一个不争气的孩子。全家气愤过后，又把刘会平送出去跟随一位老师傅学做面点。每天晚上十一二点才能睡觉，凌晨两三点便要起床，在昏暗的灯光中发面、和面。学徒生涯历经磨难，让少年刘会平培养了坚韧的品质，从中受益无穷，树立了远大的理想。

1998年，在面点行业初学小成的刘会平到上海创业，他找了一间自认为非常好的门面，办起在上海的第一家包子店，取名"刘师傅大包"。可还不到半个月，他就极不情愿地关门了，还把前几年赚的钱赔得一干二净。刘会平只好再向亲戚借钱，开始了他在上海的第二次、第三次、第四次创业，店铺开了又关，关了又开。期间经历了各种挫折与失败，也许换个人早就放弃了，而刘会平以坚韧的意志力、以吃亏是福的理念、刻苦钻研的探索精神，一步一步地坚持了下来。他尝遍了上海所有有名气的点

心,摸清了上海人的口味,在市中心地带的步行街附近又开起了"刘师傅大包"店,并合理调整包子的馅料配方和制作工艺,确保包子的质量与众不同,生意终于走出低谷,刘会平终于成功了。2003年,刘会平成立了自己的公司。在2005年"上海国际多项博览会上","巴比馒头"获得两个金奖、一个特等奖。刘会平也被誉为中国的"馒头大王"。2008年8月,刘会平创立了上海巴比餐饮管理有限公司和"巴比馒头"品牌,还成立了上海中饮餐饮管理有限公司。刘会平旗下已经有近百家上海加盟店和沪外加盟店,他还要把"巴比馒头"加盟店开到日本,走向欧美市场,与麦当劳、肯德基等洋快餐一决高下。

一位专门研究过刘会平"馒头经"的经济学者总结道:"刘会平能把包子卖出品牌,卖出巨额财富,不得不说是一个奇迹。但在奇迹的背后不难发现,他的每一次改进,实际上就是吃亏、吃亏、再吃亏,然而,正是他深刻透彻的'吃亏哲学',帮他铸就了今日辉煌的成就。"

刘会平的成功经历告诉我们,吃亏、吃亏、再吃亏,其实就是坚持、坚持、再坚持,正是因为跌倒了再爬起来,吃亏了也要坚持下去,刘会平才取得了最后的成功。走百步者半九十,差一步没有走,其实跟一步也没有走没有什么区别,只能让自己功亏一篑。所以不管做什么事情,一定要坚持到底,做到"不抛弃、不放弃",坚定自己的信念,坚定自己的道路,成功的曙光就在前方。

积极进取,不仅是我们成功的动力,也是健康成长的重要因素。顺境和逆境都是难免的,在顺境中要不断进取,坚持不懈;在逆境中,更要克服困难,加倍努力,向着自己的目标,积极进取。我们每个人都渴望成功,都希望被社会认可,成为家人的骄傲,这更需要我们在劳动中树立信心,提高自己的技能,选择合适的劳动目标,并持之以恒不断进取,我们就一定能够成功,实现自己的价值。

六、 纪律意识——无规矩不成方圆

"不以规矩,不成方圆"是出自《孟子·离娄上》的一句名言,原文是:

"离娄之明，公输子之巧，不以规矩，不成方圆。"孟子这句话的意思是：即便有离娄（离娄是传说中一个目力非常好的人，能在一百步之外看清楚一根毫毛的末端）的目力，有公输子（就是鲁班，锯、曲尺、墨斗、刨子、凿子等各种木匠工具的发明人，被建筑工匠尊为"祖师"）的技巧，如果不用圆规或曲尺，也不能正确画出圆形或方形。后人将这句话加以引申，用它告诫人们立身处世乃至治国安邦，必须遵守一定的纪律、法度，否则就会离"谱"走"调"。在这里，"规矩"与"纪律"一词等同，"无规矩不成方圆"可以理解为不守纪律，什么事情也做不成，做不好。纪律意识是一个人对纪律的重要性的理解和思想态度，要想成为一个守纪律的人，必须首先在自己的思想观念中树立纪律意识。

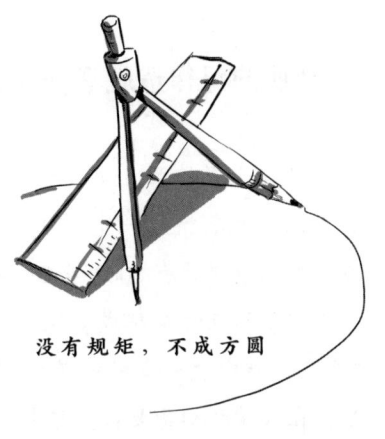

没有规矩，不成方圆

（一）严明的纪律是成功和制胜的法宝

纪律是为了维护集体利益，并保证工作顺利进行，要求成员必须遵守的规章、条文。纪律对任何社会组织来说，都是至关重要的，没有严明的纪律，军队就不能打胜仗，企业就不能生产优质的产品并在市场上立足，学校就无法搞好教学和培养优秀的人才，等等。纪律的重要性在军队中体现得尤为明显，在革命战争年代，毛泽东亲自为革命军队制定了"三大纪律，八项注意"，老百姓把纪律严明的革命军队称为"铁军"，共产党领导的革命军队就是凭借铁的纪律在艰苦卓绝的条件下战胜了条件比自己优越不知多少倍的反动军队和侵略者，取得了最后胜利。在现代社会，严明的纪律是一切社会组织成功制胜的法宝。在中国企业界，很多优秀的企业家如海尔的张瑞敏、华为的任正非、万科的王石和联想的柳传志等，他们成功的共同点都是管理严格，纪律严明，对制定的路线和方针坚决执行，对纪律的执行赏罚分明。可以说，严格的纪律是他们成功的重要因素。

严明的纪律造就享誉世界的西点军校,培养了无数优秀人才

享誉世界的西点军校为美国培养了3位总统、5位五星上将、3700名将军以及无数精英人才。自"二战"以来,在世界500强里,西点军校培养出来的董事长有1000多名、副董事长2000多名,总经理5000多名。是什么造就了西点的卓越成就呢?一名曾在西点军校工作过的人非常肯定地说:"西点精神中最根本的就是纪律,纪律就是一切。"每个进入西点军校的学生,在入学之初都要接受非常严格的军纪训练,而这样的训练会持续整整一年,纪律观念由此深深地根植于每个人的大脑中,这是一种让人受益终身的精神和品质。西点军校就是以这种纪律训练,帮助每个人成为优秀的指挥官,无论是在军界还是商界,这种锻炼帮助西点的毕业生获得了不凡的成就。

从"西点法则"可以看出,纪律的作用和重要性比人们想象的还要大。很多人羡慕自由职业者,觉得他们不受纪律的约束,自由自在,没有压力,干多干少凭自己安排。事实并非如此,作家就是一个典型的例子,他们大多在家写作,不受规章制度的约束,可以自己支配时间,看着很自由,但是,这个职业是要用作品说话的,不仅要保量还要保质。著名作家贾平凹为了写小说,把自己关在一个小屋子里,早上去时带把面条,中午饿了就在小屋里煮白水面,吃了继续工作。按理说,像他这样知名的作家不必这样生活,但这正是他的纪律,成功之前这样,成功后依然如此。可见,真正成功的自由职业者,每天也有严格的作息时间,有定量的工作任务和学习任务,这些都要靠自我制定的劳动纪律来约束。没有纪律约束的自由职业者,根本无法养活自己。

(二) 树立纪律意识,遵守劳动纪律,是劳动者的基本素质

劳动纪律是劳动者在劳动中必须遵守的劳动规则和劳动秩序,是用人单位为规范和约束劳动者的劳动及相关行为而制定的制度。任何一种劳动岗位、劳动场所都会制定严格的纪律,劳动者在劳动中树立纪律意识,遵

守劳动纪律，是成为一个优秀劳动者的基本素质。

纪律意识扎根思想深处的德国人

德国人是循规蹈矩的典范，在善于变通的中国人看来，甚至可以说是死板。网上曾经流传这样一件趣事：几个中国留学生恶作剧，把相邻的两个电话亭分别标上"男""女"的字样，然后就躲到暗处，看"死心眼"的德国人到底会如何表现。结果他们发现所有来打电话的人，都按照性别，毫无怨言地进入了自己该进的那个亭子，即使有时"女亭"这边没有人，"男亭"那边宁可排队也没有一个人跑到"女亭"这边打电话。这几个中国留学生忍不住上前去询问缘由，可德国人却平静地耸耸肩膀说，这是规则嘛，不就是让人来遵守的吗？

如此"呆板"的德国人，却创造了许许多多世界上优秀的科技成果。中国老百姓心目中的"好车"，如奔驰、宝马、奥迪、保时捷、大众等，都出自德国人之手，这种"呆板"其实就是"守纪"。守纪已经深入德国人的思想深处，成了他们效率和成果的保证。良好的劳动纪律保证正常的劳动秩序，正常的劳动秩序决定高的劳动效率，最终可以创造出优质丰硕的劳动成果。

劳动纪律 ⇒ 劳动秩序 ⇒ 劳动效率 ⇒ 劳动成果

具备了纪律意识、严格遵守劳动纪律的基本素质，我们才能成为优秀的劳动者，才能为我们将来的成功打下坚实的基础。

(三) 纪律意识是价值观的体现

无论在什么单位，做何种工作，只要在自己的岗位上，自觉遵守各项劳动纪律，踏踏实实地做事，就会得到相应的回报，实现自己的人生价值。但是，如果你的内心深处开始滋生不守纪律的苗头，那么无论你的学历有多高、能力有多强、业绩曾经多么辉煌，等待你的就是被淘汰的命运。

不同的纪律意识源于不同的职业价值观

大学毕业后,小李和小姚被同一家公司录用为销售部业务员,她们是一对好姐妹。刚开始,两人的表现都很令上司满意。但没过多久,小李觉得自己比小姚学历高、能力又强,还做这份工作没有什么出息,只有在大企业、大公司才能体现自己的价值。有了这样的想法,小李就不太安心工作了,经常偷偷到别的公司面试,不仅工作任务不能及时完成,还时不时地迟到早退。而小姚却恰恰相反,她觉得这份工作来之不易,应好好珍惜。每天她都会第一个到办公室,认真做事,严格遵守公司的各项制度,下班后将办公室打扫干净再离开。年底公司考核,小姚凭优秀的工作业绩和勤恳的工作态度,得到了提升,而小李呢?跳槽的地方没找到,还因业绩太差排在了倒数位置,羞愧之下,只好辞职。

松下公司有个著名的用人理念,主张用70分的人才,这样的人不笨,不会恃才狂傲,执行力强,做事认真踏实,纪律性强。大家都知道《三国演义》中"诸葛亮挥泪斩马谡"的故事。马谡的确有才华,可他却自恃才高,不遵守纪律,不听劝阻,最终丢了要塞街亭,不仅被诸葛亮挥泪斩首,还落得个毁掉兴汉大业的恶名。因此,纪律是根,才华是叶,只有建立在纪律基础上的才华,才有望开花结果。一个人对纪律的遵守以及对自我的约束是一种高贵的性格品质,是优秀价值观的行为表现。当你具有了强烈的纪律意识,并且无条件执行时,你的学习和工作就会有一个崭新的开始,也必然会有一个圆满的结局。

(四)纪律面前人人平等,就像火炉一样,谁摸就烫谁

严胜于爱,严格要求胜于放任自流。对每个人来说,既不要把劳动纪律当成洪水猛兽,也不要越雷池一步。英国克莱尔公司在对新员工培训时,总是先介绍本公司的纪律,首席培训师总是这样说:"劳动纪律就是高压线,它高高地悬在那里,只要你稍微注意一下,或者不故意去碰它的话,你就是一个遵守纪律的人。看,遵守劳动纪律就这么简单。"

违反劳动纪律，重伤自己

某监狱服刑人员蓝某在车间进行梳绒劳动时，机器发生故障，在另一名服刑人员去找技师修理时，蓝某违反"当机器发生故障时，必须由师傅进行修理"的劳动纪律，在未关机的情况下，擅自掀开机器的防护铁棍，用手拽拉夹绒，致使左手除拇指外其余四指均被机器碾伤，虽经医院及时救治，但只能采取截肢手术，事故等级认定为重伤。

"前事不忘，后事之师"。有章不循、违纪作业势必会导致事故的发生，许多纪律是通过血的教训得来的。血的教训告诉我们，违反劳动纪律的后果难以挽回。劳动中每个人都应自觉遵守劳动纪律，来不得半点马虎和粗心大意。

法律维护遵守劳动纪律的人

某公司电器分厂总装班工人胡某，因认为工时分配不均，教唆所在班组其他11名工人，在未通过正常渠道向公司反映、协商的情况下，集体罢工两天，导致产品装配推迟，影响了企业生产秩序，造成了经济损失。后该公司召集胡某等罢工员工开会，表示如承认错误可继续工作。当日有7名员工书面承认错误，但胡某及其他4人拒绝认错复工。公司主管人员将此情况汇报到公司工会委员会，工会同意对五名严重违纪人员作出解除劳动合同的决定。胡某对此不服，向劳动仲裁部门提起仲裁，该部门经过调查，裁决驳回了胡某的仲裁请求。胡某又向法院提起诉讼。法院审理认为，作为劳动者，应当遵守劳动纪律和用人单位的规章制度。如劳动者严重违反劳动纪律、影响生产和工作秩序，给用人单位造成损失的，用人单位有权解除劳动合同，因此，支持该公司与仲裁委员会的决定。

在本案例中，胡某认为单位工时分配不均，可以通过工会或选派职工代表的形式与公司协调与沟通，他却违反劳动纪律，采取影响企业生

产的不正当方式行使自己的权利，违背了公司的管理制度，影响较大，公司作出与其解除劳动关系的决定有法有据。由此可见，劳动纪律是一个企业正常运行的有效工具，任何阻碍运转和造成损失的行为，都会受到严惩。

挣断线的风筝不仅不会获得自由，反而会一头栽向大地，没有纪律的约束，自由就会泛滥成为堕落。国有国法，家有家规，工作要顺利，社会要和谐，需要每个人树立牢固的纪律意识，严格自律，遵守劳动纪律。任何人无视纪律、对抗规则，就会受到严厉的惩罚，到处碰壁。无论在生活中，还是劳动中，你会发现，懂得自觉遵守纪律和规则的人，比那些被动服从纪律、时时想钻漏洞的人，成就要大得多，生活也要有意义得多。

> **文化讲堂**
>
> 劳动者的组织性、纪律性、坚毅精神以及同全世界劳动者的团结一致，是取得最后胜利的保证。
>
> ——列宁

七、协作意识——独木不成林

"协作"是指"若干人或若干单位互相配合来完成任务"，"协"字的繁体是"協"，可以理解为很多人的力量加在一起。劳动协作，即许多人在同一生产过程中，或在不同的但互相联系的生产过程中，有计划地、有组织地相互配合，完成劳动任务。在现代社会生产中，没有一个人能单独完成最后的生产任务。劳动中的协作意识就是在劳动中自觉地树立与他人、与上下工序科学分工、密切合作的思想和观念。协作是高效率地完成生产任务的基本保证，协作意识是现代社会劳动者必备的基本素质，协作与协作意识是现代科学管理的基本内容。

（一）树立协作意识需要了解一点经济学的常识

说到协作，必然要提到分工，因为协作是分工的必然结果，二者就像连体兄弟一样从不分离。说到分工与协作，应该了解一下"经济学之父"

亚当·斯密的分工理论,他在代表作《国富论》这部现代西方经济学和马克思主义经济学的奠基之作中,从劳动分工开始研究经济学,在他的经济学体系中,分工理论居于"首要的位置"。亚当·斯密举了扣针制造业的例子,一枚小小的缝衣针的生产过程,有抽丝、拉直、切割、削尖、磨光等18道工序,如果每一道工序都由专门的人员进行操作,一个10人的小厂大约每天可以制造48 000枚针,平均每人每天4800枚针;如果让10个人每人独立操作这18道工序,那么一个人一天生产不了20枚针,甚至可能连1枚也造不出来。亚当·斯密认为,要增加财富,就得提高劳动效率,分工是提高劳动效率的重要法门。显而易见,分工提高劳动生产率的作用离不开协作的功劳。一枚小小的缝衣针的18道工序分别由专门的人来做,每一枚针的完成都是多个人协作劳动的结果,所以,10人的小厂每天可以制造48 000枚针,平均每人每天4800枚针。这就是协作的功劳。协作是分工的必然结果,如果只有分工没有协作,缝衣针(任何产品)的生产过程就无法完成。"如果他们各自独立工作,不专习一种特殊业务,那么他们不论是谁,绝对不能一日制造二十枚针,说不定一天连一枚也制造不出来。他们不但不能制出今日由适当分工合作而制成的数量的二百四十分之一,就连这数量的四千八百分之一,恐怕也制造不出来。"亚当·斯密的"分工理论"对经济学的研究和社会生产的发展具有历史推动作用,了解这个经济学常识会使我们知道协作在社会生产中的重要地位,知道协作意识的科学依据。

天堂和地狱

有人和上帝讨论天堂和地狱的问题。上帝对他说:"来吧!我让你看看什么是地狱。"他们走进一个房间,看到一群人围着一大锅肉汤,但每个人看上去都一脸饿相,瘦骨伶仃。他们每个人都有一只可以够到锅里的汤勺,但汤勺的柄比他们的手臂还长,自己无法把汤送进嘴里。有肉汤喝

不到，只能望"汤"兴叹，无可奈何。

"来吧！我再让你看看天堂。"上帝把这个人领到另一个房间，这里的一切和刚才那个房间没什么不同，一锅汤、一群人、一样的长柄汤勺，但大家都身宽体胖，正在快乐地歌唱。"为什么？"这个人不解地问，"为什么地狱的人喝不到肉汤，而天堂的人却能喝到？"上帝微笑着说："很简单，在这儿，他们都会喂别人。"

故事很简单，但却蕴涵着深刻的社会哲理。同样的条件，同样的设备，为什么一些人把它变成了天堂而另一些人却经营成了地狱？关键就在于，你是选择共同协作还是各自为战。协作说起来简单，其实很多人都不会，这就是为什么亚当·斯密那么伟大，有了他的伟大理论，分工发展了，协作也随之增强。这就是为什么我们要增强协作意识的原因。

(二) 树立协作意识需要了解一点管理学的常识

分工与协作原则是管理学的一条重要原则，现代管理在组织设计和管理工作中，非常重视科学分工，更重视紧密协作。管理学原理中有一个"整分合原理"，说的是要把一个单位的工作划分为若干个部门或工作环节，然后再通过各个部门、各个环节的合作来推动工作的进展，这就叫"整体要分工，有分必有合"。管理科学的分工与协作原则和亚当·斯密的分工理论是一脉相承的。劳动者树立协作意识是提高生产效率的需要，是管理的要求，也是劳动者具备一定管理意识的体现。在劳动中，如果你发现分工不合理，协作有困难，或者分工没问题，但是协作不协调，你应该思考如何分工和协作会更好，并积极地向管理者提出自己的建议，这是你具备了协作意识和管理意识的重要体现，也是现代管理强调人人参与的体现。树立协作意识是你成为好的管理者的第一步。

护士长的难题

10月的某一天，产科护士长黛安娜给巴恩斯医院的院长戴维斯博士打来电话，要求立即做出一项新的人事安排。5分钟后，黛安娜递给了院长一封辞职信。

她申述道:"院长,我再也干不下去了,我在产科当护士长已经四个月了,我简直干不下去了。我有两个上司,每个人都有不同的要求,都要求优先处理。要知道,我只是一个凡人。我已经尽最大的努力适应这种工作,但看来这是不可能的。让我举个例子吧,这是一件平平常常的事,像这样的事情,每天都在发生。"

"昨天早上 7:45,我来到办公室就发现桌上留了张纸条,是杰克逊(医院的主任护士)给我的。她告诉我,她上午 10 点钟需要一份床位利用情况报告,供她下午在向董事会作汇报时用。我知道,这样一份报告至少要花一个半小时才能写出来。30 分钟以后,乔伊斯(黛安娜的直接主管,基层护士监督员)

走进来质问我为什么我的两位护士不在班上。我告诉她外科主任雷诺兹医生从我这要走了她们,说是急诊外科手术正缺人手,需要借用一下。我也反对过她,但雷诺兹坚持说只能这么办。你猜,乔伊斯说什么?她叫我立即让这些护士回到产科部。她还说,一个小时以后,她会回来检查我是否把这事办好了!我跟你说,这样的事情每天都发生好几次的。一家医院只能这样运作吗?"

护士长的难题是什么?就是这家医院的部门协作出现了问题。这个问题不是护士长自己所能解决的,只能由医院的最高管理者来解决。这个难题既有分工不合理的问题,这个护士长上面对应多个指挥,"多头领导"使下级不知道到底该干什么;这个难题也有协作的问题,部门之间的协作需要先协调、后协作,没有协调的协作有时候会更乱套。

协作意识解决了工序上的难题

服刑人员杨某、李某和聂某均在某监狱第八分监区服刑。三人在羽绒服生产线上分工如下：袖子上端与衣服连接，聂某负责上暗线，李某负责上包缝，二人的工作都是用同一种颜色的线，而杨某负责上明线，明线必须与羽绒服的颜色相一致。生产线上加工两种颜色的羽绒服，由于更换与羽绒服颜色相一致的线，大大增加了杨某的作业时间，造成了产品在杨某工位上的积压，形成了生产线的"瓶颈"，工序"窝工"了，劳动生产率难以提高。

这个问题是工序协作中出现了上下加工能力不均衡导致的。杨某在生产中注意到了这个问题，就与聂某和李某商量对策，经过分析研究和反复试验，三人及时向干警提出了改进建议：在其工位上再增加一台缝纫机。分监区经过研究后认为此方法可行，随即与厂家沟通联系，为杨某的工位又增加了一台缝纫机，分别上与两个颜色的羽绒服相对应的线。果然，杨某可以在两台缝纫机上直接操作，省去了更换不同颜色的线的时间，彻底消除了"窝工"现象，大大提高了生产效率。

杨某的协作意识很好，他知道上下工序加工能力不均衡导致协作不畅，认真和上下工序作业人员研究对策，并及时向管理者提出了改进建议，问题解决了，协作顺畅了。这个案例说明杨某有很强的协作意识，体现了他一定的管理潜质。这个案例还启发我们，协作是在具体的工作中进行的，协作意识不是空洞的，要在具体工作中实现。

(三) 完美的团队是不完美的人密切科学协作的结果

团队是由有共同目标的一群人组成的，作为一个整体，为实现共同目标，大家共同努力，团结协作。团队可以指一个企业、一个班组以及任何一个组织，但是一般的组织还不能等同于团队，团队强调的是成员要有共同目标、紧密协作、共同为实现目标奋斗。一个一盘散沙的组织就不能被称为团队。团队中的成员都有各自的专业技能，每个人也有缺点和不足，

但是一旦大家拥有了共同目标，服从统一指挥，紧密协作，共同为实现目标而努力，就能组成一个完美的团队，这个团队就有了无穷的战斗力。因此，协作是团队的重要原则，协作意识就是团队意识，协作精神就是团队精神、大局意识的集中体现。

乌龟、羚羊、乌鸦和老鼠

羚羊、老鼠、乌龟和乌鸦生活在一起，是一个小集体。羚羊头脑简单，当他独自游玩时遇到了猎狗，被逼进了猎人布下的陷阱里。

到了吃饭的时候，还不见羚羊回家，聪明的老鼠对另两位说："怎么回事？今天只有我们三位在一起用餐，难道羚羊已经忘掉了我们弟兄，还是他遇到了什么麻烦的事情？"听了这话，最爱大惊小怪的乌龟伸长脖子喊了起来："哎呀，乌鸦赶快看看出了什么事情！"乌鸦最讲义气，马上放下餐具展翅高飞。它从空中看到莽撞的羚羊正在陷阱里徒劳的挣扎。乌鸦马上回来向老鼠和乌龟做了报告。三位朋友最后一致作出决定：马上前往羚羊出事的地点。乌鸦和老鼠两位出发去救那只可怜的羚羊。乌龟很想迅速前往出事的地方，只可惜自己的腿短，还背着个沉重的包袱，于是只能在后面慢慢地赶来。当老鼠咬断了陷阱里的网结的时候，猎人赶到了。他厉声喝问："是谁把我的猎物放跑了？"老鼠闻声马上躲进了洞里，乌鸦则飞到了树上，羊也消失在树丛中。倒霉的乌龟刚刚赶到这里，正遇上了怒气冲冲的猎人，结果被抓到一个袋子里。另三位伙伴又要拯救乌龟了。羚羊故意从躲藏的地方走出来，假装腿瘸出现在猎人的面前，引诱猎人去追踪他。猎人将沉甸甸的口袋扔到路旁追羚羊去了。这时候，老鼠趁机把扎紧口袋的绳结咬断，如此这般，老鼠又救下了猎人打算做晚餐的乌龟。

乌龟、羚羊、乌鸦和老鼠单独来看，谁都不堪一击，但是组合起来就

是一个优秀的团队。它们分工明确、相互协作、共同努力，完成了一个人不可能完成的任务，实现了协作的最大效能。俗话说："三个臭皮匠，顶个诸葛亮。"团结协作的精神是每个人都应该树立的，每一个优秀的团队不可或缺的精神。在劳动中，强化自己的协作意识，将使你成为一个优秀的劳动者，将为你以后成功就业、加入团队、甚至成功的创业和创建团队打下好的基础。

（四）个人英雄主义的时代已经过去，协作助你成功

亚当·斯密曾经说："在原始社会状态下……人人都力图依靠自己的劳动来满足自身随时发生的需要"，所以没有分工。分工和协作是社会发展进步的产物。现在人类社会已经进入了21世纪，社会分工越来越细，劳动分工越来越科学，生产专业化程度越来越高，协作也越来越紧密，做好一项工作完全凭个人英雄主义的时代已经一去不复返了。20世纪80年代有一部美国电影，动作明星史泰龙主演的《第一滴血》，说的是越战退役军人兰博在荒野陆林，靠一个人打败了拥有飞机、坦克等现代武器的警方及国民警卫队。兰博一时间成了个人英雄主义的代表，让很多年轻人佩服不已。但是，这只是一部供人们欣赏的影片，现实中一个人的力量不可能对付得了强大的军队。今天，通过对协作意识的学习，你应该明白了，一个人的力量是有限的，一个人在正常的工作生活中也只是整个工作链条上的一个环节，要通过上下工序协作和在整个集体的合作才能完成任务，协作会使你学会更多东西，协作会使你更优秀。

协调化解矛盾，克服个人英雄主义，实现完美协作

一位啤酒企业新上任的区域市场经理 A 君向我道出了一件令他苦恼的事：他手下的一名营销人员 B 君在市场上敢拼敢打，但自恃学历高、能力强、销售业绩好，在他面前狂傲不已，作风散漫，不遵守劳动纪律，还经常在公开场合反对他的意见，让他很失面子，他多次都想将其开除了，但又找不到最充分的理由，很不愿和他合作。

我没有给 A 君火上浇油，而是帮他深入分析问题，找到了合适的对

策，结果使B君逐渐改变了态度，不再盛气凌人，反而非常尊重A君，成了他的左膀右臂。

我首先帮他分析了出现这种状况可能的深层次原因：

（1）A君和B君缺乏深入沟通和了解，A君的才干没有得到充分展示，以致B君认为A君的才能不如自己，轻视A君；

（2）B君的才能没有受到充分的重视和关注，自己的期望值没有充分实现，从而产生了失落感；

（3）B君在工作中没有受过大的挫折，工作比较顺利，压力不大，而周围比他水平高的人很少，自骄情绪严重；

（4）B君个人英雄主义占上风，对自己的期望值较高，独立性强，而团队意识较差。

接着我又为A君提供了解决问题的详细对策：

（1）A君要心胸开阔，拿出领导风范，主动与B君沟通，以诚相待，用自己的人格魅力去感化他；

（2）工作之余，多与B君沟通，加深私人感情；

（3）工作上多征求B君的意见；

（4）给B君更具挑战性的工作，比如最困难的市场，让他去开拓，但绝对不是给他穿小鞋；

（5）向上级领导推荐他，让周围的同事主动接近他；

（6）在公开场合恰当地对他的优点和成绩进行肯定和表扬；

（7）给他灌输团队意识和重要性，只有大家团结合作，共同拼搏才能取得更大的成绩。

对策实施之初，B君对A君仍怀有戒心，不太合作，A君想放弃，我劝他坚持下去。"精诚所至，金石为开"。B君看到A君是真诚的，就放弃了戒心，积极与A君沟通。经过半年时间的磨合，二人成了非常要好的朋友。B君不再心高气傲，对人非常友善谦虚，团队意识非常强，工作的积极性和主动性也大大提高。二人通力合作，使几个开拓不利的市场打开了局面。A君还积极向总经理推荐B君，B君突出的业绩受到公司肯定，被任命为另一个区域市场的经理。

这个案例给我们的启发很大，无论在 A 君身上还在 B 君身上，都让我们清楚地看到了协作的重要性，做下属要懂得协作，做领导要懂得协作，同级之间，也要懂得协作。协作是团队的一个宝，人人协作了，就有了完美的团队，团队完美了，就有了个人的充分发展。

八、节约意识——俭以养德

劳动成果是劳动创造的，劳动者最懂得劳动成果来之不易。节约是全社会的美德，每个人都应该牢记。树立节约意识是一个人注重节约、能节约、会节约的起点。劳动中的节约意识就是要懂得和重视节约劳动中的一滴水、一度电、一份材料、一分钟时间、一个多余的操作。劳动中的节约，重视靠意识、实施靠行动、实现在劳动过程、有效靠科学管理和方法。所以，劳动中的节约不仅仅是一种思想意识，还包含节约所依赖的科学管理知识和节约方法。树立节约意识，要在思想上重视，在学习中提高，在实践中严格执行。

（一）把节约意识融入自身的价值观，让节约成为文化

很多企业、很多单位天天强调重视节约，其实恰恰说明重视节约还没有进入每个人的思想深处，浪费成了家常便饭，成了让管理者非常头痛的事情。真正的重视节约是把节约意识融入每个人思想深处中，融入企业文化中，让每个人都清楚节约的判断标准，知道怎么做是节约，怎么做不是节约，让节约观深入人心，形成节约文化。

煤炭堆上的硬币

江苏黑松林粘合剂有限公司董事长刘鹏凯，是一个善于在思想上、价值观上教育员工重视节约的管理者。黑松林厂锅炉间围绕"煤炭燃烧率的最大化"与"煤渣含煤量的最小化"

展开技术攻关，遇到的最大问题就是思想意识的问题。一个雨后的下午，刘鹏凯看到煤渣堆上未烧透的煤和煤渣黑白分明，决定在锅炉间召开"节能降耗现场会"。现场会上，刘鹏凯没说一句话，只是从口袋里掏出一把硬币，当着大家的面扔到煤渣堆上就走了。

回到会议室时，锅炉工已将煤渣堆上的硬币捡回来放在会议桌上了。看着那一把硬币，刘鹏凯沉痛地说："没有烧透的煤，比这些硬币更值钱，见到未烧透的煤不知道捡起来，我们失掉的不仅仅是金钱！"那么失掉的是什么呢？在会上大家展开了深入讨论，终于大家明白了：我们失掉的是比金钱更宝贵的节约观念。刘鹏凯通过"煤炭堆上的硬币"让员工认识到，只要每个人有了节约意识，形成了节约文化，就是"干毛巾也能挤出水来"。从而使全体员工牢牢地树立了节约观，并逐渐将其融入企业文化中。

许多企业制定了很多规章制度，制定了很多奖惩条例，但是效果就是不明显。其实管理的最高境界是"无为而治"，只有把节约的思想观念深深植入每个人的灵魂深处，节约才能化为员工的自觉行动，才能从"要我节约"变成"我要节约"，这就叫节约文化。其实不仅是节约管理，任何的管理都是这样。

(二) 把节约看成自己的责任，让节约成为习惯

把节约看成自己的责任，就是把节约作为自己分内应做的事，没有做好就要承担损失的责任。一个人在自己家里很节约，因为那是他自己的财物，不节约自己就要受损失。如果每个人在劳动中、在工作中，把节约当成自己家里的事，当成自己的财物来对待，节约的责任感就会增强，就会逐渐培养节约的习惯。

自己的田地该怎么种

曾是美国首富的石油大亨保罗·盖蒂，年轻时家境很贫寒，一家几口守着一大片收成极不好的旱田维持生活。不过有时在挖水井时，地下竟会

冒出浓黑的液体,后来才知道那是石油。于是水井变油井,旱田变油田,保罗·盖蒂雇工开采起石油来。

保罗·盖蒂经常到各油井去巡视,每次都看到浪费的现象和有人无所事事。每一次他都把工头找来,要求他消除这些不良现象。然而下次再去,浪费、闲人如故。

保罗·盖蒂百思不得其解:为何我经常来,每次都看得见浪费和闲人,而那些工头天天在此,却视而不见?而我再三告知,却始终不见改善?

后来,保罗·盖蒂遇到了一位管理专家,便向他请教。

专家只用一句话,便点醒了保罗·盖蒂,他说:"因为那是你自己的油田。"

保罗·盖蒂醒悟了,立即召集各工头,向他们宣布:"从此油井交给你们各位负责经营,收益的25%由各位全权分配。"

此后,保罗·盖蒂再到各油井巡视,发现不仅浪费、闲人绝迹,而且产量也大幅增加了。

虽然这个例子是从管理者的角度来说的,但是我们也可以从自己的角度思考这个问题。只有我们在单位里、在日常的劳动工作中把节约视为自己的事情,才能培养节约的责任感,培养节约的习惯,这对我们回到家里,回到自己的事情上,注重节约、会节约,也有好处。

(三)把节约贯彻到每一个细节,让细节管理成为节约的保障

文化讲堂

一艘大船的沉没,有时是微小的裂口所致。
——富兰克林

在日常劳动中,如果不重视从每一个细节去节约,积少成多,就会形成巨大的浪费。所谓"千里之堤,溃于蚁穴",就是这个道理。现在各行各业管理中,都非常重视细节管理,其实,细节管理也非常适合于节约管理。如果能把细节管理常态化地用于节约,节约就有了保障。

车间工人的视力和次品率的关系

有一段时间，某公司的生产车间连续出现零件加工错误、次品率攀升的情况，让经理颇为苦恼。难道就这样放纵车间继续生产废品？公司和员工们查找了很多原因，最后发现，原来加工错误和废品产生是由于车间光线不足和工人的视力不佳造成的。例如，员工在做焊接工作时，把8和3看错了，把该焊成8的地方焊成了3。于是，公司一方面改进了车间的照明条件，另一方面让工人们检查了视力，检查的结果令人大吃一惊，视力0.7以下的人竟占43.6%，还有不少工人的视力为0.1、0.2、0.3。因此，公司决定负担一半的费用，给工人配眼镜、换眼镜。从此，该公司每年节省了数额巨大的废品损失、投诉处理费用。

这个故事告诉我们，不放过任何一个细节，是节约的重要法宝，一定要把细节管理常态化。其实这家公司的细节管理做得还是不够，在出现了那么多的质量问题和浪费后才去查找原因，可谓亡羊补牢。亡羊补牢是需要的，但是更重要的是，我们要通过细节管理常态化，把浪费消灭于萌芽状态。细节管理需要全员参与，生产现场的操作者责无旁贷，现场的作业者最容易发现细节问题，一旦发现问题时，不能任其发展，或者亲自解决，或者向管理部门提出建议。只有这样，节约才有了保障，这也说明你的节约意识在增强。

（四）节约时间就是节约金钱

时间是每个人、也是每一个组织的重要资源。现代社会发展的速度越来越快，人们的工作节奏越来越快，时间比以往任何时候更加珍贵。一个不懂节约时间的人是跟不上社会发展的步伐的。

用电话会议代替出差

日本有一家公司，总部迁移之前只要有一点小事，大批的工作人员就

会络绎不绝地到工厂出差巡检。为了一两个小时的会议，竟然要花掉一天半到两天的时间出差。从东京总部到伊势工厂，每个人的路费就要3万日元，过多的出差浪费了大量的时间和资金。因此，随着总部的迁移，公司尽可能多地采用了电视电话会议，并规定，员工到工厂出差，需要得到总公司部长级干部的批准。电视电话会议设备很先进，能够实时清晰地交换图像和声音，不会让人感到现场会议中所产生的紧张和不安。电视电话会议有时间限制，也避免了冗长乏味。还有一个很大的优点，参加会议人员往往要提前看相关资料后才参加会议，所以会议效率很高。刚开始时，销售人员不习惯这种交流方式，习惯之后，他们对这种会议方式都拍手叫好。因为既节约了时间，也避免了因为经常坐车带来的身心疲惫。现在该公司各级都主动运用电视电话会议的方式。这一改革使他们在2005年一年时间里节约了1.2亿日元的差旅费。

时间就是效率，时间就是金钱。改进会议方式不仅节约了时间，节约了公司的差旅费，提高了开会的效率，还能使人们更加精力充沛地投入工作。节约时间不仅是节约金钱，节约时间还是一举多得的节约。时间对每个人都是公平的，既不会多给一个人，也不会少给一个人。谁的时间利用率高，谁的效率就会更高，谁创造的财富就会更多。你怎么利用时间，时间就会怎么回报你。

(五) 让节约插上创新的翅膀

在生产中，既需要勤俭持家式的节约，也需要通过技术革新，开辟新途径，运用新方法。这样的做法如同让节约插上了翅膀，节约得更快，节约得更多。

洛克菲勒改进焊接机，也改变了他的人生

世界石油大王洛克菲勒年轻时在美国某石油公司工作，他的学历不高，也没有什么特别的技术。他的工作是巡视并确认石油罐盖有没有焊接好。

石油罐在输送带上移动至旋转焊接机上,焊接剂便自动滴下,他发现罐子旋转一圈,焊接剂会滴39滴,如此,焊接工作才结束。他努力思考:"在这一连串的工作中,有没有什么可以改善的地方呢?"

一次,他突然想:如果能将焊接剂减少一两滴,是不是能够节省成本?

于是,他经过一番研究,终于研制出"37滴型"焊接机。但是,利用这种机器焊接出来的石油罐偶尔会漏油。他并没有灰心,又研制了"38滴型"焊接机。这次的发明非常完美,公司对他的评价很高。不久便生产出这种机器,改用"38滴型"焊接机。

虽然节省的只是一滴焊接剂,但这"一滴"却替公司带来了每年5亿美元的利润。

"改进焊接机"不仅给这家公司带来了巨大的利润,也改变了洛克菲勒的人生。他后来成为掌握全美制油业95%实权的石油大王。

能勤不能俭,到头没积攒;能俭不能勤,到头等于零。创新就是在节约上的一种"勤",是一种充满智慧的"勤",有了这种"勤",你就是一个更会节约的人。其实,我们身边也有这样的人。

服刑人员一举多得的创新节约

服刑人员邓某,在生产实践中,结合个人兴趣,探索出将手提袋加工的生产余料(底板、上口条、页子等)搅碎成浆,加入粘合剂制作纸塑工艺品的独门技术,曾经连续两年在监狱手工艺品比赛中获得第一名的成绩。分监区发挥其特长,让他担任手工艺品制作兴趣小组组长,带动分监区20多名服刑人员参与兴趣小组活动,利用生产

余料制作纸制手工艺品20余件,一时间,分监区利用生产余料进行手工艺品创作蔚然成风。在监狱"共创和谐"手工艺品比赛中多件作品入围,其中纸塑"日晷"获得第一名,纸拼"世博中国馆"获得第二名,共有8名服刑人员获得有效积分加分的奖励。

看来,我们身边也有不少这样勤于创新、创新节约的人。邓某等服刑人员利用生产余料创作手工艺品不仅节约了资源,培养了创新和节约意识,而且通过手工艺品制作,寓教于劳,丰富了服刑人员的改造生活,使他们既陶冶了情操,又得到了实惠。把创新用于节约,更是一举多得的节约啊!

有一句话说道:克勤克俭为千家万户浇培生财树,节约资源替各行各业新添聚宝盆。现在国家提出了"建设节约型社会"的号召,全社会纷纷响应,建设节约型企业、节约型单位,做节约型员工,已经成为社会风气。让我们每个人都积极加入进来,做一个爱节约、会节约的人。

劳动改造分册

第六章

在劳动中学习科学管理

劳动者既是管理的执行者，也是管理的参与者。我们在生产作业中经常会接触到各种管理，比如定额管理、质量管理、安全管理、现场管理，等等。我们应该在生产作业过程中，认真执行各项管理规定、完成各项生产任务，同时也要积极主动地学习一些科学管理知识。学习科学管理知识，首先，有利于我们正确地理解管理的规定和要求，出色地完成生产作业任务；其次，有利于我们学习和掌握各种管理知识和技能，使自己成为一个优秀的劳动者的同时，培养和提升自己的管理者素质；最后，有利于我们将来回归社会后，在就业或创业中实现自我的进步和发展。所以，我们应该做一个有心人，在劳动改造中，不仅争取学到更多的职业技能，还要争取学到更多的管理技能。学习管理知识和技能，并不是一件高不可攀的事情。最切实可行的方法是在自己生产劳动中学习相关的生产管理技能，不要顾虑这样的学习是不是系统化学习，是不是有扎实的理论基础，管理本来就是这样，在生产实践中学习管理也是一种很好的方法和途径，很多管理者都是在边干边学中成长起来的，由于他们有丰富的生产经验，这样的管理者往往也是最优秀的。

下面我们就介绍几种大家在生产劳动中经常接触到的生产管理方法。

一、劳动定额——劳动管理的定盘星

定额管理，也叫定额工作，是生产管理的一项重要基础性管理工作。定额管理就是通过利用定额来合理安排和使用人力、物力和财力的一种管理方法。对于生产单位来说，定额管理是实行计划管理、进行成本核算、成本分析和成本控制的基础。定额管理通常包括消耗定额、劳动定额、费用定额和储备定额等。劳动定额管理是定额管理的重要组成部分，是当前监狱进行劳务加工管理的一个重要工具。劳动定额是根据监区的生产技术组织条件，针对劳动者的劳动技能、劳动熟练程度制定的，是监区分配生产任务、服刑人员完成生产任务的依据，是考核服刑人员劳动成果的重要指标，更是评价服刑人员劳动态度、劳动积极性的重要依据。

(一) 什么是劳动定额

劳动定额是产品生产过程中劳动消耗的一种数量标准。它是在一定的生产技术和组织条件下，生产单位产品所需要消耗的时间，或者是在一定的时间内规定生产的合格产品的数量。劳动定额体现的是产量与相应的劳动时间消耗之间的比例关系。它有两种基本表现形式：一是工时定额；二是产量定额。工时定额是指在技术条件正常、生产工具使用合理和劳动组织正确的前提条件下，劳动者为生产合格产品所消耗的劳动时间，即生产单位产品消耗的时间，工时定额也叫时间定额。产量定额是在技术条件正常、生产工具使用合理和劳动组织正确的条件下，劳动者在单位时间内完成的合格产品的数量。从两个定额的计算公式可知，工时定额与产量定额在时间上互为倒数关系。

工时定额=完成一定量产品消耗的时间/产品产量

产量定额=产品产量/完成一定量产品消耗的时间

除了工时定额和产量定额这两种基本形式以外，还有一种看管定额，看管定额又称"操作定额"，是指一个劳动者同时能看管机器设备的台数，或看管机器设备上操作岗位的数量。看管定额是一种特殊形式的产量定额，其基本原理是多机床管理，就是劳动者利用某一台机器设备的机动时间（如机床的自动走刀时间）去完成另一台或多台设备上手动时间操作。机器设备的机动时间越长，工作手动操作时间越短，劳动者能够看管的设备台数就越多。

在目前以劳务加工为主要形式的监狱劳动中，主要采用的是工时定额和产量定额。

(二) 制定劳动定额的原则

一是要以现有的生产设备设施、技术条件和罪犯的劳动时间、技能熟练水平等客观实际，保持其科学性和合理性；二是要确保劳动定额在规定时间内大多数服刑人员都能完成或者超额完成，既不能过高也不能过低；

三是要考虑服刑人员在身体、技能、年龄等方面存在的个体差异，为服刑人员确定合理的劳动定额。

(三) 劳动定额的作用

第一，劳动定额是监区编制生产作业计划、下达劳动任务的重要依据。

第二，劳动定额是对劳动岗位的定岗与定员的依据。一个劳动岗位要定几个人？一个劳动岗位要确定由谁担任？劳动定额发挥了重要的依据性作用。

第三，劳动定额是制定工资分配办法、发放劳动报酬的重要依据。劳动定额管理运用的好坏，对调动劳动者的积极性、提高设备使用效率和劳动生产率，具有重要的作用。

第四，劳动定额是控制生产成本、降低成本、提高经济效益的基本手段。

(四) 如何成为一名超额完成定额的优秀劳动者

第一，要认识到劳动定额的科学性。劳动定额是经过对劳动消耗的各项内容和要素进行科学测算后确定的，是一个科学、合理的劳动任务及各类要素的消耗量，是监区下达生产计划的科学依据，也是我们在劳动中必须要遵守和参考的工作标准。

第二，以劳动定额为标尺测量自己的劳动技能水平。科学的劳动定额是以正常的生产技术组织条件下劳动者可以实现和完成的劳动任务水平及正常的劳动技能和岗位技术为前提的。一个合格的劳动者通过正常的积极劳动是可以完成甚至超额完成这样的劳动定额的。如果一个人不能和经常不能完成劳动定额，那就要全面检测一下自己的劳动技能水平了，要检测是哪一个环节上的劳动效率低下？要一个环节一个环节的检测，一个环节一个环节的与优秀的操作者进行比对，要向优秀的操作者进行请教，学习人家在各个操作环节和步骤上的作业方法，从操作方法、流程、技能等方面进行精益求精的改进，这种改进一定会使你成为一个超额完成定额的优秀的工人。

第三，劳动定额制定要有一个科学合理的水平。这一点主要是对生产管理部门来说的，生产管理部门一定要制定科学合理的劳动定额。所谓科学合理，就是劳动定额既反映了相应行业和岗位的劳动能力与水平的先进性，同时又要有与劳动者的劳动能力相适应的合理性。合理性就是劳动定额不能定得过高，能让劳动者通过努力提高劳动技能和改进作业方法完成劳动定额，很难完成的劳动定额说明定得过高了，超出了劳动者的能力和水平，往往这样的劳动定额不仅起不到劳动定额的管理作用，反而会挫伤劳动者的积极性。也就是说，劳动定额要具备挖掘劳动者的劳动潜能和调动劳动者的积极性的作用，从而使作业者成为超额完成劳动定额的优秀的劳动者。

400 克艾粒撬动王某的劳动积极性

服刑人员王某所在监区主要从事中医用品艾粒的生产。王某经过劳动改造科和监区的培训后，根据监狱管理局罪犯劳动分类分级定额管理办法的有关规定，按照年龄及身体健康状况进行分类，王某被划为 B 类，劳动月考核分数满分 35 分，定额每日 2400 克。王某前三个月劳动表现较为积极，虽然刚开始学习这些，但是劳动态度端正，也很认真，但是慢慢地，王某在劳动中的表现就打了折扣，具体表现有劳动期间做与劳动无关的事情，干私活，磨洋工。王某上月劳动考核分数仅仅得了 20 分。通过分析发现，主要原因是监区给王某的劳动定额定高了，导致他每日不能按时的完成定额，用王某自己的话说："我看着别人都干了五六个了，心里一着急，手中连一个 3 克的小纸筒都拿不稳了，看到分数，发现自己还没有完成劳动任务，对未来改造的方向和目标毫无希望，就想自暴自弃。"监区通过综合考虑其身体情况，将其劳动定额降低为 2000 克。果然，调整劳动定额后，王某的劳动积极性有了明显的改观，王某自己也说："在没有完成任务的那几个月里，我内心是恐惧的，我害怕警察找我，对劳动产生了畏难和抵触情绪，现在好了，我从辛勤的付出中收获了踏实，也获得了其他人的认可和尊重。"

我们说劳动定额是劳动管理的定盘星，既是对负责生产管理的监区来说的，也是对参加劳动的服刑人员来说的。对于监区来说，一方面，劳动定额的制定一定要科学、先进、合理，这样才能充分调动服刑人员的积极性；另一方面，在对服刑人员劳动能力分类分级的基础上，也要针对个体差异下达适宜的劳动定额，并在实施过程中进行监测和调整。如果劳动者长期难以完成劳动定额，也要重新测算为劳动者制定的劳动定额是否过高了？劳动者在完成劳动定额的过程当中是否有其他的非生产因素在起作用，特别是对于监狱的服刑人员来说，由于服刑人员特殊的身份和刑期不同阶段的心理特征、劳动态度等因素，往往使服刑人员适应劳动定额的情况要复杂得多，监区要综合考虑各种因素，加以适当的调整，以更好地调动服刑人员的劳动积极性，提高他们的劳动技能和劳动效率。对于服刑人员来说，由于劳动定额是考核劳动态度、劳动积极性和劳动技能的综合指标，应该以劳动定额为目标，调整自己的劳动态度，提高自己的劳动技能，通过自己的努力，努力完成劳动定额，并争取超额完成劳动定额。同时绝不能在劳动中投机取巧，甚至无理要求降低劳动定额，劳动定额的科学性是一面镜子，会照出劳动态度和劳动积极性。劳动定额管理是为了提高劳动者的积极性、劳动技能、劳动效率而进行的，对我们服刑人员来说，更有监测劳动改造态度和劳动改造效果的积极作用，所以每个人都应该利用劳动定额来提高自己，实现自己在劳动改造上的双丰收。

二、作业管理——用正确的方法工作

"科学管理之父"泰罗认为，最佳的管理是一门实在的科学，基础建立在明确规定的纪律、条例和原则上。泰罗所说的"最佳的管理"就是科学的作业管理的起源，他所说的纪律、条例和原则指的就是管理的规范和标准。用培训来教给工人完成任务的技能，科学研究来制定标准和规章制

度并据此规定和下达任务,用奖惩等激励机制来保证任务的完成。这就是泰罗科学管理的三部曲,其核心就是工作任务的标准化、规范化和制度化。泰罗认为,规范化、制度化是企业大规模生产的基本要求,是任何先进管理思想得以实施的基础,是实现科学管理的依据。

用正确的方法工作,就是按科学的作业管理标准进行加工作业。作业管理涉及的内容很多,人(劳动者)、机(设备)、料(材料)、法(作业方法)、环(生产环境)、测(测量)这"六大管理要素"都会涉及,但是就作业方法管理来说,科学的作业管理的核心和灵魂只有一个,就是标准化。以加工为例,无论工人是左撇子还是右撇子,规定用右手加工的,必须用右手。无论是张三加工的产品,还是李四加工的产品,都必须符合产品标准的要求。什么叫标准?标准是指对重复的加工作业所做的统一规定,如生产活动中,各种各样的规章、制度、工艺流程、加工要领,都可称之为标准。什么叫标准化?标准化就是生产中无论是管理者还是操作工人一律按照标准作业的过程。标准可以看成是生产劳动必须遵守的"法律",是每一个参与生产的人的行动准则,是判断作业正确与否的依据,是实现产品质量的保证。那么如何做到用标准化进行作业方法管理呢?

(一)作业标准是作业方法管理的核心和灵魂

要像遵守"法律"一样,在生产作业中严格执行作业标准。对此,要从两个方面进行把握,一是作业者一定要严格地按照作业标准进行加工作业,要"依法"做事;二是管理者要严格按照作业标准管理、监督检查作业者的作业是否严格执行了作业标准。其实,除车间管理者外,劳动者本人也是作业方法的管理者,劳动者既是作业标准的"守法者",也应该是"执法者"。为什么一定要按照作业标准进行加工作业?因为作业标准是既定的最好的加工方式,如果劳动者不按照作业标准而是根据自己对作业的理解,按照自己的习惯进行加工作业,结果就是生产的产量、质量、加工工时难以得到保证,生产任务难以完成,甚至会经常出现安全事故。无论是谁,无论是哪一个加工环节,都必须严格按照作业标准作业。

不按照安全操作规程作业导致安全事故

某监狱服刑人员李某进行冲压成型枪柜提手劳动时，他用左手伸入冲床（80吨开式双柱可倾压力机）模具内取工件，左脚误触脚踏开关，冲床运转，造成左手压伤。经医院诊断：左手掌骨开放性骨折，拇指软组织碾伤。手术后掌骨基底部保留（约掌部1/2），拇指保留。法医鉴定为：左手第二、第三、第四、第五掌骨自中上1/3处远端缺失，为六级致残。

在冲床安全操作规程中明确规定："严禁将手伸入冲床模具区，用手拿取工件。送料、取料应使用夹钳、钩子等一般工具。"李某在操作中明显违反操作标准，用手直接拿取工件，导致了这一安全事故的发生。

从必须严格执行作业标准的角度，此案例给我们如下重要启示：一是必须按照作业标准（无论是哪一种作业标准）进行劳动作业；二是牢固树立标准化作业的思想意识；三是必须牢固掌握标准化作业的操作知识和技能。

(二) 作业标准的制定必须科学，便于操作和检查

既然必须按作业标准进行劳动作业和作业方法管理，那么作业标准的制定就必须科学，具有可操作性，便于监督和检查。为此，任何一种加工作业都必须制定出像"法律"一样的《作业标准书》，现实中，我们不一定叫它《作业标准书》，我们生产中遵守的《产品加工工艺流程》《安全操作规程》《现场定置管理细则》《工时定额标准》等都属于这样的《作业标准书》。强调这一点，既是向作业标准的制定者说的，也是向生产一线的劳动者说的。劳动者了解这一点，一方面知道作业标准的严肃性、科学性，另一方面在生产过程中一旦发现某种作业标准是不科学的、不合理的，也可以向管理部门提出修订建议。那么什么样的作业标准才是科学

的、便于操作和检查的呢?

这家企业的空气压缩机的操作规程不便于操作和检查

一家企业泵房的空气压缩机上面贴着《空气压缩机操作规程》,内容如下:第一,操作人员应熟悉操作指南,开机前检查油位和油位剂;第二,检查设定值,将压缩机运行几分钟,检查是否正常工作;第三,定期检查显示屏上的读数和信息;第四,要检查加载过程中冷凝液的排放情况,检查空气过滤器、保养指示器。停机后排放冷凝液;第五,当压力低于或高于主要参数表的设定值时,机组不能运行。

这个操作规程虽然绝对正确,可是它不具备操作性。操作者应熟悉操作指南。什么叫"熟悉"?是大概知道,还是能倒背如流?另外,开机之前"检查油位",油位剂多高算高,多低算低?"检查设定值",设定值是多少?可见,没有一个标准化的规定,就无法进行检测。什么叫"正常工作"?压缩机开起来肯定噪声大、有振动,操作者应该被告知这台机器启动起来之后振幅多大算正常。"定期检查",什么叫"定期"?隔一个小时叫"定期",还是隔一年叫"定期"?检查"读数"呢?读数高了怎么办?当压力低于主要参数时,机组不能运行,不像有计算机控制,高了自己就停,可见,企业应该规定受限的措施。那么,又如何检查"冷凝液的排放""检查过滤器""保养指示器"呢?由此看来,在上述指南中,只有"停机后要排放冷凝液"这最后一点是实用的。

这个《空气压缩机操作规程》操作性差,不同的人对它的理解很可能是不一样的,操作起来就没有了标准;这个《空气压缩机操作规程》也不便于检查,管理者和操作者都没有明确的数据标准对操作进行监督和检查。如果一个作业标准制定成这样,就无法实现标准化,作业方法管理就无法进行。

(三)从"科学管理之父"泰罗那里寻找作业管理的灵感

"用正确的方法工作",有两个称得上作业方法"祖师爷"的人物都说过类似的话，一个是泰罗，另一个是吉尔布雷斯。泰罗（1856—1915）是美国著名的管理学家，被后世称为"科学管理之父"，吉尔布雷斯（1868—1924），被后世称为"动作研究之父"。下面我们就讲讲这两个人的故事，让我们从他们的故事中深刻理解什么叫"用正确的方法工作"。

泰罗："铁锹试验"，铲物料的"铲工科学"

说到用铁锹铲东西，大家可能会笑，这谁不会啊！你还别笑，泰罗在伯利恒钢铁公司的"铁锹试验"有力地说明，一个工人，"要学很多窍门才能从事用铲的工作"。泰罗发现，工人干活无论铲什么原料都用相同的铁锹，而且，每个人用铁锹随意性很大，大小不一，这就使他们铲物料时的负荷完全不一样，比如一铲煤粉是3.5磅，一铲矿石就成了38磅。他认为这种工具各式各样，负荷时轻时重是劳动效率低下的重要原因。于是他开始试验改变这种情况，他首先让工人用铁锹平均每铲38磅物料，平均每个工人每天共铲物料25吨。他又把铲截短一些，使每铲物料的平均重量由38磅减至34磅，工人每人每天的铲物料量由25吨就提高到了30吨。然后，再将每铲物料数量减到30磅，每人一天工作的总重量又上升了，于是再逐步将每铲物料重量减少，直至每铲物料重量减少到21~22磅时，每个工人每日的铲物料量达到了最高值。因为再将每铲物料从21.5磅减少到18磅时，每个工人每日的工作总重量反而下降了，每铲物料再继续下降，工人每日的工作总重量就会继续下降。至此，泰罗把每个工人每铲的标准重量确定为21.5磅，再根据不同物料的比重不同设计出了不同用途、不同大小的铁锹，比如说铲煤粉的铁锹就大一些，保证一铲煤粉的重量基本是21.5磅，铲矿石的铁锹就小一些，保证一铲矿石的重量也是21.5磅，这样他就为铲不同的物料设计了各种不同标准的铁锹，为此他还建了一间工具库房，里面存放了10~15种不同的铁锹，从铲煤粉的大铲到铲矿石的小平铲，每个的负重都是21.5磅。这就是著名的"铁锹试验"。这个试验的结果使劳动效率大大提高,铲物料的劳动力从400~600人减少为140人,平均每人每天的铲物料总量从16吨提高到59吨,每个工人的日工资提高了60%。

同样的道理,泰罗还进行了"金属切削试验"和"搬运生铁块试验",被后人称为"三大试验",通过这些试验,泰罗从工人的基本操作抓起,从每一件工具、每一道工序抓起,设计出了最佳的工位设置、最合理的劳动定额、标准化的操作方法、最适合的劳动工具。通过这些试验,泰罗在20世纪初创建了科学管理理论体系,他的这套体系被称为"泰罗制"。

吉尔布雷斯:"动作研究之父"的砌砖动作研究

一说"砌砖",你可能又会笑了,谁不会啊?但是,被公认为"动作研究之父"的吉尔布雷斯,确切地说是吉尔布雷斯夫妇的动作研究,就是从对建筑工人砌砖的研究开始的。1885年吉尔布雷斯进入建筑行业,并以一个砌砖学徒工的身份开始了职业生涯。

动作研究之父——吉尔布雷斯

在工作中,吉尔布雷斯发现工人们砌砖的动作各不相同,速度也有快有慢。由此,他对砌砖动作和速度的关系产生了兴趣。他仔细观察砌砖工在工作中的各种动作模式,探索究竟哪种动作模式是最好而且是效率最高的。在此基础上,他将工人所做的工作和使用的工具联系起来对工人的动作进行了进一步研究,并制定了一种经过改进的工作方法。例如,在砌外层砖时,他把砌每块砖的动作从18个减少到4.5个;在砌内层砖时,把砌砖动作从18个减少到2个,使每个工人一小时的砌砖数从120块增加到350块。他还想出了一种堆放砖的方法,使工人不用像往常那样检查砖的哪一面最好,而是拿来就能用。他设计出一种可调整的支架,使工人不必像往常那样弯腰取砖。他还调制了一种有精确浓度的灰浆,使砌砖时不必多余地用瓦刀涂抹。吉尔布雷斯通过对工人的动作进行科学的研究和分析，制定出更有效率的砌砖方法，并不知不觉地开始以研究最好的工作方法作为终身事业。

泰罗科学管理的特点是对每一个工人、每一件工具、每一道工序、每一种物料进行深入细致地研究，在科学实验的基础上，设计出了标准的工位、合理的劳动定额、标准化的操作方法、最适合的劳动工具。吉尔布雷思夫妇的动作研究是研究和确定完成一个特定任务的最佳动作的个数及其最佳的组合方式。他们的研究开创了科学管理的新纪元，相信每一个看了他们的研究案例的人都会有所感触。结合我们自己的劳动，我们应该想一想，虽然我们已经进入了21世纪，但是我们的很多工作方法还是那么粗糙，没有经过认真的研究和标准化，所以，我们的劳动效率还是那么低下，还有很大的改进余地。

胡某改进剥葱头作业的启示

以前剥葱头用水泡，大家都认为好剥。服刑人员胡某经过用心试验，用两个脸盆扣在一起，边摇边撞击葱头，效果比较显著。后来他又发明了用面粉袋和渔网，就这样一次次地改进，大大地提高了劳动效率。还有，一般人剥葱头习惯用长刀，而胡某却改用短刀，他认为短刀操作安全而且速度快，长刀容易削到手而且效率低。

胡某的做法就是对作业方法的改进，是对作业方法的创新。现在，监狱为了适应市场变化和劳动改造的需要，引进了大量的劳务加工劳动。有些加工项目委托方提供了作业标准，有些加工项目委托方没有提供作业标准。通过对泰罗和吉尔布雷斯作业方法的学习，我们一定要有这样的认识：有作业标准的项目，我们要认真执行，同时如果发现已有作业标准中有不合理之处，我们也可以用心研究改进、创新；没有作业标准的项目，我们要在劳动中探索最合理直至标准化的作业方法。

（四）从作业标准管理扩展到整个企业的管理

通过上面的内容，我们已经把作业方法的管理和标准化的意义说清楚了，但是真正掌握作业标准的要领并严格执行还是有一定难度的，而且严格执行作业标准对提升自身乃至企业的整体形象的作用，还需要提高认识。下面我们再通过一个案例认识一下标准化作业和标准管理对整个企业管理的好处。

老郑用标准化管理"复制"了自己的企业帝国

著名企业管理专家刘光起讲了这样一个故事：他的一个朋友老郑，原是一个大酒店的经理，后来辞职开了个小餐厅，叫"福聚来"，一天能赚几百元，比原来一个月的工资还高，老郑喜出望外。

后来，他在这个城市已经开到第五家餐厅。但是问题出现了，这五家饭店已经启用了郑老板能信任的所有亲朋好友，自己管了老店，他的夫人管一家，儿子管一家，内弟管一家，最新开的一家不得已交给了自己的老司机。但内情是：两赚三赔，拉平后的利润比原来一家店还差；五个人五条路，老婆那家店不赚钱，要改快餐；儿子新潮，要开酒吧；内弟还办餐厅，吵着要分开单干；老司机倒没说什么，生意很火，就是不赚钱，但他却开上了自己的奔驰。

环境也变了，短短几年，老店所在的那条街上又开了十几家餐厅，可气的是，店名起得跟他的店就差一个字，福俱来、福常来、福齐来、福居来、福巨来……

郑老板长出了白发，增添了皱纹，心力交瘁，壮志未酬。郑老板做梦都想到省会和本省的几个旅游城市开餐厅，要大干一场，可财力不够、精力不够、实力不够。

忽一日，老郑参加了三天企业管理模式的培训课，专讲如何用"复制"的方法把小企业建成"企业帝国"，学习了如何控制、如何繁殖、如何用别人的钱赚钱，如何建立企业帝国，等等。

三天课后，老郑精神抖擞，心潮澎湃，收获良好。老郑回去之后，没有搞什么新花样，也没去开什么高级餐厅大饭店。他迅速找人帮助把老餐厅模式化，制定了几册标准化的文件，用摄像机把每一个技术细节、服务动作、标准用语和店面装修拍下来，录下来，编成教材。他还请教了律

师，设计了一套与别人合作的法律文件和分红方案。结果，没两年，多方加盟，在周围几个城市开了好多家连锁店。

现在老郑的连锁店以三个月增加一个的速度发展。每个连锁店成功的要诀是：统一控制经营模式，每个店必须按老店模式的标准化文件经营。老郑设立了总部，实行分级管理；对所有连锁店严格按标准化文件进行检查，不符合经营标准的就撤。他一个省一个省地发展，开设分部。所有分部，均由总部委派经理，一律按照老店模式进行标准化经营。

在这个小小的企业帝国里，老郑已经任命了总裁，自己渐渐不理常务，增添了些领袖的风采。但仍然很忙。研究报表，微服私访，慰问职工，参加社会公益活动成了他主要的工作。

复制、复制、再复制，是小企业通向企业帝国的优选之路。

刘光起在讲这个故事时用了"复制、复制、再复制"，什么叫复制？复制就是把一个事物或者活动不走样地重复一次或多次。作业标准化就是操作者对作业标准一丝不苟地执行，这就叫复制，这种复制会使你成为一个优秀的、高效率的劳动者。我们在这里讲这个故事，还有一层意义，就是希望你回归社会以后，学会运用标准化的原理，复制自己的企业帝国。

三、5S管理——劳动与改造的融合

（一）5S管理的产生和发展

5S管理起源于20世纪50年代的日本。20世纪四五十年代，日本的生产水平非常低下，产品品质粗糙，只能在欧美发达国家的地摊上低价出售。1955年，日本开始推行2S，当时的宣传口号为"安全始于整理、整顿，终于整理、整顿"，其目的仅是确保作业空间和安全，后因生产控制和质量控制的需要而逐步提出了后续的3S，即"清扫、清洁、素养"，从而使其应用空间及适用范围进一步拓展，逐渐形成了5S。

5S管理法训练和培养了日本企业员工"认真对待每一件小事，有规定按规定做"的工作作风，彻底改变了日本的产品质量，为提高日本工业产

品的市场竞争力奠定了良好的基础。20世纪50年代以来，以丰田、松下为代表的日本企业的管理水平与发展能力获得了世界公认，5S管理在其中发挥了重要的作用。5S管理带来的效率、质量、安全使这些企业形成了雄霸世界的竞争能力。由于5S管理简单、实用、效果显著，在丰田公司的倡导下，5S管理在日本企业中被广泛推行。

20世纪70年代末期，日本丰田汽车大面积地占领了美国市场，对美国的制造业形成了强大的冲击，美国人当时很着急，麻省理工学院组织国际一流专家到日本去考察，发现了5S管理法，于是引入到美国企业。1986年，首部5S著作问世，对企业现场管理模式起到了巨大的冲击作用，由此掀起了5S热潮。5S管理对于塑造企业形象、降低成本、准时交货、安全生产、高度的标准化、创造令人心旷神怡的工作场所、现场改善等方面的巨大作用逐渐被各国的管理界所认识。

我国企业引入5S管理以后，对其进行了延伸和发展。先是在原来的5S基础上增加了安全（Safety）要素形成6S管理；后又增加了节约（Save）这个要素，形成了7S管理；之后又在7S的基础上增加了学习（Study）或服务（Service），形成了8S管理；还有的企业加上了习惯化（Shiukanka，日语罗马拼音）和坚持（Shikoku，日语罗马拼音），形成了10S管理。目前监狱系统采用的有6S管理、7S管理和8S管理。对于新增加的3个要素，不同单位的要素也不同，特别是第8个S，有的是学习（Study），有的则是服务（Service）。

其实将5S管理延伸到8S管理是值得商榷的。5S管理是行为与结果的结合，将5S管理延伸为6S管理、7S管理、8S管理，甚至10S管理，其实是混淆了行为以及行为的结果，增加了辨识难度和管理难度，这也是很多企业的5S管理不能持久推行的原因。以安全为例来说，其实5S中的整理、整顿、清扫、清洁已经包含了安全的行为要求，而安全的行为活动结果正是5S管理所期望和要求的结果，增加了安全要素，把安全结果与行为并列，一定要慎重。其他的几个要素节约、学习、服务、习惯、坚持，都存在相似的问题，其实深入研究5S的5项要素，就会发现5S其实是一个严谨而又科学的管理体系，本身就包括这些行为及其所追求的结果，其目的包括环境、效率、安全、质量、成本、企业形象、人员精神面貌和素质等。所以,最重要的是如何科学、准确、彻底地落实5S的每一项要素,而不是在5S的基础上叠加一些重复而又累赘的内容。

因此,无论我们推行的是5S管理、6S管理、7S管理还是8S管理?最根本的是要深入学习和研究5S管理的基本原理和精神实质,一丝不苟的执行5S管理,这样既可以达到5S管理的作用,又可以帮助我们识别和合理运用新增加的要素和内容。所以,这里我们重点介绍的是5S管理的内容。

(二) 5S管理的内容

5S管理是指整理（Seiri）、整顿（Seiton）、清扫（Seiso）、清洁（Seiketsu）和素养（Shitsuke）这5项管理活动的总称,前面5个词日语罗马拼音的第一个字母都是"S",所以简称为"5S"。"5S"活动是指对生产现场各种生产要素,不断进行整理、整顿、清扫、清洁和素养5项内容的活动。这五项活动的含义分别是:

整理（Seiri）:区分必需品和非必需品,现场不放置非必需品;

整顿（Seiton）:对整理以后留下的物品进行科学、合理的布置摆放,便于取用;

清扫（Seiso）:将岗位保持无垃圾、无灰尘、干净整洁的状态;

清洁（Seiketsu）:将整理、整顿、清扫后的状态加以保持,并且标准化、制度化;

素养（Shitsuke）:对于各项活动改正和完善的现场管理各要素加以严格规定,严格遵守执行,并使人人养成一种习惯。

(三) 5S管理的九大作用

1. 亏损为零——5S是最佳的推销员

哇!真漂亮的工厂

2. 不良为零——5S是质量的护航员

垃圾箱式的工厂只能制造出垃圾产品

3.浪费为零——5S是节约能手

5S推进以后

4.故障为零——5S是交货期的保证

准时交货

5.切换时间为零——5S是高效的前提

方便快捷

6.事故为零——5S是安全的软件设备

安全作业

7.投诉为零——5S是标准化的推动者

按标准作业

8.缺勤率为零——5S创造快乐的工作岗位

越干越有劲

9.提升人员素质，矫正和改造服刑人员——5S有助于养成良好的行为习惯

（四）5S 管理的运用

5S 管理的内容看上去不像有些管理理论或方法那么高深和复杂，但是实施起来也需要掌握要领、耐心细致、坚持不懈。除了正确地组织领导，更需要现场作业者的努力。在此仅对"整理、整顿、清扫、清洁、素养"5 项活动的工作要点和方法作一基本介绍。

1. 整理的推进要点和方法

（1）整理的含义与目的。

5S 的第 1 步是整理，整理就是对现场的物品进行严格区分，保留需要的物品，合理处理不需要的物品，以腾出更多的空间，打造一个宽敞整洁的现场环境。

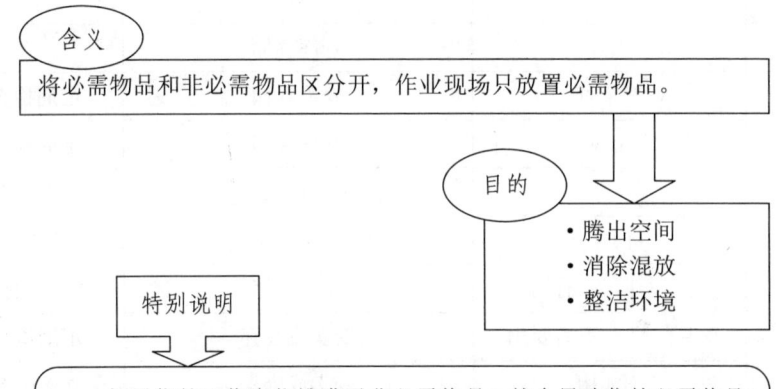

（2）整理的作用。

①规避浪费：空间浪费；资金浪费，如因零件或产品过期而不能使用造成的浪费；工时浪费，如因场所狭窄、物品时常不断地移动造成的浪费；管理非必需品的场地和人力浪费，花时间去管这些没有必要的东西造成土地和人力资源的浪费；库存管理及盘点造成的时间浪费。

②提升工作效率：使员工心情舒畅，工作热情高涨；使现场无杂物，过道通畅，增大作业空间，提高工作效率。

③减少安全隐患:减少碰撞,消除生产事故和人身安全隐患。

④提高产品质量:消除混杂材料的差错。

(3)整理的推进要领。

· 马上要用的、暂时不用的、长期不用的要区分对待;

· 即使是必需品,也要适量,将必需品的数量降到最低程度;

· 非必需品,无论是谁买的、有多昂贵,也要坚决处理掉。

(4)必需品和非必需品的区分和处理方法。

类别	使用频率		处理方法	备注
必需品	每小时或更多		放工作台上或随身携带	
	每天		现场存放(工作台附近)	
	每周		现场存放	
非必需品	每月		仓库存储	
	三个月		仓库存储	定期检查
	半年		仓库存储	定期检查
	一年		仓库存储(封存)	定期检查
	两年		仓库存储(封存)	定期检查
	未定	有用	仓库存储	定期检查
		不需要用	变卖或废弃	定期检查
	不能用		变卖或废弃	立刻废弃

2. 整顿的推进要点和方法

(1)整顿的含义和目的。

整顿就是对整理之后留在现场的物品,规定位置,明确数量,明确标识,做到需要的时候立刻取出,用完之后迅速归位,让所有人都不用浪费时间找东西。

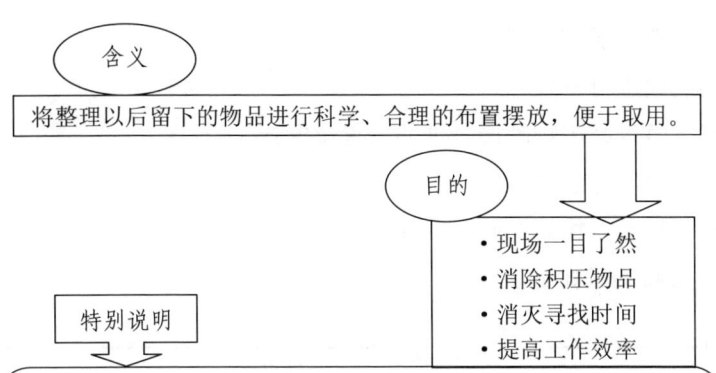

（2）整顿的作用。

整顿是保证现场工作效率的基础，现场是否体现节约的精神，整顿至关重要。

①减少因没有整顿而产生的浪费。

·寻找造成的时间浪费；

·停止和等待的时间浪费；

·盲目购买造成的浪费；

·计划变更产生的浪费；

·交货期延迟产生的浪费。

②提升工作效率。

·寻找时间减少为零；

·取用放回物品方便快捷；

·丢失、损坏、误放能马上发现；

·不同的人去做结果都一样（已经标准化）。

③消除安全隐患。

·取用放回物品安全便捷；

·消除物品磕碰坠落隐患。

（3）整顿的推进要领。
- 彻底地进行整理；
- 确定每种必需物品最合理的放置位置；
- 规定放置方法和制度；
- 对每种必需物品的放置点加以标识。

（4）整顿的具体方法。

整顿方案	具体做法		
彻底整理	见整理的方法，注意区分个人必需品和小组共需品		
规划确定放置场所	研究不同必需品放在什么位置最合理		
	制作一个模型，便于合理规划布局		
	经常使用物品放在岗位的最近处		
	特殊物品、危险品设专门场所进行放置、保管		
	所有物品100%定位放置		
规定摆放方法	物品按种类和用途放置，便于拿取和先进先出		
	放置方式视物品形状而定，物品架、工具柜、悬吊式等		
	尽量立体放置，充分利用空间		
	堆放高度应有限制，一般不超过1.2米		
	易损物品分隔放置或加防护垫，防止碰撞、挤压		
	放置点考虑防潮、防尘、防锈等		
标识的具体方法	用不同的油漆、胶带、地板砖等划分区域		
	通道最低宽度	人行道：1.0米以上	
		单向车道：最大车宽+0.8米	
		双向车道：最大车宽×2+1.0米	
	颜色划分不同区域	绿色：通行道/良品	
		绿线：固定永久放置	
		黄线：临时/移动放置	
		白线：作业区	
		红线：不良区/不良品	

续表

整顿方案	具体做法
标识的具体方法	放置场所标明放置物品的标识
	某些产品要注明储存、搬运注意事项保养时间、方法
	暂放物品中挂暂放牌
	标识100%实施

3. 清扫的推进要点和方法

（1）清扫的含义和目的。

含义

清扫是指将工作场所彻底扫除干净，杜绝污染源，及时维修异常的设备，使其保持正常工作状态，使环境保持干净美化，使现场人员心情愉快，工作情绪和效率不断提高。

目的
- 保持良好的工作情绪
- 稳定品质
- 达到零故障、零损耗
- 令人心情愉快，身心健康

特别说明

如果你能将岗位上的垃圾马上清扫掉，保持整洁干净，你将会引来许多赞叹："啊！多干净的工作岗位！"干净的工作环境让人感觉到多么的身心愉快。同时，清扫更深的意义是节约和设备性能稳定。

（2）清扫的作用。

①点检。

清扫不仅仅是拿着拖把或者抹布进行卫生清洁，清扫更是对设备的一种点检，对设备的清扫本身就是对设备的维护。根据谁"使用谁管理"的原则，让设备的使用者参与设备的维护，通过清扫可与设备产生"亲密接触"，可以预先发现异常，更好地避免故障的发生，降低事故发生率。

②无尘化。

清扫的最大作用是使通过整理整顿后可以立即取用的物品无尘化并且

保持良好的性能。灰尘虽小，但不容忽视，因为它的破坏作用是极大的。机器上有灰尘，发生氧化反应，从而腐蚀设备，造成生锈、腐蚀、生锈易造成接口松动，造成脱落，零部件变形，甚至产生断裂，发生故障，清扫就是让岗位上的物品以及机器设备完完全全没有灰尘。

③行为矫正与思想改造。

通过整理、整顿和清扫，严格的执行3S要求，从整理现场物品，整顿现场秩序，清扫现场环境，从"认真对待每一件小事，有规定按规定办"的做事中，行为获得矫正，清扫了现场，清扫了思想，思想逐渐得到改造。

（3）清扫的推进要领。

·明确清扫目的；

·界定清扫责任；

·人人参与；

·自己的岗位自己负责；

·与点检、保养工作充分结合；

·杜绝污染源，建立清扫基准；

·预防与保护。

（4）清扫的方法步骤。

清扫步骤	具体做法
准备工作	学习清扫的安全知识，如触电、挂碰、腐蚀等常识
	了解设备构造、工作原理、出现漏油、震动等的原因
	技术准备，如清扫工具、加润滑油、坚固螺钉等方法
扫除岗位垃圾和灰尘	作业者动手清扫而非清洁工代替
	清除长年堆积的灰尘、污垢，不留死角
	将地板、墙壁、天花板，甚至灯罩里边都打扫干净
清扫点检机器设备	每天都要恢复设备的原貌
	连设备附属、辅助的部分也要清扫
	重点检查擦洗容易发生跑、冒、滴、漏的部位
	看不到内部结构也要注意、清扫
	边清扫、边改善设备状况，把清扫与点检、保养、润滑结合起来

续表

清扫步骤	具体做法
整修清扫中发现问题的地方	平整凹凸不平的地板
	坚固松动的螺栓，补上不见的螺丝、螺母等配件
	及时加油润滑、防锈，解决跑、冒、滴、漏等问题
	更换老化的部件、仪表、导线等
	清理管道、通道
查明污垢源并彻底解决	为什么每天清扫还是油渍、碎屑等垃圾遍布，跑、冒、滴、漏时有发生，彻底查明污垢的发生源，从根本上解决问题
	制定污垢发生源明细清单，有计划地将污垢从根本上灭绝
实施区域责任制	划分清扫区域，实行区域责任制，责任到人，不存在没人负责的死角
制定相关清扫基准	制定清扫基准，明确清扫对象、方法、重点、周期、使用工具、责任人等，保证清扫质量，清扫工作标准化

4. 清洁的推进要点和方法

(1) 清洁的含义和目的。

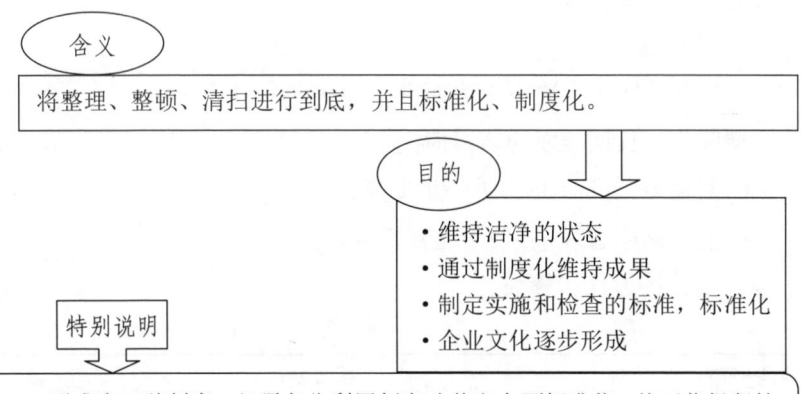

(2) 清洁的作用。

①维持洁净的状态。

整理、整顿、清扫是动作，清洁是结果。清洁就是把整理、整顿、清

扫的事情坚持地、重复地做下去，从而维持洁净的状态。工作现场洁净明亮，会使人产生愉悦的心情，有利于个人潜能的发挥和工作效率的提高。

②通过制度化维持成果。

通过进一步的整理、整顿、清扫检查，发现3S工作中的不足，认真地不断进行改善，将推行3S好的工作经验标准化和制度化，向所有人员宣传教育，通过制度化来维持成果，使5S的工作不断地向纵深发展。

③是标准化的基础。

所谓标准，就是为了在一定范围内获得最佳秩序，经协商一致制定并由公认机构批准，共同使用和重复使用的一种规范性文件。清洁将好的工作经验标准化和制度化，使员工逐渐摒弃按照自己的理解和习惯随意操作的旧做法，而改为用最好的操作方法制定的标准去做。

④企业文化开始形成，人员得到改造。

整理、整顿、清扫需要周而复始地实施，并通过清洁阶段形成制度化、标准化、规范化，人的行为得到不断的优化和矫正，人的思想观念在做事中不断得到改变，员工开始形成并共同遵守统一的思想理念，企业文化开始形成。

（3）清洁的推进要领。

· 贯彻5S意识；

· 一旦开始实施，决不半途而废；

· 彻底改正长期养成的坏习惯；

· 深刻领会、贯彻3S，进一步提高；

· 推进"透明管理"，便于监督检查。

（4）清洁的方法步骤。

清洁步骤	具体做法
深入学习 5S知识	为了将整理、整顿、清扫进行到底，形成标准化、制度化，必须深入学习，将5S理念深入内心
维持整理	区分工作区的必需品和非必需品
	撤走工作岗位的非必需品

续表

清洁步骤	具体做法
维持整顿	规定必需品的摆放场所
	规定摆放方法
	进行标识
	可以将放置方法和识别方法形成文字说明，自己知道，别人也知道
维持清扫	清扫并在地板上划分区域线，明确各责任区和责任人

5. 素养的推进要点和方法

（1）素养的含义和目的。

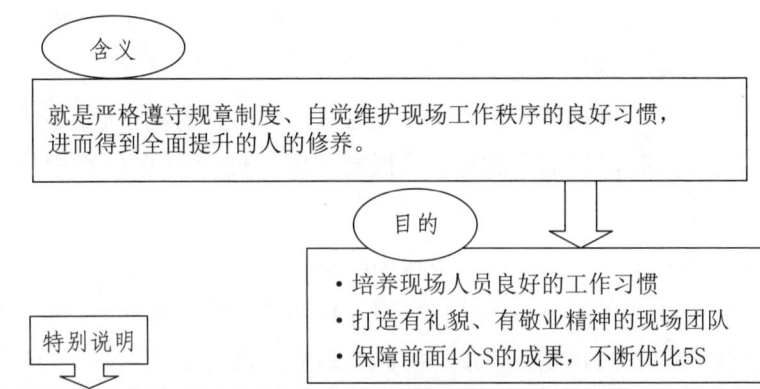

（2）素养的作用。

①教育培训，保证人员的基本素质要求；

②使员工遵守标准，提高员工的工作热情和敬业精神；

③形成温馨、明快、安全、舒适的工作氛围；

④塑造优秀人才并塑造战斗型的团队；

⑤塑造组织（企业或监狱）良好形象，形成和谐的工作环境；

⑥是组织（企业或监狱）文化的起点和最终目的；

⑦矫正和改造服刑人员的思想和习惯；

⑧为其他管理活动的顺利开展打下基础。

(3) 素养的推进要领。

·持续推进前4个S直至习惯化；

·共同制定规章制度；

·进行多样化的教育培训和活动，重视礼仪培训；

·激发现场作业人员的热情和责任感。

(4) 素养形成的三个阶段。

素养是分阶段逐步提升的。

第一阶段：形式化。素养最初的形成在于形式化的要求。这个阶段主要包括整理、整顿、清扫，重点是必须运用一些形式的东西去改变环境，通过整理、整顿、清扫，形成比原来更好的生产工作现场。要想达到5S的最终目的，必要的形式绝不可缺，但绝非"为形式而形式"，这时候需要导入各种各样有效的活动形式，并使这些形式得以固化。形式化在开始阶段常常会遭到人员的质疑或消极抵制，因此此阶段在执行中会带有强制性。

第二阶段：行事化。之前形式化的做事要求已经成了日常例行工作的一部分，不会再被看成是额外的负担。长期坚持统一的规章制度，使得员工对行事标准不再抵触，并且逐渐认识到坚持执行标准工作是一件应该做的事情。行事化把要求的行为制定成制度或标准，让所有人都按一个标准做事，每时、每刻、任何人、任何环境都要按要求做事。行事化意味着"到了某一天、某个时段必须做什么"。通过不断重复地例行公事，逐渐使员工认为做这些事情是工作的一部分，因此，行事化是培养员工习惯的重要过程。

第三阶段：习惯化。到了习惯化阶段，员工们不再感觉到刻意，就像每天穿衣吃饭一样自然。当例行工作得到长期坚持时，它就会变成员工的习惯。习惯是行为的自动化，不需要特别的意志努力，不需要别人的监控，在什么情况下就按什么规则去行动。这时候，5S管理所要求的素养就完全形成了。

素养形成的三个阶段

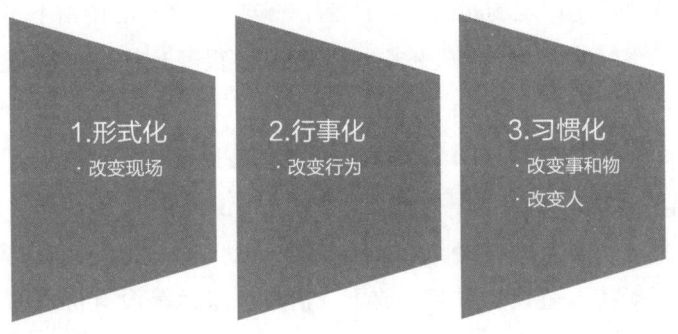

（5）素养形成的基本过程。

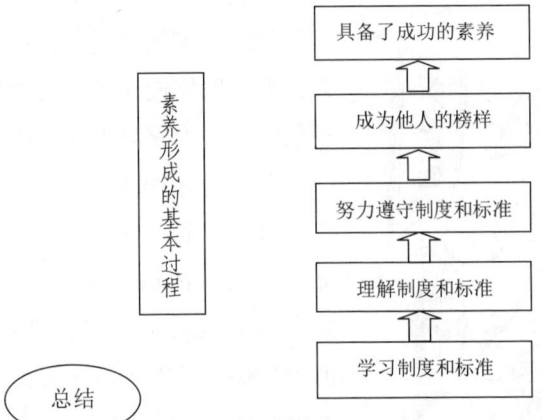

> **总结**
>
> "人造环境，环境育人"，通过整理、整顿、清扫、清洁、素养的学习和遵守，使自己成为一个有道德修养的劳动者，自己工作、生活的环境也随之改观。没有人能完全改变世界，但我们可以使她的一小部分变得更美好。
>
> 社会企业和监狱的实践证明，5S 活动不仅能够使普通企业员工提升素养，更可以使监狱的服刑人员矫正不良行为和习惯，提高修养，是改造服刑人员的好方法。

（五）5S 管理带给我们的变化

5S 管理带给我们生产现场环境的改变和服刑人员的改变是显而易见的，一些服刑人员讲了 5S 管理给自己带来的巨大变化。下面我们从生产现场和服刑人员的角度总结一下 5S 带给我们的好处。

（1）5S管理改善了我们的环境。

这么漂亮的生产现场就像企业的名片一样，在客户心中留下了深刻的印象，形成了很好的声誉，引来更多的生产订单；很多人来参观我们的车间，大家都啧啧称赞，我们很自豪；在这样的现场里工作、劳动，心情无比舒畅。

（2）5S管理使我们每个人都成了节约的专家。

5S管理让我们减少了库存量；减少了岗位上零件、半成品、成品的存放量；降低了不必要的材料、工具的浪费；减少了寻找工具、材料等的时间；消除了等待、避让、拿起、放下、清点、搬运等没有价值的动作；消灭了设备的跑、冒、滴、漏等现象，等等。

（3）5S管理使我们的生产安全有了保障。

5S管理使我们的生产现场人车分流、道路通畅了；物品放置合理、取用便捷了；岗位和场所整洁有序、安全警告、注意事项一目了然；我们严格安全操作、违章作业没有了；所有设备都得到及时清洁、维护，事故、安全隐患被及时发现、消除了；消防等安全设施齐备、灭火器具放置合理、性能良好、逃生路线通畅，等等。从此安全生产有保障了。

（4）5S管理为我们的作业标准化保驾护航。

作业标准化也离不开作业环境的标准化，5S管理使我们的设备性能稳定、工具、材料、半成品、成品摆放，标准作业畅行无阻，5S管理还要求我们必须按各种规章制度工作，而且每天都在改善、都在进步。

（5）5S管理使我们的劳动效率大大提高。

5S管理最大的好处就是使生产作业彻底标准化了，多余的操作、无用的等待、不必要的寻找时间被彻底消除了，机器性能稳定、运转正常，作业效率大大提高了。

(6) 5S 管理使我们成了高素养的人。

5S 管理使我们的工作在整理、整顿、清扫、清洁、素养、安全、节约、学习活动周而复始的循环中不断改进提高。

5S 管理使我们懂得了持之以恒。在工作循环向上中我们发现自己也改变了，我们不仅手勤、心也勤了，我们更懂得了科学地工作和生活；5S 管理使我们从被动地按制度工作转变成自主自觉地工作，更重要的是，5S 管理使我们无论是在工作还是生活中形成了维持干净、整洁、科学合理、文明举止的自觉意识。这就是我们的素养提高的表现吧。

通过 5S 管理活动，增长了知识，改变了自己

服刑人员孙某受不良家庭环境和他周围不良社会环境的影响，养成了自由散漫的习惯。虽然他态度端正，劳动积极，但是在个人物品和生产定置管理方面却是一塌糊涂。水杯随意放、手套经常丢、劳动工具经常忘记归还。没有良好的劳动习惯，再优异的劳动成果也会大打折扣。正在他着急犯愁的时候，分监区开始推行 5S 管理活动，通过整理、整顿、清扫、清洁、素养等活动，使车间形成干净整洁的环境，劳动者养成规范、良好的劳动习惯。分监区推行 5S 管理时，特别加强了对孙某的指导和管理，针对孙某的不良习惯"对症下药"，让其对个人物品进行彻底清理，对留存的有用物品实行"三定"原则，划线定位，并严格监督。孙某开始还不太适应，认为这种管理过于死板，但是时间一久就慢慢习惯了，而且发现了 5S 管理的好处，所有的个人物品都能在第一时间找到，大大提高了工作效率，同时劳动区域也更加干净整洁，再也没有因此被扣分。随后孙某还将 5S 管理的方法引入到了监舍中，个人的生活、学习环境也得到了很大改善。人人都说孙某变了，不再是原来那个丢三落四、没有秩序、自由散漫的人了。看着他的转变，监区干警高兴，孙某自己也体会到了前所未有的成就感。

孙某的例子看似简单，其实很复杂，把自己的生活打理的干干净净，整整齐齐，有几个人能真正做得到？每个人都成为良好素养的人，又哪那么容易做的到？5S 管理活动看似简单，其实很复杂，在整理、整顿、清扫、清洁、素养的看似平凡而又简单的劳动中，孕育着循序渐进、从事到人、从量变到质变的深刻道理，这样的道理只有在亲身体验后才能体会得到。孙某的改变只是一个可喜的开始，要想成为一个高素质的人，他还需要坚持、坚持、再坚持。5S 管理活动的关键就是坚持，只要你能坚持下去，你就一定会养成良好的生活、工作习惯，规范自己的言行举止，遵守纪律，最终实现素养的提高。

四、 质量管理——重于生命的关注

在日常劳动中，我们时时刻刻离不开质量工作，我们的每一个工作岗位、每一项管理工作，都非常强调质量的重要性。学习一些现代质量管理知识，是一件非常好的事情。不过，质量管理从传统质量管理阶段发展到以全面质量管理为核心的现代质量管理阶段，已经形成了一个非常系统的科学质量管理体系，学好质量管理并非一朝一夕的事情。但是，学习质量管理也并非高不可攀，在生产劳动过程中，服刑人员参加 QC 小组活动，运用质量管理方法，已经取得了很多优秀的质量成果，学到了很多现代质量管理知识。我们只要从自身劳动岗位的实际出发，先学会使用一些经常用到的方法，活学活用，然后再慢慢拓展知识面，学习质量管理就不难。

（一） 学习质量管理从树立质量意识开始

"重于生命的关注"——我们用这样一句描述语，是为了强调质量就像我们的生命一样重要，强调了重视质量的质量意识。现在，社会上所有的企业几乎都有一句相同的口号："质量是企业的生命。"但是，并不是所有的企业都能实践他们的诺言，他们嘴里喊着"质量是企业的生命"，心里想的却是"金钱才是企业的生命"，这么做的企业真的不是少数，所以大多数的企业都成不了真正优秀的企业。真正优秀的企业在对待质量问题上往往做的比说的还要好，所以他们才能在激烈的市场竞争中立于不败之

地。在此，我们先通过"海尔砸冰箱事件"，看看这家全球大型家电第一品牌的中国企业是怎么重视质量的，看看海尔的创始人张瑞敏是怎么让他的员工树立"质量第一"的意识的。我们也借用"海尔砸冰箱事件"诠释这一节的主题——"重于生命的关注"。

海尔砸冰箱事件

1985年的一天，张瑞敏（海尔集团董事局主席、首席执行官）派人把库房里的400多台冰箱全部检查了一遍，发现共有76台存在各种各样的缺陷。张瑞敏把职工们叫到车间，问大家怎么办？多数人提出，也不影响使用，便宜点儿处理算了。张瑞敏说："我要是允许把这76台冰箱卖了，就等于允许你们明天再生产760台这样的冰箱。"他宣布，这些冰箱要全部砸掉，谁干的谁来砸，并抡起大锤亲手砸了第一锤！很多职工砸冰箱时流下了眼泪。在接下来的一个多月里，张瑞敏主持了一个又一个会议，讨论的主题非常集中："如何从我做起，提高产品质量"，会上很多职工说出了砸完冰箱的心里话："要么不干，要干就要争第一。"三年以后，海尔人捧回了我国冰箱行业的第一块国家质量金奖。

张瑞敏说："长久以来，我们有一个荒唐的观念，把产品分为合格品、二等品、三等品、等外品，好东西卖给外国人，劣等品出口转内销，为什么我们国人只配用残次品？这种观念助长了我们的自卑、懒惰和不负责任的心理，难怪人家看不起我们，从今往后，海尔的产品不再分等级了，有缺陷的产品就是废品，把这些废品都砸了，只有砸的心里流血，才能长点记性！"

冰箱公司的老职工胡秀凤说，忘不了那沉重的铁锤，高高举起又狠狠落下，76台成品冰箱顷刻毁于一旦。它砸碎的是我们陈旧的质量意识，唤醒我们要去努力提高自身素质。有了质量，我们才有了现在的一切。

"有缺陷的产品就是废品"——张瑞敏借"砸冰箱事件"不失时机地提出了海尔的第一个质量理念,这个理念彻底更新了员工"陈旧的质量意识"。"砸冰箱事件"这样的质量理念在20世纪80年代的中国是非常超前的,当时的中国家电行业以至整个经济都处于短缺经济时代,有点缺陷的产品也能卖出去。张瑞敏却坚定地认为,只有在员工中普及"有缺陷的产品就是废品"的观念,才能彻底破除小生产意识,使员工的思想深处受到触动,认识到产品质量的确关系到企业的生命。通过"砸冰箱事件",海尔人第一次提出了追求卓越的经营理念——"要么不干,要干就要争第一"。在后来的质量管理工作中,海尔又提出了"高标准,精细化,零缺陷""优秀的产品是优秀的人干出来的"等质量理念。这些理念不断强化了海尔员工的质量意识,正是靠这种过硬的质量意识和海尔坚持不懈地推行全面质量管理,海尔才成了世界领先的企业。

学习质量管理,首先要培养优秀的质量意识,没有好的质量意识,学多少质量管理知识也不能得到很好地运用。下面我们列出世界一些最优秀企业的质量理念和质量管理专家的质量格言,希望大家以此培养自己的质量意识。

· 有缺陷的产品就是废品。——海尔的质量理念
· 高标准,精细化,零缺陷。——海尔的质量理念
· 优秀的产品是优秀的人干出来的。——海尔的质量理念
· 产品质量是生产出来的,不是检验出来的。——美国质量管理大师戴明博士
· 对产品质量来说不是100分就是0分。——日本经营之神松下幸之助
· 质量是企业的生命,质量是品牌的基础。——质量理念出现频率最高的两句话
· 产品质量无小事,质量安全大如天。——当今频发质量安全事故多次被提起
· 过硬的质量是参与竞争的保证。——企业共同的质量格言

(二) 全面质量管理的思想并不深奥

正像前面我们讲过的,作业管理的核心是标准化、效率化,目视管理

的核心是可视化，5S管理的核心是素养，全面质量管理的核心和灵魂则是"三全"——"全面、全过程、全员参与"的质量管理。"全面"是指企业的各个部门、方方面面的工作都与质量有关，都要纳入到质量管理中来；"全过程"是指对产品设计、研制、生产、销售以及售后服务的整个过程进行全过程的质量管理；"全员参与"是指企业中的每个人都是质量管理的参与者，每个人都有自己的质量职责。这"三全"是对以往的质量管理的一次革命性的变革，全面质量管理的"三全"思想并不深奥，但对我们每个人都非常重要。我们在这一节的导读中引用了费根堡姆对全面质量管理的定义，这个定义中明确体现了"三全"思想。费根堡姆在1961年首次提出了全面质量管理概念，让我们在学习全面质量管理的过程中记住这个人——全面质量控制之父、质量大师：费根堡姆。

全面质量管理是全员参与的管理

1987年，某大学生实习小组的成员，带着政府要在企业中推动全面质量管理的任务进入了一家大型国有企业，向企业宣讲促进全面质量管理的重要性。在车间，大家遇到的最大问题是工人们把对待管理的偏见带到了全面质量管理中来，他们认为"管理是管理人员的事，我们就是工人，是干活的"。直至车间里开展了QC小组活动，这种情况才有所改变。

其实，现在很多企业、很多人对少数全面质量管理的误区误解仍然或多或少的存在。所以，推行全面质量管理，首先要宣传贯彻"三全"思想。对于我们这些生产现场的作业者来说，我们一定要认识到"全员参与"的重要性，认识到全面质量管理我也有一份。

(三) QC小组活动

QC小组的全称是"质量管理小组"，QC是"质量管理"英文Quality Control的首字母。QC小组是在生产或工作岗位上从事各种劳动的员工，围绕生产现场存在的问题，以改进质量、降低消耗，提高人的素质和经济效益为目的组织起来，运用质量管理的理论和方法开展活动的小组。QC

小组是企业中群众性质量管理活动的一种有效的组织形式，是既提高质量，又提升自我的好平台。

QC 小组活动使普通的生产作业者都有机会参与全面质量管理。QC 小组一般为解决生产中存在的某一个质量问题自由组合，也可以由管理部门协调指定组成。

QC 小组组建以后，从选择课题开始，开展活动。具体的活动程序见表 1。

表1　QC 小组具体活动程序

步骤	活动内容和要求	使用方法	对应 PDCA 循环
选题	以质量问题为主，还可选择降低成本、设备管理、提高效率等种类生产问题，甚至劳动改造的思想症结	会议研讨 现场调查	P （计划）
确定目标值	确定合理的目标值：目标值要定量化，使小组有明确的努力方向，便于检查，活动成果便于评价；注重实现的可能性，既要防止目标值定得太低，小组活动缺乏意义，又要防止目标值定得太高，久攻不克，使小组成员失去信心	根据产品质量标准、作业标准或行业先进水平等	
调查现状	认真调查选题现状，搜集整理数据；调查时，应根据实际情况，应用不同的 QC 工具	调查表、排列图、折线图、直方图、管理图、饼分图等	
查找原因	针对调查的现状，依靠掌握的数据，进行分析，找出问题的原因	因果图、相关图、排列图、控制图	
找出主要原因	经过原因分析以后，根据关键的少数、次要多数原理，进行排列，从中找出主要原因。在寻找主要原因时，可根据实际需要应用不同分析的方法	因果图、排列图、关联图、相关图、矩阵分析法、分层法	
制定对策	主要原因确定后，制订相应的措施计划，明确解决主次问题的具体措施，要达到的目的，谁来做，何时完成以及检查人	确定固定的工作流程	

续表

步骤	活动内容和要求	使用方法	对应PDCA循环
实施对策	按对策分工实施，小组长组织成员，定期、不定期地检查课题进展情况，发现问题要及时研究、解决，达到活动目标	按流程、分工负责，注意反馈	D（实施）
检查效果	将措施实施前后的情况进行对比，看实施是否达到了预定的目标。达到了预定目标，小组可进入下一步工作；如果没达到预定目标，应对计划执行情况及其可行性进行分析，找出原因，在第二次循环中加以改进	矩阵图、矩阵数据分析法、自查、互查	C（检查）
巩固提高	达到了课题目标值，说明课题已经完成。为了保证成果得到巩固，小组必须将一些行之有效的措施或方法纳入工作标准、工艺规程或管理标准，经有关部门审定后纳入企业有关标准或文件。如果课题的内容只涉及本班组，可以通过班组守则、岗位责任制等形式加以巩固	制定工作标准、工艺规程或管理标准、班组守则、岗位责任制等；继续循环	A（行动或处理）

通过QC小组的活动程序我们不难看出，QC小组活动的特点，如人人参与、目标明确、程序严谨、方法科学、方式多样、活动民主以及高度的团队协作充分说明，QC小组活动不仅是攻克难题、改进质量的好方法，而且对人的教育、培养、锻炼意义非常大。在监狱里面，有很多服刑人员参与了QC小组活动，取得了改进质量和改造人的双重效果。下面我们给出某监狱一个QC小组活动的成果发布表，看看他们的课题开展和小组成员在质量和人上面的双重收获。

表2　某监狱一个QC小组活动成果发布表

单位	第十四分监区	小组名称	第十四分监区QC小组	发布人	李某
课题名称	提高服刑人员传统文化认知率					
现状：服刑人员传统文化认知率为43.56%		目标值：服刑人员传统文化认知率提高到96.40%			

续表

社会效益（详细叙述）

1. 通过 QC 小组活动，服刑人员充分认识到了传统文化对服刑改造的功能作用，提高了服刑人员学习传统文化的积极性，净化了服刑人员的心灵，营造了分监区文明和谐的改造环境。
    2. 通过此次 QC 小组活动，小组成员理论水平和合理解决问题的能力得到了提高，增强了团队精神，为下一步深入开展 QC 小组活动奠定了基础。
    3. 小组成员体会：QC 活动指导人生。
    作为一名服刑人员，在两年的时间中，我先后参加了分监区 2009 年"提高服刑人员综合缝纫技术"、2010 年"提高服刑人员传统文化认知率"等 QC 小组活动，切身感受到 QC 小组活动，犹如改造道路上的一盏明灯，QC 的一些理念，同样可以指导我们加速自我改造，提高新生质量。
    QC 小组活动过程，也是提高 QC 小组成员改造质量的过程，QC 小组每确定一个选题都要经过科学严谨的分析，每制定一个目标都要缜密分析解决问题的要因、非要因，为下一步的实施打下坚实的基础，以保证目标的最终实现。我们的改造过程亦是如此。在制订改造计划过程中，如果抓不住主要矛盾，没有一个明确的改造目标，就制订不出一个有效、切实可行的改造计划，就会在改造路上走弯路。很多服刑人员将犯罪的原因统统归结于外部环境、他人影响等客观因素，从未或很少从自身、从主观方面找原因。在剖析原因时，如果能直面自我，运用头脑风暴法中末端因素分析法，抱着一种"不达目的决不罢休"的态度，就一定能找出个人道德缺失和法制意识淡薄等方面的主观原因，同时，把人生观的改造作为提高改造质量的要因，决心在思想改造上下功夫，就一定能"对症下药"，并做到"药到病除"。
    在 QC 小组过程中，我深刻体会到，在改造过程中，必须不断地加强改造主体意识，才能进一步全面提高改造质量。今年我们 QC 小组活动课题是"提高服刑人员传统文化认知率"，按照以往的观念，服刑人员都是被动接受教育，但是在 QC 小组中，警官和服刑人员都是以普通成员的身份参加活动，而且又是以"怎么使服刑人员更好地接受传统文化教育"作为课题，这样必然导致观念的转变，就会变被动为主动，让服刑人员以改造主体的身份参加 QC 活动，服刑人员参与了分监区开展传统文化教育的策划、实施、检验、改进等全部工作，无论是对原有教育方式进行调查，还是选择新的突破，还是制订课题目标和对策计划，直到方案的具体实施和改进，警官总是与服刑人员共同完成，使服刑人员真正在思考并实践着"怎样更好地进行思想改造"这一严肃课题。通过 QC 小组活动，我对改造质量的概念有了更明确的认识，只有将自己纳入改造质量管理的范畴，不断加强改造主体意识，才能全面提高改造质量，实现早日回归社会的目标。
    QC 还教会我反思做人的道理和融入和谐改造环境的方法。质量是以"特性"与"要求"之间的关系来描述的，无论个体特性如何，只有适应群体的要求，符合一定的规范，才能判定为好的质量。同理，如果一个人一切以自我为中心，无视法律和社会道德规范，损害他人和社会的利益，人生也就没有"质量"可言。
    QC 也教会我正确对待挫折、理解人生。质量的提高是一个持续、长期的过程，任何活动都不是一蹴而就的，总会出现波折和反复，这就需要我们树立坚定的信心和与困难做斗争的准备，不满足一时的进步，也不气馁于一时的挫折，持之以恒才能登上新生的彼岸。

服刑人员参加 QC 小组活动的收获和体会

服刑人员刘某说:"我们要感谢监狱开展的 QC 小组活动,给我们搭建了一个良好的学习平台,让我们通过学习,收益良多。就拿我来说吧,原来根本就不知道 QC 是什么,更没有想到自己能够参加 QC 小组活动,站在这里将自己学习实践的成果汇报给大家。我原来从事穿墙打孔劳动,只是为完成劳动任务而已,从没想到这里面能有这么大的学问。QC 小组活动使我学会了什么是直方图,什么是控制图,一个穿墙孔的数值需要用上百个数据来确定,我才知道过去的自己是多么无知,通过 QC 长才干呀!"

服刑人员胡某在 QC 小组活动中开始认真思考人生:"这次 QC 小组活动从分析茄苗移栽成活率的种种原因,到选种育苗的全过程,不正是对我们人生道路一次很好的梳理吗?茄子的生长,从种子培养到控制温湿度、土壤保墒,走过了扎扎实实的每一步。这也给我们今后的人生之路以深刻的启示,现在茄子已经成熟,辛勤的劳动已经结出了丰硕的果实,这果实是我们辛勤汗水浇灌出来的,是我们 QC 小组全体成员智慧的结晶,同时也是我们改造的成绩单。"

(四) PDCA 循环是质量的"上升环",也是人的"进步环"

在上面 QC 小组的活动程序表中,最后一列对应的就是 PDCA 循环。PDCA 循环是能使任何一项活动有效进行的一种合乎逻辑的工作程序,在质量管理中得到了广泛的应用。P、D、C、A 四个英文字母所代表的意义如下:

P(Plan),计划,包括方针和目标的确定以及活动计划的制定;

D(Do),执行,执行就是具体运作,实现计划中的内容;

C(Check),检查,就是要总结执行计划的结果,分清哪些对了,哪些错了,明确效果,找出问题;

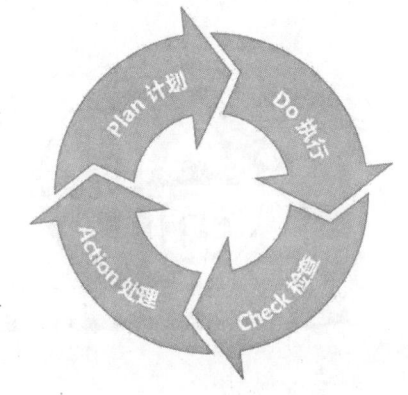

A（Action），行动（或处理），对总结检查的结果进行处理，成功的经验加以肯定，并予以标准化，或制定作业指导书，便于以后工作时遵循；对于失败的教训也要总结，以免重现。对于没有解决的问题，交给下一个PDCA循环中去解决。

PDCA循环的可贵之处在于：不断循环，持续改进。每完成一个循环，工作和参与循环的人就迈上一个新的台阶。

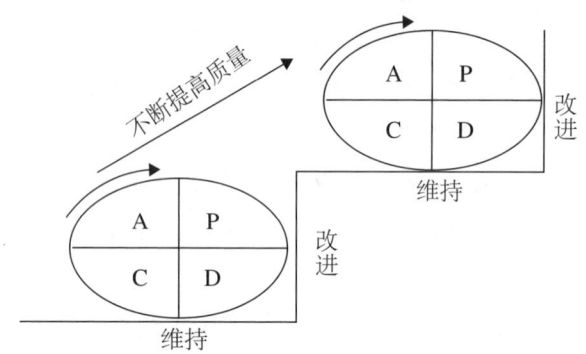

许多参加QC小组活动的服刑人员对PDCA循环深有体会，他们不仅认识到PDCA循环能使质量和工作不断改进，更难能可贵的是，他们还认识到PDCA循环用途广泛，人的进步也可以运用PDCA循环的道理，不断提升自我。

服刑人员运用PDCA循环的深刻体会

2010年某监狱服刑人员刘某在QC小组活动中领悟到了PDCA循环对自己进步的推动作用："QC小组活动，让我们明白了PDCA不断循环改进体现的人生道理。产品质量要环环控制，做人做事要脚踏实地。服刑人员之所以锒铛入狱就是

放纵了自己人生的言行。所以要新生就要像控制产品质量一样控制好自己人生的每一步。"

服刑人员李某对 PDCA 循环的感触更深："如果说，学习文化知识、掌握生产技能和其他劳动技能是回归社会的物质生活保障的话，那么，从 QC 小组活动中学到的 PDCA 的科学方法，则是回归后的精神生活保障，它会使我们在今后的人生道路上学会思考，走好每一步。"

1950 年，在戴明博士等质量管理大师的帮助下，日本开始利用统计工具来控制产品的质量，质量运动在日本全面展开，坚持不懈地发展全面质量管理。到 20 世纪 80 年代，美国人发现日本的质量已经超越了美国，开始研究日本的质量策略，这才发现了"教日本人提升质量的美国人"戴明博士。美国国家广播公司（NBC）播放了"日本能，为什么我们不能？"的节目后，美国开始接受戴明博士的观点，并掀起了全民质量运动。在此，我们也借用美国国家广播公司的这句话，向大家提出倡议："别人能，为什么我不能？""我能，一切皆有可能。"希望大家在学习和运用现代质量管理知识的道路上，坚定信心，掌握知识，提高自己。

五、目视管理——让管理"看得见"

什么是目视管理？目视管理是指利用形象直观、色彩适宜的各种视觉感知信息来组织现场生产活动，提高生产效率的管理工作。简单地说，就是通过视觉感应，引起意识变化的管理方法。"目"就是眼睛，"视"就是看，就是通过眼睛看，看到某种现象，引起意识发生变化，再指导自己的动作和行为。在我们的日常生活和工作中，目视管理的应用很多，比如，红灯停，绿灯行，人行横道斑马线，还有我们经常用的饮水机，红色代表热水，蓝色代表冷水，等等，这些都是目视管理的运用。目视管

> **文化讲堂**
>
> 必须形成谁看都一目了然的作业现场。就质量来说，使问题表面化，就数量来说，计划是完成了还是拖后了，要做到一看就明白。
>
> ——丰田生产方式创始人大野耐一

理相比于其他的管理手段，更加形象直观，简单方便。据说人与人的交流是按照视觉60%、听觉20%、触觉15%、嗅觉3%、味觉2%这个比例完成的，正所谓"百闻不如一见"。现场中的管理信息用图表、信号灯、标示牌、电子显示屏、电视、仪表等发出视觉信号，形象直观、容易认读和识别，可以迅速而准确地传递信息，无须管理人员现场指挥。所以，人们经常把目视管理又叫作"看得见的管理""一目了然的管理"。

(一) 目视管理打造"傻瓜现场"

我们很多人都用过"傻瓜相机"，现在很多相机设计的非常简单直观，一看就会用。目视管理可以采用"傻瓜相机"的原理，把生产现场打造得简单、直观、可视化，使现场的各种操作让人一看就明白，即使是一个参观者也能一目了然，即使是一个新工人也能很快上手操作，我们称之为"傻瓜现场"。操作者该做什么、在哪里做、什么时候做、怎么做、生产中出了什么问题、甚至出了问题如何处理？都有显示，都能一目了然。

(二) 目视管理的物品管理

在仓库、办公室、车间工位等任何场所，都可以用目视管理法，管理各种工具、材料、在制品、半成品、成品、残次品、可回收、不可回收的废料、文件、图纸等。

目视管理用于物品管理的要领：

·用正确方法标识物品固定的、明确的存放场所，如仓库告示板、成品区。

·物品目视标识要采取具体的、易懂的方法，如色带标识、实物展示、简要文字。

·对物品品种、数量的标识也要一目了然，如蓝色表示正常，黄色表示需要补充，红色表示只够两分钟的用量。

·要与企业整体管理相对接，如现场定置管理、5S管理等。

(三) 目视管理的作业管理

目视管理既要使现场的管理者和监督者对作业状况一目了然，又要使作业者对作业流程、注意事项、问题处理一目了然。可以在现场张贴考勤管理板、作业顺序图、人员配置板（如车床、冲床等型号机台人员配置表）等作业管理目视工具，也会用到大量的指导操作者操作的目视标识，如作业位置、摆放位置、物流去向、安全警示等标志。

目视管理用于作业管理的要领：

·让作业中的作业、品质、利益管理一目了然；

·让作业中的操作、设备、在制品管理状况一目了然；

·让作业中的5S、默契、士气高涨的状态一目了然。

如使用物品的品种与放置场所图、心情天气图、考勤管理板等。

（四）目视管理的设备管理

目视管理运用于设备管理，可以用形象直观的方法表明设备的操作方法、设备性能、故障判断、维修管理等。

例1：用指针和表盘指示设备压力是否处于正常范围，蓝色表示正常，蓝色以外是红色，表示压力异常。

例2：使用标签贴在设备上，不同颜色的标签来区分设备的重要程度，根据重要程度指定1名或2名负责人。

目视管理用于设备管理的要领：

·让设备的操作、使用一目了然；

·想办法依靠眼睛就能判断设备是否正常；

·让设备的维修、维护、保养制度一目了然。

（五）目视管理的注意事项

·全员参加，每个人都能一目了然；

·充分利用五官，目视管理并非一味地局限于视觉；

·一定要注重管理效率的提高；

·在产品、工序、作业的设计阶段就把目视管理考虑进去；

·要与其他的管理方法统一配合，如5S、定置管理等；

·通过创新、创意、QC小组活动改进目视管理。

劳动改造分册

第七章

安全生产　万无一失

在生产劳动中,一定要把安全放在第一位,因为我们的生命是最宝贵的。在上岗劳动之前,我们接受了安全生产教育培训,学习了安全意识、劳动保护、安全制度、安全技术等各种安全生产知识。在生产过程中,我们必须严格按照各项安全生产管理规定、安全生产操作方法进行操作。在生产中,有很多威胁我们生命安全的安全隐患,有硬件设施的隐患、人员方面的隐患和工作环境方面的隐患等,这些隐患最终都应归根于人员方面的隐患。安全生产,始于人,终于人,人是安全的最大受益者,也可能是不安全的最大受害者。无论是受益,还是受害,人都应该是安全和不安全的控制者。明明有安全标志,却视而不见;明知有安全操作规定,却不认真执行……有多少悲剧令人扼腕叹息,有多少生命可以重来?把握安全,把握生命,安全在自己手中。

一、不容忽视的安全标志

安全标志不是装饰品,是关爱生命的提示。云南某监狱服刑人员陈某说,当我每次走进车间,都会有一排大红字映入眼帘:"安全第一、安全生产";当我每次靠近电源处时,都会有一个小标语提示我:"小心有电";当我每次坐在焊锡炉旁时,都会看到"小心高温"的提示……

安全标志是生产作业场所中最常见、最明显的安全提示信息,它就像道路上的红绿灯及各种交通信号一样,规范作业者的作业行为,提示作业者安全操作。安全标志根据国家标准规定,由安全色、几何形状、图形符号构成,用以表示禁止、警告、指令和提示等安全信息。安全标志在安全生产中的作用非常重要。作业场所或者某些设备设施存在较大的危险因素,通过醒目的安全标志,警告生产人员注意,时刻清醒地意识到所处环境的危险,按安全标志的指示操作,加强自我保护,预防事故发生。当危险发生时,指示人们尽快逃离,或者指示人们采取正确、有效、得力的措施,对危害加以遏制。

(一)安全标志的种类

在《安全标志及其使用导则》(GB2894-2008)中,共规定了四大类传递安全信息的安全标志：

1. 禁止标志

表示不准或制止人们的某种行为。图像为黑色，禁止符号与文字底色为红色。如下面的禁止标志。

2. 警告标志

表示提醒人们注意可能发生的危险。图形、警告符号及字体为黑色，图形底色为黄色。如下面的警告标志。

3. 指令标志

表示人们必须遵守，用来强制或限制人们的行为。图形为白色，图形底色为蓝色。如下面的指令标志。

4. 提示标志

表示向人们提示目标的方向。提示标志的底色为绿色，文字为白色。如下面的提示标志。

(二) 安全标志的使用

安全标志是为了向现场人员警示工作场所或周围环境的危险状况，指导人们采取合理行为设置的。生产现场作业人员必须严格按照安全标志所表示的信息进行操作。这就要求作业人员必须学习和认识各种安全标志，必须有按安全标志劳动的意识，必须严格按照安全标志进行作业。这里要特别强调树立安全标志操作的意识，就像在公路上行走或开车，必须看红绿灯一样。很多安全生产事故发生以后，人们会分析各方面的原因，往往忽视安全标志的作用，说明在生产现场中安全标志并没有引起人们的足够重视。

不可忽视的安全标志

服刑人员赵某,在取得劳动上岗证后,初次到车间参加生产劳动,分监区分配其从事滚刷加工的热堵工序的工作。热堵,顾名思义,就是将滚刷的塑料芯加热后用手将两头捏死,而加热棒的温度始终保持在摄氏260°左右,监区曾多次开展安全生产教育,规定劳动者必须戴防高温手套进行操作,严禁服刑人员违规操作,且现场也有"必须戴防护手套"的安全标志。但是,一日赵某在作业前疏忽大意,忘记佩戴手套操作,导致其大拇指被加热滚刷烫伤,虽经过医院及时治疗未造成严重后果,手指上的水泡仍然使其三天无法劳动。

此次安全生产事故中,疏忽大意、安全生产意识淡薄固然是其主要原因,但是如果服刑人员赵某能够留意到现场的安全生产标志,那么完全可以及时纠正其没有佩戴防护用品的问题,其实抬头看看安全标志,就不会有这起安全事故。抬头看看安全标志,就不会发生那么多不该发生的安全事故。

检修不设警示标志 王某付出生命代价

某厂天车检修工王某,未按工种要求穿工作服,而是穿便装,未系衣扣上岗。他在5号天车上加固大车减速机的地脚螺栓时,也没有按检修规程的规定,在天车两界设立警示标志。当4号天车因工作需要驶来时,王某及天车工也没能及时通知4号天车工停车,4号天车推动5号天车运行,而此时,王某未系扣的上衣搭在天车传动轴齿轮上,随着天车的运转,王某的上衣被齿轮紧紧绞住,将王某的脖子软骨绞碎,经抢救无效死亡。

表面看来这起死亡事故的原因是王某未按要求穿工作服,其实最根本的原因是他在检修时没有按规定在天车两界设立警示标志,如果设了警示标志,4号天车驾驶员看到警示标志,就会停止作业,就不会发生推动5

号天车导致王某死亡的事故。

二、爱戴防护用品就是爱戴生命

劳动防护用品（又称个人防护用品）是指劳动者在生产过程中为抵御物理、化学、生物等外界因素对人体的伤害而穿戴和配备的各种物品的总称。使用劳动保护用品，通过采取阻隔、封闭、吸收、分散、悬浮等措施，能起到保护身体的局部或全部免受外来侵害的作用。尽管在生产劳动过程中采取了多种安全措施，但穿戴和配备劳动防护用品仍是必不可少的一个环节。在很多情况下，劳动防护用品是保护劳动者安全的最后一道防线。

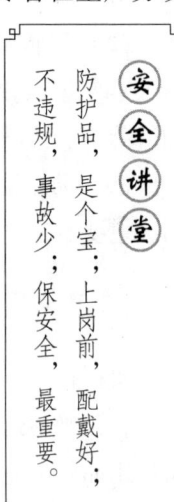

安全讲堂

防护品，是个宝；上岗前，配戴好；不违规，事故少；保安全，最重要。

（一）劳动防护用品的分类和用途

按人体生理部位可以把劳动防护用品分为以下几类。

（1）头部防护用品：头部防护用品是为防御头部不受外来物体打击和其他因素危害而采取的个人防护用品。主要有普通工作帽、防尘帽、防水帽、安全帽、防高温帽等9类。

（2）眼睛或面部防护用品：眼睛防护用品是为防御烟雾、灰尘、金属火花、金属屑、辐射、紫外线、激光、化学品飞溅等伤害眼睛或面部的个人防护用品。主要有防尘眼镜、防酸眼镜、防飞溅眼镜、防紫外线眼镜、焊接护目面罩等9类。

（3）呼吸道防护用品：呼吸道防护用品是为防止有害气体、蒸汽、粉尘、烟雾等经呼吸道被作业人员吸入或直接向配用者供氧或清净空气，保证在尘、毒污染或缺氧环境中作业人员正常呼吸的防护用品。主要有防毒口罩、防毒面具、防尘口罩、氧（空）气呼吸器等。

（4）听觉器官防护用品：听觉器官防护用品是能够防止过量的声能侵入外耳道，使人耳避免过度的噪声刺激从而造成听力损伤或人身不良影响的防护用品。主要有防噪声耳塞、护耳罩、噪声阻抗器3类。

(5) 手部防护用品：是具有保护手或手臂的功能的防护用品。主要有绝缘手套、耐酸碱手套、耐油手套、棉纱手套、防静电手套、耐高温手套等12类。

(6) 脚部防护用品：脚部防护用品是防止有害物质和能量损伤脚部的护具或防护鞋。主要有工矿靴、绝缘靴、耐酸碱靴、安全皮鞋、防砸皮鞋、耐油鞋等13类。

(7) 身躯防护用品：身躯防护用品是保护身躯的衣物。主要有耐酸围裙、防尘围裙、工作服、雨衣、太阳伞及各种防护服等14类。

(8) 护肤用品：护肤用品用于防止皮肤外露部分受到化学、物理等因素（如酸碱溶液、漆类、紫外线等）的侵害。主要有防晒、防射线、防油、防酸、防碱等用品。

(9) 防坠落用品：防坠落用品是为了防止作业人员从高处坠落的护品，主要有安全带和安全网两种。

(二) 必须正确选用和坚持使用劳动防护用品

要根据工作场所的危害因素及其危害程度，按照劳动防护用品的使用要求，正确地选用和坚持使用防护用品，养成凡上岗作业必须按要求穿戴防护用品的良好习惯。有人嫌防护用品穿戴后不灵活、不舒适，有的人嫌麻烦，有的人嫌天气热，等等，无论是什么原因，不坚持使用防护用品的做法都是非常危险的。

不戴安全帽　枉送命一条

某水泥构件有限公司起重操作工陈某与吴某两人在进行行车吊装水泥沟管作业。陈某用无线遥控操作行车运行，挂钩工吴某负责水泥沟管吊装。当行车吊装水泥沟管离地约20厘米时，沟管发生摆动，碰撞陈某小腿，致使陈某后仰倒下，头部撞到身后堆放的水泥沟管，由于陈某没按要求佩戴安全帽，使其头部重伤，经抢救无效死亡。

这起事故发生的原因虽然是多方面的，如陈某未经行车操作培训、未取得有效特种作业操作证书、安全意识差、操作不当等，这些原因都可能导致事故的发生，但是令人扼腕叹息的是，如果陈某带了安全帽，虽不能防止事故的发生，却很可能保住他的生命，甚至只会受轻伤，但生命已逝，哪有如果。劳动防护用品是保护劳动者安全的最后一道防线。

嫌天热摘掉防护用品，李某在劳动中晕倒

服刑人员李某，在顺利取得"两证"之后，在某监狱第八分监区正式上岗劳动。分监区生产车间承接了一批珠宝首饰专用包装盒的加工项目，其最后一道工艺是在首饰盒底粘贴软垫，需要在原有的封口胶中勾兑聚乙烯乙酸脂乳液，以保证产品的美观及牢固。聚乙烯乙酸脂乳液属高挥发性微毒原料，在安全培训教育中，已向参与作业的服刑人员介绍了原料的领取、使用、回收规定，并要求所有现场劳动人员全部佩戴面具、口罩、手套。6月底的一天，天气异常闷热，李某在进行首饰盒的加工时突然昏倒，经医院救治和休息，李某恢复正常。后查明，造成李某昏厥的原因是在劳动过程中，李某感觉天气闷热，佩戴防护用品不舒服，所以在干警巡视间隙私自摘除防护用

安全讲堂

上班不是逛公园，劳保用品穿戴全。

具，由于吸入较多聚乙烯乙酸脂乳液的挥发气体，导致昏厥。事后，分监区对李某不按规定佩戴劳动保护用品的行为进行了批评教育和相关处理。

在劳动中，很多劳动者由于各种各样的原因不坚持使用或不正确使用防护用品，但造成的结果都是一样的，都是自身安全受到伤害。所以，我们必须牢固树立安全防范和自我保护意识，严格按照劳动防护用品的使用规定使用防护用品，否则，自身安全就难以保证。

(三) 使用劳动防护用品须"三会"

"三会"即会检查防护品的安全可靠性、会正确使用防护品、会维护保养防护品。首先，检查防护用品的安全可靠性，防护用品的质量对使用者至关重要，如安全带因质量不好在使用中发生断裂，后果不堪设想。所以，劳动者必须掌握所使用防护品的性能，并能发现存在的缺陷和质量问题，保证其可靠性；其次，会正确使用防护用品，使用正确与否，直接关系到防护品作用的发挥。要求劳动者必须了解防护品的正确使用方法和注意事项，以免受其害；最后，会维护保养防护用品，特别是对安全帽、安全带等一些特殊防护用品中，要定期检查和保养，保持其良好性能。

穿戴工作服不符合要求造成伤亡事故

鄂州一家水泥厂，在一次生产事故中3人烫伤，重达3度。医生分析伤情时认为由于工人身穿的是化纤面料制作的工作服，遇到高温时融化并迅速贴在皮肤上，使烫伤加重。

某市一家钢铁厂，一名23岁的青年工人在机床前操作时，因为没穿"三紧式"工作服，衣服下摆被飞转的机床绞住，将其绞入机器致身亡。

这些事故的原因都是违反防护用品使用规定，穿戴不符合要求。按规定，操作旋转机械时，一定要做到工作服"三紧"，"袖口紧、下摆紧、裤脚紧"；不要戴手套、围巾；女工的发辫要盘在工作帽内，不能露出帽外。类似这样的安全事故还有很多，我们即使不是做类似的工作，也要举一反三，防微杜渐。

三、"电老虎" 看不见摸不着

随着现代社会生产的发展，电气化已经非常普及，几乎可以说，无处不用电，无时不用电。电在给我们的生产和生活带来极大便利的同时，如果操作不当也常常会给我们带来伤害。由于缺乏电气知识，电气设备选用、配置不好或维护不利，用电不当，或者因为种种外在因素，如撞击、振动、高温、高湿等造成接触不良、接线松脱、绝缘老化破损而形成漏电、短路等，会引发各种电气事故，导致人员伤亡、设备损坏、电气火灾或者爆炸等。相对于其他的安全事故来说，电气事故和触电伤害更具有隐蔽性和快速致死、致伤的特点。所以学习必要的电气和用电知识，掌握用电安全技能，对任何人都是必不可少的。

(一) 电气事故及其种类

电气事故是指由电气设备故障、使用不当直接或间接造成设备损坏、人员伤亡、环境破坏等后果的事故。电气事故分为触电事故、静电事故、雷电灾害、射频辐射危害、电路故障五种。

触电事故是由电流的能量造成的对人体的伤害。

静电事故是因静电放电或静电力作用，导致发生危险或损害的现象。静电电压可高达数万乃至数十万伏，在火灾和爆炸危险场所中，静电是一个十分危险的因素。

雷电灾害是大气电，具有电流大、电压高等特点，其释放出的能量可产生极大的破坏力，可损坏设施、设备，还可直接伤及人畜，或引起火灾和爆炸。

射频辐射危害是指人体在高频电磁场作用下吸收辐射能量，使人的中枢神经系统、心血管系统等受到不同程度的伤害。

电路故障事故包括接地、漏电、短路、断线、过载、元件损坏等多种故障和事故。电路故障不仅威胁人身安全，而且会严重损坏电气设备。

贸然作业导致充电设备短路

某队职工李某在班长安排下进行更换充电架指示器作业，由于螺丝一时难以卸下，李某就用自制套管顶住螺丝，结果造成了充电设备的短路。

这起短路事故的主要原因是充电工李某安全意识淡薄，没有搞清充电设备原理，贸然工作造成的。

（二）触电事故的种类

我们日常生产劳动中发生最多的是触电事故，可分为电击和电伤两种。

电击分为直接接触电击和间接接触电击，是最危险的触电伤害，大多数触电死亡都是电击造成的。直接接触触电是指人体直接接触或接近造成的触电；间接接触触电是指由于故障使正常情况下不带电的电气设备外壳带电，造成的触电。

直接触电和间接触电并存的触电死亡

某职工子弟中学校办工厂的一名青年管工，在承包工程的室外地沟里进行焊接管道作业，在将电焊机二次回路线往焊管搭接时触电，他倒地后，又将回路线压在身下致使死亡。

该管工在雨后有积水的管沟内对接管时，脚上穿的塑料底布鞋和手上戴的帆布手套均已湿透。当右手接电焊机回路线往钢管上搭接时，裸露的线头触到戴手套的左手掌上，使电流在回线——人体——手把线（已放在地上）之间形成回路，电流通过心脏。尤其是触电倒下后，在积水的沟内，人体成了导体。这时，人体电阻在1000欧左右，电焊机空载二次电压在70伏左右，则通过人体的电流为70毫安。而成年人通常的致命电流为50毫安。70毫安电流使其心脏不能再起压送血液的作用，所以血液循环停止造成死亡。

（三）触电事故的发生规律

触电事故大多是由于缺乏安全用电知识或不遵守安全技术要求，违章作业所致。其发生的规律主要有：一是季节性，二、三季度事故较多，夏秋多雨、潮湿，降低了电气绝缘性能，人体多汗衣单，降低了人体电阻；

二是低电压触电事故多，低电压网、电气设备分布广，人们思想麻痹，缺乏电气安全知识，导致事故增多；三是单相触电事故多，单相触电事故占触电事故的70%以上，往往是非持证电工或一般人员私拉乱接，无安全措施所致；四是多发生在电气设备的连接部位，由于连接部位经常活动、坚固件松动、绝缘老化，易出现隐患和触电事故；五是某些行业事故多，冶金行业、机械行业、化工行业、建筑行业等，由于用电频繁、环境条件差易发生触电事故。

夏季防护用品被汗水湿透失去防护功能致触电身亡

某厂一铆工在进行点焊固定工件作业时触电身亡。非电焊工干点焊工作；所用焊把末端因绝缘破损而漏电；夏天天气高温炎热，为保证产品质量，工作现场不能使用降温风扇，致使工作服、防护手套被汗湿透，这些因素导致入厂才1年，20岁的小伙子就离开了人间。

这起触电死亡事故，是典型的夏季环境不安全因素加之缺乏安全用电知识造成的。

(四) 生产中安全用电和触电事故的预防

要想实现生产中安全用电，预防触电事故，首先，必须自觉提高安全用电的意识和觉悟，坚持"安全第一，预防为主"的思想，从内心真正地重视安全。其次，必须通过掌握安全用电的技能和知识，确保工作中的安全用电。为此必须做到以下几点：

1. 防止接触带电部件

最常见的安全措施是绝缘、屏护和安全间距。绝缘就是用不导电的绝缘材料把带电体封闭起来，这是防止直接触电的基本保护措施。但要注意，很多绝缘材料受潮后或在强电场作用下会丧失绝缘性能。屏护就是采

用遮拦、护罩、护盖、箱闸等把带电体同外界隔离开来。间距是为防止人体触及或接近带电体，防止车辆等物体碰撞或过分接近带电体，在带电体与带电体、带电体与地面、带电体与其他设备、设施之间，应保持一定的安全距离。间距的大小与电压高低、设备类型、安装方式等因素有关。

绝缘螺丝刀的绝缘保护层损坏险酿触电身亡惨祸

某日凌晨2点左右，某加油站经理发现抽水机主线路闸刀开关一路线路由于接触不良烧坏。当时加油站加油车辆较多，为了不影响正常营业，就自己拿了个绝缘螺丝刀带电维修，维修过程突然一股电流由螺丝刀流入该经理身体，手臂本能地一抖，抖落带电螺丝刀。原来是螺丝刀上的绝缘保护层损坏，由于旁边没有其他人，如果不是该经理侥幸抖落螺丝刀，将会酿成触电身亡惨祸。

这起未造成人员死亡的触电事故的主要原因是螺丝刀绝缘层破损，起不到绝缘作用，该经理麻痹大意，无证带电操作，作业前未认真检查作业工具，未进行风险识别。

安全间距不够，导致触电死亡

某厂运输车间在运水泥构件时，汽车吊扒杆升到距10千伏高压线约100毫米处，因为扒杆摆动而碰触高压线，致使扶钢丝绳的汽车司机触电死亡。

由于该吊运作业违反了"在10千伏高压线下作业，安全间距不应小于2米"的规定，导致悲剧的发生。

2. 防止电气设备漏电伤人

保护接地和保护接零，是防止间接触电的基本技术措施。保护接地，即将正常运行的电气设备不带电的金属部分和大地紧密连接起来。其原理是通过接地把漏电设备的对地电压限制在安全范围内，防止触电事故。保

护接零，在380/220V三相四线制供电系统中，把用电设备在正常情况下不带电的金属外壳与电网中的零线紧密连接起来。其原理是在设备漏电时，电流经过设备的外壳和零线形成单相短路，短路电流烧断保险丝或使自动开关跳闸，从而切断电源，消除触电危险。

无保护接地或接零措施导致触电死亡事故

陈某上班后清理场地，由于电焊机绝缘损坏使外壳带电，从而使与电气联成一体的工作台也带电，当陈某将焊接好的钢模板卸下来时，手与工作台接触，发生触电事故，陈某被送往医院，经抢救无效死亡。

这起触电死亡事故的主要原因是电焊机的接地线过长，在前一天下班清扫场地时被断开，电焊机绝缘损坏，外壳带电，所以造成单相触电事故。接地或接零线是保证用电人员安全的生命线。当移动电器外壳带电时，若采用了保护接地或保护接零，就能使线路上的漏电保护器、自动开关或熔断器动作或熔断，自动脱离电源，从而保证人身安全。

注意安装漏电保护器后的移动电器和线路也不能撤掉保护接地或保护接零的措施。

3. 采用安全电压

根据生产和作业场所的特点，采用相应等级的安全电压，是防止发生触电伤亡事故的根本性措施。

不用安全电压　行灯漏电伤人

某厂正在大修，为6吨汽水锅炉的炉膛本体更换保温砖。检修班工人先将炉内清灰喷水，然后进入炉膛。因炉膛内太黑，班长韩某让李某去找电工拉行灯。李某没有找到电工，便回班拉来了行灯，准备自己把灯接上。李某拉下电源箱刀闸，将行灯线接到380伏空气开关刀闸下，韩某没

有过问便拖灯线将行灯交给炉内的赵某。赵某手持行灯准备换一个位置挂灯时，忽然触电被击倒，刘某大声呼救，当韩某拉下电源刀闸时，赵某已经死亡。

事故原因：（1）非电工的李某违章将行灯接在380伏高压电刀闸开关上，班长韩某发现却没有过问和制止。（2）因炉膛刚喷了水，在狭窄潮湿的情况下，行灯头把线破损漏电，而赵某手套、工作服和鞋也都处于潮湿状态，导致手握漏电把线触电的事故发生。

4. 使用漏电保护装置

漏电保护装置又称触电保安器，在低压电网中发生电气设备及线路漏电或触电时，它可以立即发出报警信号并迅速自动切断电源，从而保护人身安全。

清洗机漏电引发触电事故

安全讲堂　若无漏电保护器　难免电魔伤身体

小郭和大郭两个人负责用高压清洗机对钛丝进行清洗，到了16时30分下班时间，小郭将长筒雨鞋换成拖鞋准备下班，因厂里要求加班，他便穿着拖鞋继续工作。18时30分许，小郭对大郭说钛丝清洗好了，叫他拉到车间去，大郭拉丝时突然听到声响，回头发现小郭已仰面倒在地上。经现场勘察，事故现场地面和使用的高压清洗机非常潮湿，且清洗机水泵无漏电保护装置，经测试水枪带有110V交流电压，漏电电流为245mA。

这起触电事故的主要原因是清洗机水泵无漏电保护装置，漏电时起不到有效的防护，加之小郭安全意识淡薄，违反安全操作规程，穿拖鞋在潮湿的环境下使用高压清洗机水枪，清洗机漏电导致触电。

5. 合理使用防护用具

在电气作业中，合理匹配和使用绝缘防护用具，对防止触电事故，保障操作人员在生产过程中的安全健康具有重要意义。

未戴绝缘防护手套导致触电

某公司金工车间工人周某在操作车床加工零件，孙某在做转子电路测试，上午8时30分许，当周某转身去拿产品时，发现孙某两手握着高压短路测试仪探针导线触电倒地。

这起触电事故的主要原因是孙某未戴绝缘防护手套，违规冒险操作，导致触电，加之高压短路测试仪探针导线绝缘层破损，致使绝缘失效。

（五）触电的救护

人体触电后，比较严重的情况是心跳停止、呼吸中断、失去知觉等现象。实践证明，由于电流对人体作用的能量较小，多数情况下不能对内脏器官造成严重的器质性损坏，这时人不是真正的死亡，而是一种"假死"状态。如果能够进行及时、正确的急救，绝大多数触电者是可以"死"而复生的。

1. 触电急救的主要原则

触电急救必须掌握三项原则。原则之一：迅速切断电源，或用干木棒、竹竿等不导电物体将电线挑开。电源不明时，切忌直接用手接触触电人。原则之二：就地正确抢救。触电者脱离电源后，处于"假死"状态时，恢复心跳和呼吸是最重要的。时间就是生命，如果只知道送往医院让医生抢救，就会贻误时机。有资料显示，触电如果3分钟开始救治，90%有良好效果；触电后6分钟开始救治，10%有良好效果；触电后12分钟开始救治，救活的机率就很低了。因此，要

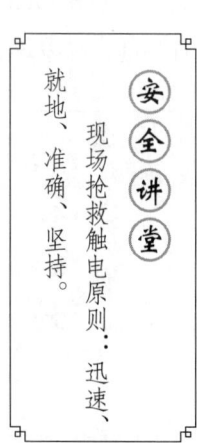

安全讲堂：现场抢救触电原则：迅速、就地、准确、坚持。

刻不容缓地就地抢救。原则之三：坚持到底不中断。对触电"假死"者的抢救，一旦开始，就应该持续不断地进行到底。只要触电者未出现真正死亡的症状并被医生确诊，救护者就要尽100%的努力，持续抢救。

2. 触电现场急救的方法

人工呼吸法。各种人工呼吸方法中，以口对口（鼻）人工呼吸法效果最好，而且简单易学，容易掌握。口对口人工呼吸方法的具体操作步骤如下：

（1）畅通气道：实施人工呼吸前，应解开触电者身上妨碍呼吸的衣物，取出口腔内可能妨碍呼吸的杂物；使触电者仰卧，并使其头部后仰，鼻孔朝天，同时把口张开。

（2）操作步骤：使触电者鼻孔（或嘴唇）紧闭，救护人员深吸一口气后自触电者的口（或鼻孔），向内吹气，时间约 2 秒；吹气完毕立即松开触电者的鼻孔（或嘴唇），同时松开触电者的口（或鼻孔），让其自行呼气，时间约 3 秒。

胸外心脏按压法。这是触电者心脏停止跳动后的急救方法。做胸外心脏按压时应使触电者仰卧在比较坚实的地方，姿势与口对口（口对鼻）人工呼吸相同。

操作步骤为：救护人员位于触电者一侧，两手交叉相叠，手掌跟部置于胸骨下 1/3~1/2 处；用力向下，即向脊背方向按压，压出心脏里的血液；压陷 3~5cm，每分钟按压 60~70 次；按压后迅速放松其胸部，让触电者胸部自动复原，心脏充满血液；放松时手掌不必离开触电者的胸部。

安全讲堂

众人警惕不失火，一人麻痹害大伙；万人防火不嫌多，一人麻痹就闯祸。

四、火是无情的

常言说，水火无情，生产现场另一大安全隐患就是火灾。由于生产现场大量使用电器、各种机械设备，甚至有些生产车间直接使用易燃易爆材料和生产易燃易爆产品。一旦发生火灾，轻则损失财物，重则造成人员重大伤亡、生产设施巨大损失。所以，生产现场人员必须树立牢固的防火意识，认识到防火工作人人有关，人人有责，人人受益。必须掌握一些必要的防火、灭火以及逃生避险的知识和技能。

据统计，全世界平均每天发生火灾1万起左右，死亡2000多人，伤3000~4000人。据悉：2018年全国共接报火灾23.7万起，亡1407人，伤798人，已统计直接财产损失36.75亿元。其中，发生较大火灾67起，重大火灾4起，特别重大火灾1起。

在全社会广泛强调和重视消防安全的情况下，每天还发生那么多的火灾事故，造成那么大的人员财产损失，看到上面这些数字，令人震惊！所以，我们必须从我做起，从现在做起，提高防火意识，重视消防安全。

(一) 火灾的分类与等级

所谓火灾是指在时间或空间上失去控制的燃烧所造成的伤害。根据可燃物的类型和燃烧特性，火灾分为A、B、C、D、E、F六类。A类火灾：指固体物质火灾。这种物质通常具有有机物质性质，一般在燃烧时能产生灼热的余烬。如木材、煤、棉、毛、麻、纸张等火灾。B类火灾：指液体或可熔化的固体物质火灾。如煤油、柴油、原油、甲醇、乙醇、沥青、石蜡等火灾。C类火灾：指气体火灾。如煤气、天然气、甲烷、乙烷、丙烷、氢气等火灾。D类火灾：指金属火灾。如钾、钠、镁、铝镁合金等火灾。E类火灾：带电火灾。物体带电燃烧的火灾。F类火灾：烹饪器具内的烹饪物（如动植物油脂）火灾。

火灾等级，根据2007年6月26日公安部下发的《关于调整火灾等级标准的通知》，新的火灾等级标准由原来的特大火灾、重大火灾、一般火灾三个等级调整为特别重大火灾、重大火灾、较大火灾和一般火灾四个等级。

北京市大兴区"11·18"重大火灾事故

2017年11月18日，位于北京市大兴区西红门镇的一幢建筑发生火灾，事故造成19人死亡、8人受伤及重大经济损失。经事故调查组认定，大兴区"11·18"火灾是一起重大生产安全责任事故。经查明，事发建筑系集生产、经营、储存、住宿于一体的"多合一"建筑。该起事

故直接原因为：地下冷库制冷设备的铝芯电缆因被聚氨酯保温材料覆盖造成电气故障短路，引燃周围可燃物，可燃物燃烧产生的一氧化碳等有毒有害烟气蔓延，导致人员伤亡。

现场生产人员应遵守以下的防火守则：

（1）应树立牢固的防火意识，坚持"预防为主，防消结合"的方针。

（2）应具有一定的防火防爆知识，并严格贯彻执行防火防爆规章制度，禁止违章作业。

（3）应在指定的安全地点吸烟，严禁在工作现场和厂区内吸烟和乱扔烟头。

（4）使用、运输、贮存易燃易爆气体、液体和粉尘时，一定要严格遵守安全操作规程。

（5）在工作现场禁止随便动用明火。确需使用须经批准，并做好安全防范工作。

（6）对于使用的电气设施，如发现绝缘破损、老化、超负荷以及不符合要求时，应停止使用，并报告领导给予解决。

（7）应学会使用一般的灭火工具和器材。对车间内配备的防火防爆工具、器材等，应加以爱护，不得随便挪用。

某制衣店工人离岗未断电源引发火灾

某制衣店是一个五层楼的家庭式作坊，一层是店铺，堆放有海绵、万能胶水、成品坐垫、塑料包装袋等大量易燃物品，门口设有加工切割海绵的工场，夹层和二层为生产坐垫套的工场，三、四层为店主住房，五层为简易搭建的裁剪工场。

某日，该厂工人高某在店门口用电热丝切割海绵，离开岗位时未断电源，高温的电热丝引燃了海绵。火势迅速蔓延，高某试图灭火，但因浓烟太大而失败。而该店正门的唯一出口被火封死，正在店内加工场工作的17名员工被困。消防局接到报警后，立即前往救援。但由于该地段与消防队距离较远，且该店门口堆放聚氨酯泡沫材料及万能胶水，燃烧非常猛烈，消防队到达火场时，大火已蔓延到店旁边的其他建筑，形成立体燃烧。经抢救后，被困人员只有两人逃出，其余全部被烧死或烟熏窒息而死。

事后经分析，这起惨剧是由以下原因造成的：

（1）切割海绵设备简陋，工艺落后，安全隐患严重。该店切割海绵装置是用竹子和金属丝做成的，金属丝的两端接上连接变压器的电线，因通电产生高温用以切割海绵。该套设备无超温控制装置，当电热丝超过正常温度时，即会引燃海绵，造成火灾。

（2）员工缺乏必要的消防安全知识。高某是新招的工人，事故当日是他到该店上班的第二天，他下班后把海绵切割工具放在工作台上，未关电源就离去，致使电热丝过热引燃海绵着火。

（3）有关职能部门监督管理不力。该店是一典型的非法经营户，擅自改变经营地点，扩大经营范围，未办理消防报建手续。工商部门每月收取管理费，但监管不力，使一个零售批发户违规转变成一个"前店后场"的企业，成为消防检查工作的"漏洞"。

我们应从中吸取以下教训：

（1）应严格遵守国家有关规定，对易燃易爆危险物品的生产、使用、储存、销售、运输或者销毁实行严格的消防安全管理。

（2）将容易发生火灾、一旦发生火灾可能严重危及人身和财产安全的部位确定为消防安全重点部位，设置明显的防火标志，实行严格管理。

（二）火灾事故应急处理的基本程序

报警，首先要及时准确报警，一方面向周围人员发出火警信号，另一方面要拨打"119"报警；灭火，面对初起火灾，现场人员必须运用正确的灭火方法，科学使用灭火器材灭火；逃生，自己灭火无法控制火情时，必须坚持救人重于救火的原则，组织人员快速逃生。

报警　　　　　　　　灭火　　　　　　　　逃生

喷漆房电焊起火，工人惊慌失措

电焊工甲在喷漆房内焊接一工件时，电焊火花飞溅到附近积有较厚的油漆膜的木板上起火。现场工人见状惊慌失措，有的拿笤帚打火，有的用压缩空气吹火，造成火势扩大。后经消防队半个小时的抢救，将火熄灭，虽未伤人，但造成了很大的财物损失。

这起事故的原因是：

（1）在禁火区焊接前未经动火审批，擅自进行焊接作业，违背操作规程。

（2）未清除房内的油漆膜和采取任何防火措施，就进行焊接作业。

（3）起火后，处理程序和方法不当，未先报警，错误地用压缩空气吹火，不但灭不了火，反而助长了火势，造成事故扩大。

（三）常见灭火器的种类和操作方法

灭火器是火灾扑救中常用的灭火工具，在火灾初起时，由于范围小，火势弱，是扑救火灾的最佳时机，正确及时使用灭火器，可以避免巨大的损失。灭火器结构简单，轻便灵活，稍经学习和训练就能掌握其操作方法。目前常用的灭火器有泡沫灭火器、二氧化碳灭火器、干粉灭火器等。

1. 泡沫灭火器的适用范围和使用方法

2. 干粉灭火器的适用范围和使用方法

3. 二氧化碳灭火器的适用范围和使用方法

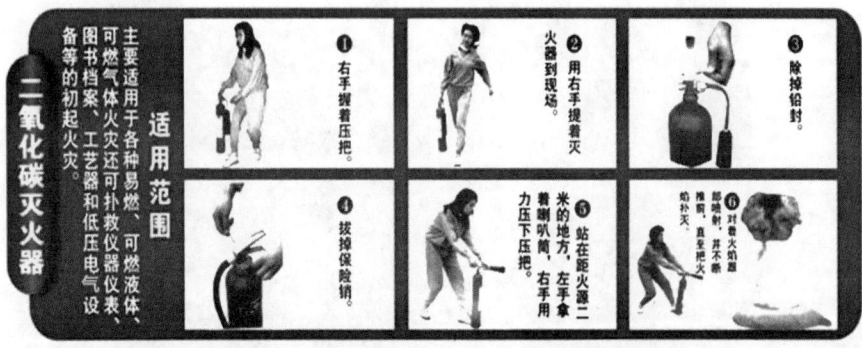

(四) 火灾发生时的避险与逃生

火灾的发生往往是瞬间的，提高自我保护能力，掌握正确的避险、逃生与自救方法，就能成功地从火灾现场撤离。

在火灾发生初期，如果火势不大，可以利用附近的消防器材如灭火器、消防栓、自来水等，尽可能地在第一时间将火扑灭。

当火势失去控制时，不要惊慌失措，迅速判断危险地点和安全地点，果断决定逃生办法，尽快撤离。

如果火灾现场人员很多，千万不要相互拥挤，盲目跟从、乱冲乱撞，以免相互践踏，造成意外伤害。

撤离时要朝明亮的地方跑，在高层建筑火灾中，千万不可乘普通电梯逃生，要选择进入相对较为安全的楼梯、消防通道等。进入楼梯后，再确定楼下没有着火的情况下，可以向下逃生，不能往上跑。如通道已被烟火封阻，则应背向烟火方向离开，通过阳台、气窗等往室外逃生。

如果现场烟雾很大，无法辨明方向，则应贴近墙壁或提示，摸索前进，找到安全出口。

为避免浓烟呛入口鼻，可使用湿毛巾或湿口罩蒙住口鼻，使身体尽量贴近地面或匍匐前进。烟气较空气轻而飘于上部，贴近地面撤离是避免烟气呛入、滤去毒气的最佳方法。

具体而言,火场逃生时,可以根据情况采取以下一些方法:

(1) 毛巾捂鼻法:由于火灾烟气温度高、毒性大,人员吸入易引起呼吸系统烫伤或中毒,可用湿毛巾捂住口鼻,防止吸入。

(2) 湿棉被护身法:用浸湿的棉被、毛毯、棉大衣盖在身上,在确定逃生路线后,快速钻进火场,并冲到安全区域。

(3) 匍匐前进法:逃生过程中尽量将身体贴近地面匍匐或弯腰前进,以躲避空中烟尘。

(4) 逆风疏散法:根据风向来确定疏散方向,逃至火场上风处躲避火焰和烟气。

(5) 绳索自救法:将绳索一端固定在门框、窗框或重物上,再延绳爬下,注意手脚并用,并采用手套、毛巾等保护手部。

(6) 被单拧结法:把床单、被罩或窗帘等撕成条扎紧,可连接几条床单当成绳索使用。

(7) 管线下滑法:可延建筑外墙或阳台边的落水管、电线杆、避雷针引线等管线滑下地面。

(8) 竹竿插地法:被火困在房间时,可将结实的晾衣竿、竹竿直接从阳台或窗户口斜插到室外地面或下层平台,固定好后顺杆滑下。

(9) 楼梯转移法:火势蔓延封死楼梯,可通过天窗爬到屋顶转移到另一单元的楼梯疏散。

(10) 攀爬避火法:屋内着火,可以攀爬到阳台、窗台、雨篷等突出物躲避火势。

(11) 发信号求救法:被烟火围困暂时无法逃离,应尽量站在阳台、窗口等易于被人发现和避免烟火近身的地方,然后发出各种求救信号,如晃动鲜艳衣物、用手电筒不停地闪光、呼喊等方式。

(12) 跳楼法:无法逃生时,跳楼是最后的选择。跳楼时应尽量往救生气垫中部跳或选择有水池、软雨篷、草地方向跳,如果可能,尽量抱些衣物等软物品或打开雨伞跳,如果徒手跳楼,落地前要双手抱紧头部,身体弯曲成一团,以减少伤害。

一男孩趴着窗台发求救信号而成功获救

2011年10月30日，中央电视台东方时空报道，某市一居民楼六楼一户人家发生火灾，人们看到，左侧的窗户冒出凶猛的火苗，右侧的窗户冒着滚滚浓烟，在浓烟中一个男孩趴着窗台在挥手呼救，消防员搭起云梯将男孩救下，一个围观的群众看到男孩成功获救，高兴地说："很聪明啊！一定是学校里教的。"

发生火灾是不幸的，但是如果发生火灾后我们能够采取正确的方法避险、自救，就是万幸的。所以，平时有防火意识，接受消防训练，培养一定的防火、灭火、避险、自救等技能，就会"养兵千日，用兵一时"。

五、机械设备也"吃人"

机械设备也"吃人"！这句话形象地比喻生产中机械安全事故对人造成的伤害。机械安全有两层意思，一层是指机械设备本身应符合安全要求；另一层是指机械设备的操作者在操作时应符合安全要求。由于机械设备种类繁多，对机械安全的要求各不相同，机械伤害也表现出不同的特点。所以，凡接触不同机械设备的作业人员要根据自己使用机械的特点，学习和掌握相应的安全技术知识，提高安全意识，严格执行安全操作规程，安全第一，预防为主。同时也要掌握必要的自救、互救知识和技能。

安全讲堂

进现场要警惕，处处小心别大意。保质量保工期，安全生产属第一。

(一) 机械事故造成的伤害种类

机械伤害的主要形式有夹挤、碾压、剪切、切割、缠绕或卷入、刺伤、摩擦或磨损、飞出物打击、碰撞、坠落或砸伤等，具体的伤害种类有以下几种。

1. 机械设备零部件做旋转运动时造成的伤害

例如，机械、设备中的齿轮、皮带轮、滑轮、卡盘、轴、光杠、丝杆等零部件都是做旋转运动的。旋转运动造成人员伤害的主要形式是绞伤和物体打击伤。

某单位一名操作者在C620车床加工一根长3100mm、直径40mm的钢棒，装卡后工件超出主轴尾端1250mm，转速由原来的230转/分变为600转/分时，将露出主轴的钢棒甩弯，打中了路过车床的顾某头部，致其当场死亡。

2. 机械设备的零部件做直线运动时造成的伤害

例如，锻锤、冲床、切钣机的施压部件、牛头刨床的床头、龙门刨床的床面及桥式吊车大、小车和升降机等，都是做直线运动的。做直线运动的零部件造成的伤害事故主要有压伤、砸伤、挤伤。

某企业刨床工许某在车间从事刨床工作，在刨床旁边堆了一些笨重的大块铁制品，许某做好加工准备工作，就让刨床自动加工，自己坐在旁边看报纸，看完报纸后，许某向工人李某要杂志看，李某叫许某自己过去拿，由于刨床的左边堆放着物品，许某就从不断往复直线运动的刨床右边的狭窄通道过去，不慎被刨床撞伤。

3. 刀具造成的伤害

例如，车床上的车刀、铣床上的铣刀、钻床上的钻头、磨床上的磨轮、锯床上的锯条等都是加工零件用的刀具。刀具在加工零件时造成的伤害主要有烫伤、刺伤、割伤、打击伤等。

某单位钣金工吴某，使用风动砂轮打磨工件焊缝，在做第八个工件时，启动风动砂轮空转，突然砂轮破碎，碎块飞出击中距操作点约3m的另一名钣金工陈某的头部，致其死亡。

4. 被加工的零件造成的伤害

机械设备在对零件进行加工的过程中，有可能对人身造成伤害。这类伤害事故主要有：①被加工零件固定不牢甩出打伤人。②被加工的零件在吊运和装卸过程中，可能造成砸伤。

某化肥厂机修车间因钻削任务较多，工段长派女青工宋某到钻床协助主操作工工作，在长3m直径75mm的不锈钢管上钻直径50mm的圆孔。上午10时许，宋某在主操师傅上厕所的情况下，独自开床，并由手动进刀改用自动进刀，由于虎钳紧固钢管不牢，当孔钻到2/3时，钢管迅速向上移动而脱离虎钳，造成钻头和钢管一起做360度高速转动，钢管先将现场一长靠背椅打翻，又打击宋某臀部并使其跌倒，宋某头部被撞伤破裂出血，缝合5针，骨盆严重损伤。

5. 电气系统造成的伤害

工厂里使用的机械设备，其动力绝大多数是电能，因此每台机械设备都有自己的电气系统。主要包括电动机、配电箱、开关、按钮、局部照明灯以及接零（地）和馈电导线等。电气系统对人的伤害主要是电击。

某企业职工江某和韦某一起操作塑料拉丝机。4 时 40 分，江某用铁制砖刀清理拉丝机模子头，不慎将砖刀碰到模子头的电热丝接线柱，当场触电倒在机头下面。

6. 手用工具造成的伤害

主要手用工具如手锤、扁铲、锉刀等。主要伤害有砸伤、刺伤、卷边或铁屑飞出伤人等。

青工小王跟郝师傅学开镗床三天了，郝师傅有事离开一下，他叫小王在他没回来之前别擅自工作。小王看师傅走后，心想我看两天都看明白了，有什么难的，于是就自己干了起来，他用扳手把工件夹紧，但是忘了把扳手从轴上拿下来，就开动了镗床，扳手随着轴不停旋转，打到了小王的腿。

7. 其他的伤害

机械设备除去能造成上述各种伤害外，还可能造成其他一些伤害。例如，有的机械设备在使用时伴随着发出强光、高温，还有的放出化学能、辐射能，以及尘毒危害物质，等等，这些都可能造成伤害。

(二) 机械事故的原因

机械事故的原因可以分为物的不安全状态、人的不安全行为和安全管理三方面。

1. 物的不安全状态

物的不安全状态构成生产中的客观安全隐患和风险。主要有设备、设施、工具、附件有缺陷，防护、保险、信号等装置缺乏或有缺陷，个人防护用品、用具有缺陷，生产环境不良，等等。

某企业车床工池某在 CA6140 机床上加工细长轴，在进行精加工时，因车床尾座松动，工件飞出，打中另外一名工人沈某。

2. 人的不安全行为

人的不安全行为可能是有意或无意的，但是缺乏安全意识和安全技能差是引发事故的主要原因。如忽视安全标志、操作违规、拆除安全装置、用手代替工具、物品存放不当、忽视或不正确使用防护用品、穿不安全装束，等等。下面一组案例都是因为人的不安全行为造成的。

某木器厂木工李某用平板刨床加工木板，木板尺寸为300×25×3800毫米，李某进行推送，另有一人接拉木板。在快刨到木板端头时，遇到节疤，木板抖动，因这台刨床的刨刀没有安全防护装置，李某右手脱离木板而直接按到了刨刀上，瞬间李某的四个手指被刨掉。在一年前，就为了解决无安全防护装置这一隐患，厂里专门购置了一套防护装置，但装上用了一段时间后，操作人员嫌麻烦，就给拆除了，结果不久就发生了事故。

某厂机加工车间一位年轻女工，在操作车床时，因电风扇吹向人，头发辫子将车床丝杆缠绕，结果使头发辫子连带着头皮一起被拔出，导致头发以后都不能再生长。

某厂一名工人操作车床时，因戴手套操作，手套被夹具装置的螺丝钉钩住，致使该工人身体贴着车床夹具装置，胸膛被夹具装置迅速挖掉，鲜血满地，当场死亡。

3. 安全管理原因

包括管理者的安全意识、对设备的监管、对人员的安全教育和培训、安全规章制度的建立和执行等。

（三）机械事故伤害的预防

从操作者的角度来说，要预防机械事故的发生，操作者必须提高安全意识，严格遵守机械设备的安全操作规程作业。具体来说，必须遵守以下安全守则。

（1）必须正确穿戴个人防护用品。该穿戴的必须穿戴，不该穿戴的就一定不要穿戴。

（2）操作前要对机械设备进行安全检查，而且要空车运转一定时间，确认正常后，方可投入运行。

(3) 机械设备在运行中要按规定进行安全检查。特别是看看紧固的零件、工件是否由于振动而松动，并重新紧固。

(4) 设备严禁带故障运行，千万不能有侥幸心理，凑合使用。

(5) 机械安全装置必须按规定正确使用，绝不能将其拆掉不使用。

(6) 机械设备使用的刀具、工夹具以及加工的零件等一定要装卡牢固，不得松动。

(7) 机械设备在运转时，严禁用手调整；也不得用手测量零件，或进行润滑、清扫杂物等。如必须进行时，则应首先关停机械设备。

(8) 机械设备运转时，操作者不得离开工作岗位，以防发生问题时无人处置。

(9) 工作结束后，应关闭开关，把刀具和工件从工位退出，并清理场地，将零件、工夹具等摆放整齐，打扫机械设备的卫生。

(四) 机械伤害的救护

当发生机械事故伤害时，如果能采取正确的现场应急、救护措施，可以大大降低死亡和严重伤害的可能性。因此，现场人员都应学习和掌握一些必要的应急、救护技能和知识，以便在事故发生时及时自救互救。

机械伤害急救基本要点：

(1) 发生机械伤害事故后，现场人员不要害怕和慌乱，要冷静、迅速对受伤人员进行检查。急救检查应先看神志、呼吸，摸脉搏、听心跳，再查瞳孔，有条件者测血压。检查局部有无创伤、出血、骨折、畸形等变化，根据伤者的情况，有针对性地采取人工呼吸、心脏按压、止血、包扎、固定等临时应急措施。

(2) 迅速拨打急救电话"120"，向医疗救护单位求援。

(3) 遵循"先救命、后救肢"的原则，优先处理颅脑伤、胸伤、肝、脾破裂等危及生命的内脏伤，然后处理肢体出血、骨折等伤。

(4) 如果呼吸已经停止，立即实施人工呼吸。

(5) 如果脉搏不存在，心脏停止跳动，立即进行心脏按压。

(6) 如果伤者出血，进行必要的止血及包扎。

(7) 对颈部、背部严重受损者要慎重搬动，以防止其进一步受伤。

(8) 让伤者平卧并保持安静，如有呕吐，同时无颈部骨折时，将其头部侧向一边以防止噎塞。

(9) 动作轻缓地检查患者，必要时剪开其衣服，避免突然挪动增加患者痛苦。

(10) 不要给昏迷或半昏迷者喝水，以防液体进入呼吸道导致窒息，也不要用拍击或摇动的方式试图唤醒昏迷者。

机械伤害急救技术：

人工呼吸方法是急救中常用的方法，前面我们已经介绍过，在此主要介绍一下应急止血的方法，常用的止血方法有以下几种。

(1) 伤口加压法。这种方法主要适用于出血量不太大的一般伤口，通过对伤口的加压和包扎，减少出血，让血液凝固。其具体做法是如果伤口处没有异物，用干净的纱布、手绢、绷带等物或直接用手紧压伤口止血。

(2) 手压止血法。临时用手指或手掌压迫伤口靠近心脏一端的动脉跳动处，将动脉压向深部的骨头上，阻断血液的流通，从而达到临时止血的目的。手压法仅限于无法止住伤口出血，或准备敷料包扎伤口的时候。施压时间切勿超过15分钟。如施压过久，肢体组织可能因缺氧而损坏，以致不能康复，继而还可能需要截肢。

(3) 止血带法。这种方法适合于四肢伤口大量出血时使用。使用止血带法止血时，绑扎松紧要适宜，以出血停止、远端不能摸到脉搏为好。使用止血带的时间越短越好，最长不宜超过3小时。并在此时间内每隔半小时（冷天）或1小时慢慢解开、放松一次。每次放松1~2分钟，放松时可用指压法暂时止血。不到万不得已时不要轻易使用止血带，因为上好的止血带能把远端肢体的全部血流阻断，造成组织缺血，时间过长会引起肢体坏死。

在这一章中，我们主要学习了安全标志、防护用品、用电安全、火灾和机械伤害几方面的安全知识，我们列举了很多案例，从中可以看到，绝大部分安全事故是安全意识差、违章作业和缺乏安全生产知识所致。所以，安全生产，关爱自己，要从安全意识抓起，学好安全生产知识，掌握安全生产技能，日常劳动中养成良好的安全生产习惯，严格遵守安全操作规程，预防安全事故发生，保护自身安全，同时也养成遵规守纪的好习惯，既有利于安全生产，也有利于安全改造。

劳动改造分册

第八章

辛勤劳动　成功的基石

每个人对于成功的定义有所不同，成功的本意是"每个人达到自己理想之后一种自信的状态和一种满足的感觉"。尽管每个人对于成功的定义不同，但到达成功的方法只有一个，就是得付出常人所不能付出的努力，就是勤劳。无论是谁，要成功都必须付出辛勤的劳动，辛勤劳动是通往成功的必由之路，苦过才有甜！

一、学习蜜蜂的勤劳精神

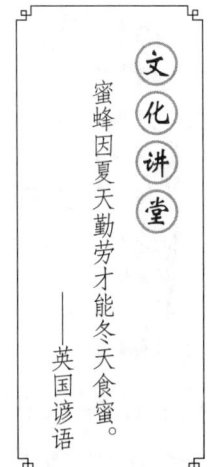

文化讲堂

蜜蜂因夏天勤劳才能冬天食蜜。
——英国谚语

蜜蜂是勤劳精神的代表。只要是花开的季节，到处都有它们忙碌的身影；只要条件许可，它们就一刻不停地工作；蜜蜂非常有奉献精神，它们倾其所能，创造了最大的价值；蜜蜂对我们人类很有教益，人类用蜜蜂的勤劳精神教育自己非常形象、非常贴切。其实，学习蜜蜂的勤劳精神并不容易，因为人比蜜蜂要复杂得多的多，我们会面临很多诱惑、会有很多坏习惯，甚至惰性就是我们的天性。但是，人和动物最大的区别就是我们有思想、有智慧，只要我们努力，我们可以有意识地支配自己的行为，可以用智慧追求最优秀的东西。所以我们不仅能学习蜜蜂的勤劳精神，还能做得比蜜蜂更好，比蜜蜂勤劳得更有智慧。

（一）要勤劳，学习蜜蜂的坚持不懈

一个人并非天生就是勤劳的，甚至人天性里都有惰性。勤劳是一种精神，勤劳精神是需要培养的；勤劳是一种习惯，是需要后天养成的；勤劳是一种好的人生状态，是需要持之以恒地保持下去的。蜜蜂是集勤劳精神、勤劳习惯、勤劳状态于一身的典型代表，我们一定要学习蜜蜂的勤劳精神，要把蜜蜂的勤劳状态作为我们坚持不懈努力的目标。

不要以为像蜜蜂一样勤劳是不可能的，我们每个人的身边都有勤劳的人，比如我们勤劳的母亲，没有母亲的勤劳养育，我们就不能顺利长大。从感情上讲，母亲的勤劳比蜜蜂的勤劳更有说服力。每一个母亲都有勤劳的故事，这样的故事你也在自己的母亲身上找一找吧。

高贵的施舍

有一天,一个乞丐来到我家门口,向我母亲乞讨。那个乞丐只有一只胳膊,很是可怜。我想我的妈妈肯定会给他很多好吃的,还会给他一些钱。可母亲不但没有给他钱,反而学着乞丐的样子,用一只手搬砖,然后也让那个乞丐搬砖,也许那个乞丐是饿坏了,他真的非常吃力地用一只手搬起砖来。乞丐用了两个小时,终于搬完了砖,母亲很心疼地帮乞丐擦汗,并给他20元钱。乞丐接过钱连声道谢,母亲说:"你不用谢我,这是你劳动所得,不用谢任何人。"乞丐好像明白了什么,对母亲深深地一鞠躬,就上路了。

几年以后,有个非常体面的人来到我家,他西装革履,气度不凡,只是他只有一只胳膊。他拉着母亲的手说:"如果当初没有您教我搬砖,让我明白了亲手创造财富的道理,我现在还是一个乞丐。真的非常感谢您,我要报答您。"母亲笑笑说:"谢谢你的好意,我不能接受你的钱,我有双手。把你的钱送给那些连一只手也没有的人吧!"

《高贵的施舍》中的母亲是智慧的,她给了那个乞丐最宝贵的施舍——勤劳。让我们记住母亲的每一份勤劳和良苦用心吧!让我们从伟大的母亲身上,学习勤劳的精神吧!

(二) 会勤劳=勤劳+智慧

为什么说要"会勤劳",因为勤劳精神里面包含智慧,勤劳和智慧的关系:一是勤劳创造智慧,二是勤劳需要智慧。勤劳创造智慧我们在第一

章里已经讲过了，这里我们讲讲有智慧的勤劳。不动脑子的勤劳很可能努力方向不对头，或者事倍功半，效率不高。勤劳加智慧才是最值得提倡的勤劳，蜜蜂的勤劳是动物的本能，而人的勤劳则是世界上最高级的活动，是任何动物都比不了的智力劳动。

王小帮的勤劳+智慧

王小帮本名王志强，是山西省吕梁市临县木瓜坪乡张家沟村一位普通的农民。如今经营着一家名为"山里旺农家店"的网店，王小帮可以说是农民勤劳加智慧创业的榜样，曾入选2009年度十大网络创业先锋，获得五一劳动模范奖章，"市十大杰出青年"称号。

王小帮是勤劳的

2000年，王小帮和新媳妇到北京打工，北漂6年，王小帮做过卖菜的小贩，当过建筑工地的小工，给中关村的白领送过盒饭，跑过营销，开过出租，遭遇过车匪持刀横在脖子上的抢劫。2007年11月，王小帮回家开网店，销售当地土特产，他走村串户打听谁家收成好，一家家地收小米、黄豆、核桃、红枣等，几乎把村里所有的农作物都搬上淘宝网销售。为了将这些产品"鲜亮"地搬进网店，王小帮还学了电脑软件图片处理技术。他把收上来的土特产一份一份包装好，再一份一份地给顾客寄去，你说王小帮勤劳不勤劳。

王小帮更是智慧的

在无比激烈的市场竞争中，光靠勤劳，王小帮是很难成功的。他的成功是因为他在辛勤劳动的同时处处用着自己的智慧。在北京打工时，王小帮了解到电子商务带给人们很多便利，于是他回家在偏僻的小山村拉了一根网线，开起了网店，这个决策改变了他的一生。对小店如何定位，王小帮经过一番思索后认为，人们更注重绿色、自然的品质，现在村里人种地都改用牲畜肥，绿色、无公害、无污染，就是我的网店货物的最大特色。他学习了照相技术、电脑图片处理技术，把自己与家人的照片和鲜美的土

特产图片放到网上。他写了一篇帖子，叫《一根网线串下来，我就是个网商》，参加了网上创业的比赛。他的照片被网友恶搞，他不但没有生气，反倒利用自己的搞笑图片为网店做了宣传，扩大了自己网店的名气。他不断学习电子商务知识、物流知识，用知识增进智慧。他的网店越开越红火。

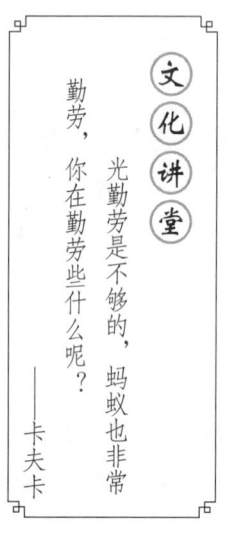

文化讲堂

光勤劳是不够的，蚂蚁也非常勤劳，你在勤劳些什么呢？
——卡夫卡

王小帮的创业经历告诉我们，勤劳不是蛮干，不是卖傻力气。我们经常说勤劳智慧的劳动人民，就是说劳动者的勤劳精神里永远应该是勤劳加智慧的结合。我们要学习勤劳精神，就要学习这样的勤劳精神。

（三）让勤劳成为习惯

要勤劳，会勤劳，还要永远勤劳，要让勤劳成为自己的生活习惯、工作习惯，要把勤劳思想植入自己的劳动观念，这才叫真正有了勤劳精神。要想真正永远勤劳起来，以下几点需要特别注意：

1. 设定一个合理的目标

合理的目标才能使你的勤劳永葆动力。不会因为目标过于远大、不切合自身实际而使自己失去勤劳的勇气，也不会因为没有目标使自己缺少勤劳的方向和动力，更不会因为目标太简单而没有调动自己积极性的作用。

2. 要克服懒惰的思想

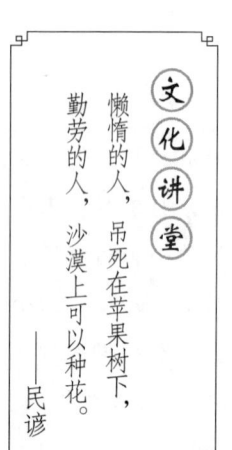

文化讲堂

懒惰的人，吊死在苹果树下，勤劳的人，沙漠上可以种花。
——民谚

懒惰是勤劳的天敌，不丢掉懒惰的思想就不可能勤劳。苏联教育家杰普莉茨卡娅说："懒惰它是一种对待劳动态度的特殊作风。它以难于卷入工作而易于离开工作为其特点。"有一句民谚说得也很好："懒惰的人，吊死在苹果树下，勤劳的人，沙漠上可以种花。"

3. 要消灭不良的习惯

不良习惯是勤劳的障碍，它就像病毒一样破坏着勤劳的思想。苏联著名作家、《钢铁是怎样炼成

的》一书的作者奥斯特洛夫斯基有一句名言:"人应该支配习惯,而决不能让习惯支配人,一个人不能去掉他的坏习惯,那简直一文不值。"其实懒惰也是一种坏习惯,正如一句印度谚语所说:"懒惰不过是未疲乏就休息的习惯。"如果一个人总克服不了这些坏习惯,那他就永远勤奋不起来。

4. 要积极地参加劳动

积极地去劳动,是培养勤劳精神的唯一途径。脑不用不灵,手不动不勤。勤劳就是不断地劳动。

有了一个合理的奋斗目标,扫除了勤劳的障碍,并积极地参加劳动,你才能树立起勤劳的精神,慢慢地培养起勤劳的习惯。

从"四体不勤"到勤于劳动 行动到思想的转变

服刑人员钟某,自幼家庭条件优越,父母为了让他考大学,从不让他干家务。钟某学习倒很刻苦,并以优异的成绩考入北京对外经济贸易大学,大学毕业后在中国技术进出口公司工作,入狱前已经是公司的副总经理,仕途顺利。为了支持他的事业,妻子从不让他沾手家务。家人的过分照料,使他养成了衣来伸手、饭来张口的陋习。用他自己的话说:"我属于那种酱油瓶倒了都不会扶、凳子挡路绕着走的人,从来就没干过什么活。"

在劳动改造中,分监区安排钟某搞卫生及其他一些杂活。一开始,他表现出烦、躲、怕,不情愿地拿起拖把比划,他的行为招来了人们的嘲讽,可他自己却浑然不觉。分监区干警找他谈话,原来他连这么简单的劳动也不会干,完全是"四体不勤,五谷不分"。干警明确指出他衣来伸手、饭来张口的陋习,是他犯罪的重要因素,必须通过劳动改造自己,培养劳动习惯,树立劳动观念。并根据他的成长经历因势利导:你如果拿出以前刻苦学习的劲头,就一定能成为会劳动、勤于劳动的人,才能尽快地改造好自己。

经过一段时期的教育和锻炼,钟某思想上改变了,行动上也有很大改进,学会了很多劳动技能,从日常的打扫卫生到对住院病犯的护理,细心地为病犯擦洗身体、喂饭、擦屎倒尿,都能勤学肯干,不怕脏累。

改变了陋习,转变了劳动观念,不断地劳动锻炼,从"四体不勤"到勤于劳动是勤劳精神在钟某身上的逐步树立。用他自己的话说:"眼里有活了,手里也有活了,劳动已经不再枯燥乏味,贯穿我改造生活的劳动带给我无穷的快乐。"从满身陋习、不爱劳动到勤于劳动和树立勤劳精神,的确需要一个过程,希望大家要像钟某那样认真地接受监狱的教育和改造,也要经常从勤劳的人身上、从成功者的身上学习优秀的品质、勤劳的精神。

朱德的扁担

1928年秋天,国民党反动派对井冈山革命根据地实行了残酷的军事"围剿"和经济封锁,妄图把井冈山根据地军民困死、饿死。为了保卫井冈山革命根据地,粉碎敌人的阴谋,毛泽东委员和朱德军长向根据地的军民发出了这样的口号:自力更生,艰苦奋斗,坚持斗争。

那时候,部队吃粮,需要往返五六十里的山路到宁冈去挑,于是红军发动了一个挑粮运动。毛委员和朱军长同战士们一样,脚上穿着草鞋,头上戴着斗笠,翻山越岭,亲自挑粮。

当时,朱德已经40多岁了。战士们见他为革命日夜操劳,在百忙之中还和大家走山路过小河挑粮,生怕他累坏了身体,战士们都劝说他:"朱军长,你那么忙,就不要挑了。"朱德感谢同志们的关心,仍然坚持要挑粮。战士们见劝说不起作用,就商量把他的扁担藏起来。谁知朱德又用竹子削了一根扁担,第二天又照样和战士们一起挑粮,战士们见朱德同志又有了扁担,晚上又把它藏起来,没有想到,第三天他又照样出现在挑粮的队伍里,而且他在新削的扁担上,特地刻上了"朱德记"三个字。朱德军长笑着对战士们说:"你们以后谁再'偷'我的扁担,我可要批评你们。"今天,这条扁担珍藏在革命历史博物馆内。

新中国成立后,彭德怀用《朱德的扁担》教育他的警卫员:一个共产党员,不论地位多高,官职多大,都是人民中的一分子,应该热爱劳动,热爱劳动人民,和人民同甘共苦。人民靠扁担挑粮吃的时候,我们不能坐着吃现成的,人民的肩膀还压着扁担的时候,我们不能自己躲到一边图清闲、享清福,而应想着如何通过自己的勤奋劳动换来劳动人民生活的改善。

从朱德身上我们看到了什么?从彭德怀的评论中我们能明白什么?我们应该看到这些老一辈革命家身上不仅仅有勤劳的行为和习惯,而是有一种可贵的勤劳精神,无论他们地位有多高,无论是在战争时期艰苦卓绝的岁月,还是中华人民共和国成立后条件有所改善的情况下,他们始终坚持勤劳的精神。我们要学习,就要学习这样的勤劳精神。

要勤劳,会勤劳,永远勤劳。勤劳是一种美德,很多伟人、成功的人、普通的人身上都有这种美德;勤劳是一种财富,是一个人终生受用不尽的财富;勤劳是一种精神,当你真正拥有了这种精神,你就会永远勤劳。

二、 勤劳是成功的必经之路

每个人的成功都不是偶然的,成功的方法只有一个,就是先得学会付出常人所不能付出的辛勤劳动。学生只有勤奋学习才能取得优异的成绩,农民只有辛勤劳作才能收获丰收,工人只有努力工作才能成为优秀的员工,各行各业的普通人只有勤奋努力才能出类拔萃,所有成名成家的成功人士,无一不是通过自己的勤劳从普通人走向成功的。服刑人员更要在人生的挫折中始终坚信,失败是成功之母,从失败通向成功的道路也只有一条,仍然是勤劳。

(一) 成功没有捷径,勤劳是通往成功的必经之路

英国生物学家、进化论的奠基人达尔文通过自己的亲身经历指出:"我在科学方面所作出的任何成绩,都只是由于长期思索、忍耐和勤奋而获得的。"任何一个成功的人都是经过了艰苦的努力才取得非凡的成就。古人云:"临渊羡鱼,不如退而结网。"意思是说,你站在河塘边,看着鱼

儿游来游去，幻想着鱼儿到手后的场景，还不如回去下功夫结出一张渔网捕鱼。比喻空想不能成功，只有勤劳实干才能实现愿望。

赤手空拳勤劳起家的霍英东

一个人要干成一番事业，其中放开眼界、抓紧时机、百折不挠、艰苦创业占95%的因素。
——霍英东

霍英东给人的印象，一是官至高位，在政界、商界、体育界拥有众多的头衔；二是他是个慷慨的有钱人。但是，很少有人知道，拥有太多光环和亿万财富的霍英东的起家经历却是常人难以想象的困苦与艰辛。如果不是凭着吃苦耐劳的精神，他不会取得现在的成就。

霍英东出生于一个非常贫穷的家庭，全家穷得连鞋都穿不上。霍英东找到的第一份工作，是在一艘旧式的渡轮上当加煤工，可是他的身体实在太单薄，顾得上铲煤就顾不上开炉门，刚上岗就被辞退了。1942年夏天，日本军队扩建启德机场，霍英东经人介绍，进了机场当苦力。工钱是每天只给半磅配给米和七角五分钱。而霍英东从他家所在的湾仔乘车到机场，路费就得要八角钱！霍英东没有办法，只好多吃苦跑路，省下这笔交通费。他每天天不亮就起床，步行赶到码头，花一角钱渡过海，然后骑车赶到机场上班。那些日子霍英东一天只能吃到一碗粥和一块米糕，总是感到又累又饿。有一天，工头让他去搬重达50加仑的煤油桶，结果被砸断了一根手指！那几年中，霍英东一直靠卖苦力苦苦维持。

早年的艰辛和挫折，并没有打垮霍英东，他坚信自己总有崛起的一天！他的母亲和13个合伙人共同买下了一家杂货店，霍英东曾在那里负责管理店务。他尽量做到眼快、嘴快、手快，留住顾客，做好生意。这样使他培养了灵活的处事方法和敏捷的算术头脑。小店早晨6点开门，晚上10点才关门，没有星期天、节假日，甚至晚上打烊时还留着一扇小门。霍英东非常辛苦，但小店的经营却很有起色。

第二次世界大战结束后,霍英东终于以敏锐的眼光,捕捉到了一个发财的机会。日本侵略军投降后,留下了很多机器设备,价钱很便宜,但稍加修理就可以用,也可以卖出不错的价格。霍英东很想做这种生意,于是他成了个读报迷,专门注意报纸上拍卖日军剩余物资的消息,及时赶到现场,以内行的目光挑选出那些有价值的机器,大批买进,迅速修好后卖出。有一次,他看准一批机器,并且在竞买中以1.8万港元中标。他兴高采烈地回家请母亲凑钱交款,可是由于他经常冒险,母亲不肯给他钱。霍英东眼睁睁地看着一笔大买卖就要落空,正在着急,幸亏有一个工厂老板也看中了这批货,愿意出4万港元从他手中买下,霍英东净赚了2.2万港元,这是他在那几年中赚到的最大一笔钱了。虽然利润不算太大,但却为霍英东积累了最初的资本。

辛勤的蜜蜂永远没有时间悲哀。霍英东从小的勤劳吃苦为他后来的成功打下了坚实的精神基础,正是这种勤劳的精神使他战胜了人生道路上一个又一个困难。勤劳使他在黑暗中一步一步地找到了光明。霍英东的勤劳与成功很好地说明了:成功没有捷径,勤劳是成功的必经之路。

(二) 成功并非遥不可及,成功就在你勤劳的双手中

我们前面说过,要为自己设定一个合理的目标,所谓合理,就是切合自己实际的成功目标,这和我们说过的每个人都有自己对成功的定义是一致的。就像那个女采耳师那样,自己的生活有了改观,她认为自己就是成功的。其实成功是分阶段的,每一个成功者也不是一步就达到了最终的成功目标,就像霍英东那样,他的成功是一步一个脚印走出来的。所谓切合自己实际的目标也不是一个人一生最后的目标,而是当前一段时期比较合适的目标。一个人最后的成功目标的实现是从实现一个又一个阶段目标逐渐累积成的。谁敢说那个女采耳师今后不会有更大的成功呢?你看她面对并不如人的生活状态,她只和自己的过去比,生活初步改观了,她认为自己成功了,然后继续勤奋地工作,朝着更大的成功努力。每一个成功者的成功之路都是这样走出来的,实现了一个阶段目标,给自己一份激励,然后再设定一个更高的目标,然后更加乐观、积极地勤劳努力。如此,我们

就不难理解：成功并非遥不可及，成功就在你勤劳的手中。

白手起家创办吉利集团的李书福

说到李书福，大家可能不熟悉，但是说到吉利汽车，大家都知道是中国第一家也是最大的一家生产轿车的民营企业，李书福就是白手起家创办吉利集团的著名民营企业家。李书福的成功是一步一步走出来的。

"贫穷可以转化为力量"

"我很小就开始挣钱了，七八岁的时候，我就在村子里给人放牛，拉风箱，放牛一天能挣三毛钱，拉风箱可以挣到五毛钱。"贫穷的少年时代给他留下了深刻的烙印，影响至今，他说，"贫穷可以转化为力量，它本身就是一种财富"。

"我的发家史就是一个自己动手的过程"

19岁他开始人生的第一次创业，开照相馆，"刚开始根本不是照相馆，就是买了个小相机，骑个破自行车满街给人照相。"李书福把这段创业的故事说成是背着相机在公园里瞎转悠的"野照相"——"来，来，同志过来照张相"。吃苦他是不怕的，因为"不吃苦你就不能生存"。

开办电冰箱厂

1984年，李书福开始生产冰箱零部件。一开始，李书福就是自己一个人生产，然后装包里，骑自行车把零部件送到冰箱厂。后来，李书福和其他几个兄弟一起成立了冰箱配件厂。之后他觉得既然自己能做电冰箱最核心的冷冻室，那么做出一个完整的电冰箱也没有什么难的。1986年，李书福组建了黄岩县北极花电冰箱厂。到1989年，北极花冰箱已成为国内冰箱行业的名牌产品，李书福这个26岁的冰箱厂厂长，已经是一个千万富翁。然而，由于国家政策的调整，他不得不把整个厂子关停。

海南之败

李书福最大的商业失败在海南。1992年前后海南房地产热潮正猛,李书福带着数千万元赶赴海南。"海南地产热那一段,几千万全赔了,人都回不来了"。海南房地产的失败,李书福说,给他最大的教训就是:"我只能做实业。"

进军摩托车行业

他选择进军摩托车行业,国家政策这一道关口必须跨过,否则又会像上次办冰箱厂一样面临关停。怎么办?他到国家机械部跑了一趟,结果碰了一鼻子灰。但他始终没有放弃摩托车梦。终于在1992年,建成浙江吉利摩托车厂,所谓"吉利",就是"大吉大利"!

汽车制造

1994年,摩托车生意红火的李书福做了一个惊人的决定——"造汽车"。有人提醒他,造"四个轮子"的汽车与造"两个轮子"的摩托车可是完全不同的,他为了打破神话,故意说出一句狠话,"造汽车有什么神秘的?不就是四个轮子,两张沙发,加上一个铁壳嘛!"有人说吉利造车无异于跳楼,他来了一句,"那就给我们一次跳楼的机会。"

作为一家民营企业,缺人才,缺资金,缺技术,缺设备,没有"准生证"……他后来回忆说,我们造轿车,媒体不信,银行不信,行业不认可,就连汽车零部件公司都不愿意卖给我们零部件。

但是,李书福还是克服了政策、人才、资金、技术等困难,1997年成立了自己的汽车公司。现在,吉利集团的资产总值超过340亿元,连续八年进入中国企业500强,连续六年进入中国汽车行业十强,被评为首批国家"创新型企业"和"国家汽车整车出口基地企业"。成为中国汽车业最具影响力的自主品牌之一。

李书福从无到有,从小到大,一个一个地实现自己的愿望,其间虽然经历过惨痛的失败,每一次创业都充满着艰辛,但是他顽强地靠自己的勤

劳和坚韧实现了更大的成功。勤劳,像蜜蜂一样忙忙碌碌,就是李书福的成功经验。千里之台,起于垒土,成功起点并不重要,失败也不可怕,尽管你失败过,甚至可能你现在的人生还是个负数,但是,只要你有目标,只要你行动起来了,成功就在你的脚下,成功就在你勤劳的手中。

(三)成功是苦尽甘来,勤劳让你攻坚克难

人生不是一帆风顺的,成功更不是一路坦途。谁都经历过困难、失败和挫折,有的人在困难面前退缩了,结果以失败告终;有的人在困难面前选择了坚持,结果一次次失败变成了成功之母。坚持的人有两点需要我们学习,一是坚强的毅力,就是任何困难也吓不倒的精神;二是持之以恒的勤劳和努力,就是永不放弃,就是面对失败从头再来,这样的人最后必定成功。所谓百折不挠,苦尽甘来,"一分耕耘,一分收获",就是这个意思。正如被媒体评为最具升值潜力的十大企业新星之一、新东方集团的董事长、有"留学教父"之称的俞敏洪所说的,我认为世界上有一种人的成功是必然的,就是"经过了生活严峻的考验,经过了成功与失败的反复交替,最后终于成大器的那种人"。

俞敏洪:在绝望中寻找希望,人生终将辉煌!

俞敏洪在1985年北京大学毕业留校担任外语系教师,1991年9月,俞敏洪从北京大学辞职,1993年11月从最初的几十个学生开始了新东方的创业过程。2001年成立新东方教育科技集团,2006年9月7日新东方在美国纽约证券交易所成功上市。俞敏洪的成功可以用辉煌来形容,而这种辉煌却是他用顽强的毅力和勤劳地工作挺过来的。

俞敏洪为什么要从北大辞职?——连老婆都不尊敬时,活着就没劲了

俞敏洪经常诙谐地回忆当初创业的历史,那时候大学毕业留在学校任

教,几年后,很多同学都出国了。我的老婆有时会在我身边说,某某又走了,某某又走了,你真窝囊,到现在还没有出去。作为一个男人,听到这样的话,你的心肯定在流血,所以你就不得不去奋斗。也就是因为这样的推动力,才产生了今天新东方的萌芽。人最希望受到的尊敬是来自家庭内部的尊敬,如果连老婆都不尊敬你的话,还活着干什么?

辞职应该是俞敏洪创业之难的第一难

北京大学的老师应该是一份很难得的工作,怎么能辞职?俞敏洪为了创业坚决要辞职,他遇到的最大阻力就是他的家人,他的父母坚决反对,给他施加了很大的压力,他的母亲甚至说,"要辞职就和你断绝母子关系"。但是他还是从北京大学辞职了。

要办学校,先得办执照,也成了一难

"由于我资质不合格,这个得需要原单位同意,我没有资格领到办学执照。……我就非常坦诚,我每个礼拜都到教育局去一次。他们当时搞不明白我要干什么,四个月以后我觉得和他们混得比较熟了,我跟他们说我要办学校,结果他们说这个不合格那个不合格,后来他们说看你这个人好像不会做出坏事来,就给我一个半年的试营业执照,如果半年之后不合格,他们就把我这个执照没收,就这样我拿到了执照"。

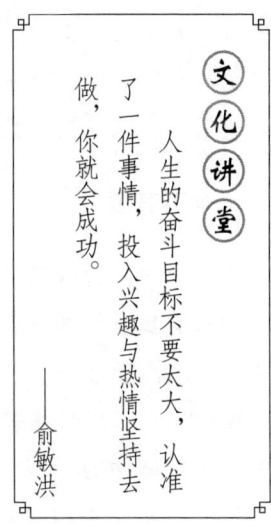

文化讲堂

人生的奋斗目标不要太大,认准了一件事情,投入兴趣与热情坚持去做,你就会成功。

——俞敏洪

起步之难

1993年,在只有10平方米漏风的违章建筑办公室里,新东方开始了充满艰难的发展历程。1993年冬天,俞敏洪自己拎着糨糊桶在零下十几度的冬夜去贴广告,把糨糊刷在柱子上,广告还没贴上去,糨糊就冻成冰了。"实际上,身体上的痛苦还能够忍受,但精神上的挫折却几乎让我丧失信心。"更要命的是,当新东方跟别的单位产生了竞争,新东方广告员去贴广告的时候,被人捅伤了,进医院缝了好几针。

醉了、哭了、喊了、不干了，第二天醒来还要背着书包给学生上课去

俞敏洪的创业经历中，最令人印象深刻的是他的一次醉酒经历。俞敏洪那次醉酒，缘起于广告员被竞争对手捅伤，俞敏洪为了解决纠纷请人喝酒，为了掩盖自己内心的尴尬和恐惧，劝别人喝，自己先喝，喝着喝着，俞敏洪钻到桌子底下去了。被送到医院，抢救了两个半小时才活过来。医生说，换一般人，喝成这样，回不来了。俞敏洪喝了一瓶半的高度五粮液，差点喝死。他醒过来喊的第一句话是："我不干了！"学校的人背他回家的路上，他一边哭，一边撕心裂肺地喊："我不干了！——再也不干了！——把学校关了！——我不干了！"他不停地喊，喊得周围人发怵。哭够了，喊累了，睡着了，睡醒了，酒醒了，晚上7点还有课，又像往常一样，背上书包上课去了。实际上，醉酒了难受，但是精神上的痛苦比醉酒更难受。醉了、哭了、喊了、不干了……可是第二天醒来仍旧要硬着头皮接着干，眼角的泪痕可以不干，该干的事却不能不干。

永不言败

创业中，俞敏洪经历多少困难只有他自己更清楚。他说："人分两种，一种人有往事，另一种人没有往事。我真心希望大家能从这些故事中，读出一点人生的痛苦、一点挣扎、一点不屈、一点顽强、一点辉煌；我也真心希望，大家能从痛苦中读出快乐，从绝望中读出希望，从黑暗中读出光明，从迷雾中读出方向。"直至今天，新东方上市了，俞敏洪成了留学"教父"，成了中国富豪榜的风云人物。但他仍然穿着背后印有"在绝望中寻找希望，人生终将辉煌"的新东方T恤去打高尔夫。

"在绝望中寻找希望，人生终将辉煌！"正是这种精神，改变了俞敏洪自己的命运。

回顾自己十几年所走过的路，俞敏洪认为成功必须具备三种精神：第一，是忍受孤独的能力。因为在你成功以前，你永远是孤单的，没有人能够帮得上你。第二，是忍受失败的能力。第三，是忍受屈辱的能力。孤独、失败、屈辱都曾经与他为伴，但都没有消磨他的意志，反而使他愈挫愈勇。

人们常说，失败是成功之母，但英国有句谚语说："勤劳是成功之母"。这两句话说的都很好，前者是告诫失败者的，后者则是告诫每一个人的。这两句话对我们都适用，让我们牢记其中的道理，希望大家都能走上勤劳的成功之路。

第八章　辛勤劳动　成功的基石

劳动改造分册

第九章

劳动创造美好人生

结合我们的实际来说，服刑期间的劳动对我们具有非常特殊的意义。"没有劳动，就没有我的人生定位"，"劳动助力追梦人"。在我们人生的转折点上，劳动既可以帮助我们重新找到自己的人生定位，也可以帮助我们重新确立和实现新的人生目标。在我们人生最低谷、最困难、最痛苦的时候，埋头苦干，勤奋劳动，能让我们这颗低落的、痛苦的、绝望的心平静下来，能让我们在茫然无措中慢慢地找到和重新站上人生新的起点。在我们学习了劳动的各种知识后，在我们今后的劳动中，我们要做的，就是要更加脚踏实地地劳动，去努力追求自己的人生目标。无论我们的目标有多大，未来有多远，我们都可以靠劳动去追寻，无论我们的人生经历多少困难和失败，我们都可以靠劳动去战胜。劳动改变人生，美好未来在手中。

一、在劳动中体现人生价值

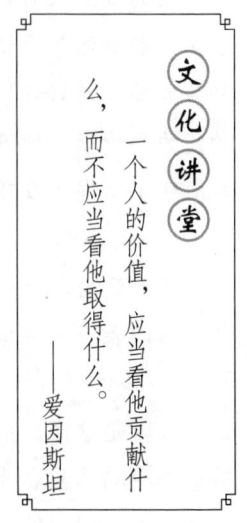

文化讲堂

一个人的价值，应当看他贡献什么，而不应当看他取得什么。

——爱因斯坦

一个人的人生定位中包含他的人生价值，人生的价值就是人生的意义。一个人的人生价值，具体体现在谋生、追求个人目标的过程中，同时也要为别人、为社会带来好处，为社会做贡献。正确的人生价值应该是把满足自己的需要和社会的需要有机地结合起来，而不是一味地、甚至是不择手段地追逐自己的利益。我们在服刑期间最重要的一个任务，就是改造自己错误的人生观、价值观，树立正确的人生观、价值观。在劳动中，我们会体会到，收获自己所需的同时，也满足着社会的需要，得到社会的认可，这才是真正的人生价值，如果我们能通过自己的能力，在自己成功的同时，也为社会做出更大的贡献，这就是更大的人生价值。

（一）在劳动中，领悟人生观、价值观，体现人生价值

人生观是一个人对人生的看法，也就是对人生存的目的、价值和意义的看法，人生观具体表现为苦乐观、荣辱观、生死观等。价值观是一个人对对与错、美与丑、好与坏、可行与不可行的判断标准，它既是自己人生

行为的指南,也是自我评价的标准。

劳动是检验一个人的人生观、价值观的重要手段,也是我们从中领悟人生观、价值观、体现人生价值的好方法。

丁某在劳动中体验人生价值

服刑人员丁某,入狱以后,错误的价值观仍然支配着他的行为,思想消极,对抗改造,违反监规纪律的行为时有发生。在劳动中,一次偶然的机会让他渐渐体验到了自己的价值。一次,警官让他辅导一名年龄大、记忆力差的服刑人员背诵《服刑人员行为规范》,本能的好胜心和面对这位年龄大的服刑人员的优越感使他运用了各种方法,比如记符号、背口诀、图示、顺口溜等方法,使这名服刑人员可以熟练地背诵行为规范,得到了领导和警官的好评。警官的好评、完成任务后的成就感使丁某看到了自身的能力和价值。他开始认识到怎么做是对的,怎么做是错的。之后,可喜的变化不断发生在丁某身上,他不再消极地对抗改造,而是积极地投入到劳动中去。2008年到2010年,丁某带领全队服刑人员实干巧干,圆满地完成了奥运会以及一些电影的服装道具的加工制作任务,受到了监狱和协作单位的表扬和奖励。

人就是这样,一次小小的付出得到的却是自身价值的切身体验,别小看这小小的体验和成就感,它能使人逐渐改变已有的错误观念,并成为树立新的人生观、价值观的起点和放弃自私自利而更加积极工作的动力。

通过几年的劳动和改造,丁某的思想水平有了质的飞跃,新的人生观、价值观树立了起来。对此,丁某有以下几点体会:

(1)心中有了对错、美丑、好坏、可行不可行的判断标准,树立了正确的价值观;

(2)知道了自己犯罪的根源是自己错误的人生观、价值观;

(3)自己有了正确的劳动观,而且成了别人的榜样,从中感到了无比的快乐,体验到了人生的价值。

张师傅开煎饼铺的人生价值

张师傅烙煎饼已经整整10年了,别看张师傅的煎饼铺小,可是他一天得烙150斤面粉、两大缸面糊;别看煎饼铺不起眼,它却引来马来西亚食品专家前来研究拍照。

因为"养家糊口"一个简单的理由,煎饼铺开张了。提起为什么开煎饼铺,张师傅毫不犹豫地说,"很简单,养家糊口,干个体的谁不是这样"。十年前,儿子和女儿都在上初中,学习都很好,考虑到孩子将来上学的学费,张师傅决定到临沂烙煎饼卖。

一天烙16个小时,炉子休息,人才休息。每天4点起床开始烙煎饼,一直烙到下午6点,而且等到晚上8点煎饼卖完了才关门,张师傅一天平均要工作16个小时,一年365天,天天如此。张师傅说:"过年那会,每天3点就起床了,晚上要干到10点才能关门。"虽然辛苦,但是张师傅的煎饼铺生意红红火火,前来买煎饼的人络绎不绝。一位前来买煎饼的小伙子说:"他家的煎饼好吃,我基本上天天都到他家来买。"

小小煎饼铺吸引马来西亚食品专家前来拍照采访。别看张师傅的煎饼铺小,但是却吸引了不少人来采访他。张师傅说:"去年,有个马来西亚人说是搞食品研究的,来中国研究中国的传统美食,她要采访我,还要拍照。不过一听是外国人,还要研究中国美食,我也弄不太清楚,害怕会有什么不良影响,就没同意。"

张师傅烙出来的煎饼黄灿灿的,很是诱人,难怪生意这么好,回头客这么多。随着生意的红火,张师傅在临沂买了房子,结束了租房的日子。有人问他,如今,房子也买了,孩子都毕业找了工作,怎么还这么拼命地干呢?48岁的张师傅乐呵呵地说,"现在才到哪里呀,在临沂买了房子,以后就一直在临沂烙煎饼了。"

张师傅是一个普通的连名字都不愿意透露的普通劳动者。也许张师傅的现状最接近我们将来的生活,所以也最能帮助我们理解人生的价值。用正当劳动养家糊口,让孩子好好上学,追求更好的幸福生活,这就是张师傅对家庭的价值；他的煎饼"很是诱人"，满足了社会的需要，还传播了中国的传统美食，这就是他对社会的价值。张师傅勤劳朴实，乐观善良，保证每一张煎饼的质量，没有一点投机取巧，这充分体现了他的人生观、价值观，这可是他"成功"的秘诀啊。

我们应该做的，就是像丁某一样在劳动中体验人生价值，改正错误的人生观、价值观，像张师傅一样拥有一个普通劳动者的人生价值。

（二）在劳动中，追求更高的人生价值和人生境界

一个人最基本的要做到拥有一个正确的人生观、价值观，首先拥有一个普通人的正常人生价值观，然后才有可能去追求更高的人生价值。更高的人生价值就是即使在最平凡的岗位上，在最普通的劳动中，也不计个人得失，超越自我，无私奉献。

独腿老兵艰苦创业　扶贫战场再显担当

54岁的王明礼是贵州省思南县的一名退伍老兵。战场上的他舍己救人，身负重伤；退伍后他在一片荒山里艰苦创业，任劳任怨，通过自己勤劳的双手，带领退伍老兵和困难群众脱贫致富。

王明礼，17岁参军入伍，在战斗中，他为救战友被炮火击中，身负重伤，失去了左小腿。退伍后，王明礼回到思南县总工会工作，负责下岗职工的再就业。为了解决下岗职工和困难群众的工作问题，王明礼开始思考着带领他们自主创业。通过多次实地考察，他了解到当地山区适合种植茶树，于是2008年，他辞去了稳定的机关工作，毅然和几个退伍战友一起上山开荒种茶。

就这样，王明礼带着战友们，用不多的积蓄承包了近千亩的荒山，然后通过自己的双手在上面一棵一棵地栽种茶树。从那时起，王明礼就带着伤残的腿奔波在山路上，常常被摔得满身是泥。

十年的奋斗，使曾经的荒山上有了今天郁郁葱葱的茶林。如今，这座

茶山不仅帮助周围六个村的339户贫困户脱贫致富，同时也让四十多名退伍老兵在这里找到了第二个"家"。

王明礼，一位曾经的尖刀班班长，一位靠义肢行走三十年的退伍军人，一位憨厚勤奋的工会快递员，一位带领退伍战友一起创业的好兄弟，他用勤劳的双手、智慧的头脑闯出了属于自己的一片天，他没有贪图稳定的机关工作，而是身残志坚，毅然选择了求成、求实、求新，干事创业，选择了追求更高的人生价值，追寻更高的人生境界，带领退伍老兵们开创一片属于自己的天地，让退伍老兵们找到第二个"家"。

我们也应从王明礼的事迹中深刻领会到人生价值的真正内涵。想想王明礼，也反思一下我们自己，反思一下我们的人生价值对社会是有益的还是有害的。我们应该积极地投入到劳动中去，跳出自我的小圈子，尝试着为别人做一点事情，唤醒自己身上沉睡已久的奉献意识，消灭极端自私自利的思想，体会一下奉献的快乐。将来回到社会后，无论干哪一行，把自身的需要和社会的需要结合起来，把个人的工作融入有益于社会的需求中去，我们一定会找到自己的人生价值。

二、在劳动中拨正人生航向

如果我们把人生比喻成一次远航，理想和信念就是航标灯和动力，人生目标就是远航的目的地，人生观、价值观是航船的仪表盘和导航仪，而辛勤的劳动就是我们对航船的驾驭与操作。人生的远航和大海中的航行几乎完全一样，有狂风巨浪、有暗石险礁、有迷途误导、有陷入漩涡难以自拔，更有可能因为我们的操作失误，船毁人亡。我们在人生路上犯了重大的错误，一定是我们在自己的人生远航中哪一个方面出现了问题——或者是我们没有理想和信念，或者是我们没有人生的奋斗目标，或者是我们没有正确的人生观、价值观，或者是我们被航程中的各种困难所吓倒，或者是我们在人生航船的驾驶舱里睡起了大觉，或者是我们一步没有走对，而毁掉了自己的前途。放眼人生的长河，我们人生的远航就是我们一生的耕耘和劳动，无论是今天狱中的劳动，还是在今后的人生路上，我们一定要

尽快拨正人生的航向，正确的驶完我们的人生航程。

(一) 勇于直面自己的错误和不足

错误谁都会犯，关键看对待错误的态度。只有正确面对自己的错误，才能下决心用实际行动改正错误。一个人总是犯错误，甚至在同一个地方犯同样的错误是愚蠢的，也是可悲的。有错不认，有罪不改，对人对己都是不负责任的，就像在大海上的航行一样，航向错了，设备坏了，再不改正，再不修理，不是前途渺茫，就是船毁人亡，最终葬身大海。

错一时莫错一世

在美国新泽西州的一所小学里，有一个由26个孩子组成的特殊班级，被安排在教学楼里一间很不起眼的教室里。他们都是一些曾经失足的孩子，有的吸过毒，有的进过少管所，家长、老师及学校对他们非常失望，想放弃他们。学校里有一位叫菲拉的女老师主动接手了这个班。她的第一节课，并不像以前的老师那样整顿纪律，而是在黑板上给大家出了一道选择题，让学生们根据自己的判断选出一位在将来能够造福人类的人。

题目是这样的：有三个候选人，他们的经历分别是：A. 笃信巫医，有两个情妇，还有多年的吸烟史，而且嗜酒如命；B. 曾经两次失业，每天到中午才起床，每晚都要喝一公升的白兰地，而且有过吸毒的记录；C. 曾是国家的战斗英雄，一直保持素食的习惯，不吸烟，偶尔喝一点啤酒，年轻时从未做过违法的事。

全班学生都选择了C。菲拉老师公布了答案：A是富兰克林·罗斯福，担任过4届美国总统；B是温斯顿·丘吉尔，英国历史上最著名的首相；C是阿道夫·希特勒，法西斯恶魔。大家都惊呆了。此时，菲拉老师说："孩子们，你们的人生才刚刚开始，过去的荣誉和耻辱只能代表过去，真正能代表一个人一生的，是他现在和将来的作为。从现在开始，反思自己的过去，努力做自己一生中最想做的事情，你们都将成为了不起的人。"这一番话改变了这26个孩子一生的命运，他们当中就有今天华尔街最年轻的基金经理人——罗伯特·哈里森。

忏悔不仅能战胜自己内在的敌人，同时也能打扫自己灵魂深处的污垢尘埃，而且能减轻精神痛苦并净化自己的精神境界。

我必须面对自己的耻辱

我必须面对自己的耻辱
——罗斯福

美国总统罗斯福患小儿麻痹后遗症，后来突然发病，身体不能动弹，这时他已做了参议员。遭此打击，他也曾心灰意冷。开始他必须坐在轮椅上，但他很有志气，讨厌整天依赖别人把他抬上抬下，晚上就一个人偷偷练习。有一天，他告诉家人，他发明了一种上楼梯的方法，表演给大家看。他先用手臂的力量把身体撑起来，然后再把腿抬上去，就这样一阶一阶艰难缓慢地爬上楼梯。他母亲阻止他说："你这样在地上拖来拖去的，给别人看见了多难看。"

罗斯福断然道："我必须面对自己的耻辱。"

能平静地面对自己耻辱的人，还有什么不能战胜呢？我们中间的一些人，认识到了自己的罪责，也感到了羞耻，但是因为这样那样的原因而自卑，不敢面对错误和不肯奋起而行，这是一种懦弱的表现。勇于面对自己的错误和不足，勇于改正自己的错误，以加倍的努力克服不足，是拨正自己人生航程的第一步。

（二）在劳动中重拾自信，重树信念

一个人没有正确的理想和信念，人生观、价值观扭曲，人生目标缺失，自卑、自暴自弃等，这些严重的思想和精神问题会使人生失去方向、缺乏动力和自信。如果得不到及时有效的调试，用老百姓的话轻则说"这个人就这样了"，重则说"这个人一辈子算完了"，甚至他自己都这样说："我这辈子算完了，我就这样了"。要知道，人生最可怕的就是这种丧失一切自信的"我放弃"。

"母球落袋"不等于"游戏结束了"

有一种网络台球小游戏,一个母球,十五个目标球,你有2分钟的基本时间,用母球击打目标球,每打进一个会给你加100分,并奖励你10秒钟,但母球千万不能落袋,母球落袋会被扣掉30秒。如果你能高效率地进球,你的积分会增加,你的时间也会增加,你就可以持续玩这个游戏,并获得更高的积分,时间没有了,游戏就结束了。所以,这个游戏的关键有两点:一是尽量不要让母球落袋,母球落袋是最大的损失,一次扣30秒,时间损失巨大;二是要高效率地进球,进球不仅会加分,还会奖励时间。有时,母球一落袋,玩家的心情就会气急败坏,心想:"这场游戏又完了",一旦放弃,目标球打不进,母球反倒又落袋了,以失败告终。相反,如果被扣了30秒后不气馁,继续打好每一杆球,积分上来了,时间又争取回来了,游戏还可以继续。

用这个小游戏来比喻一个人能否自信地走完人生之路非常的贴切:

第一,不要让你人生的"母球"再次"落袋"。"母球落袋"相当于重大的人生错误,既然有一次人生的"母球落袋"了,就不要让它再次落袋。人生须谨慎,就像击球一样,只要努力,道路走对了,人生"母球落袋"的事就不会发生了;

第二,母球落袋也要坚持自信。游戏中母球一落袋,就想"这回又完了",人一遇到挫折,就想"我这辈子算完了",二者的错误是一样的。玩这个小游戏需要必胜的信念,人生同样需要必胜的信念,缺乏理想和信念,就是人生最大的"母球落袋";

第三,辛勤地劳动相当于高效率地进球,进球越多你就会越自信,你越是辛勤的劳动你就会有更多的收获,你就会拥有更多的自信,你的人生就会取得一个又一个的成功。

下面请看我国当代著名作家贾平凹的一段优美文字:

"美丽的走着就是人迹"

人的一生怎不是在行走一个后是苍崖、前是黑林、上有夹峰、下有深渊，霜在滑、风在扯、颤颤兢兢、移移挪挪、裹脚难迈的独板之桥呢！

板上有霜，但毕竟是桥，是桥就是要从此岸去彼岸。如果在桥上看头顶之上的高天有浮云若鹰若鹤，看冰清的月亮走一步随一步永伴不离，听桥下流水鸣溅，听鸟叫风前，视霜为粉为盐为光洁乳白的地毯，再欣赏远处的树影斜荷，桥面款款而动的图案，你一时不知水在下走还是桥在上移，是桥面在晃还是树影在浮，一摇一摆，摇摇摆摆，你不禁该笑一句："嘻，真个神仙！"这便是幽默，有幽默则是人生进入大境界了。

于是，我说，在有霜的板桥上走着，走着是美丽的，美丽的走着就是人迹。

"走着是美丽的，美丽的走着就是人迹。"多么美丽的语言，多么幽默的人生"大境界"啊！"高效率地进球""美丽地走着"就是我们人生的脚步，"就是人迹"，就是我们的辛勤耕耘与劳动。辛勤地劳动，是一剂良药，它能医治我们心灵的创伤和疾病，它能让我们拨正人生的航程，自信地"美丽地走着"。

农疗劳动医治了他的心灵创伤和精神疾病

某监狱第十二分监区服刑人员车某，有精神病史。自入监后，敌视干警，破坏监规，先后六次自杀自残、一次殴打干警，一次威胁干警，更为甚者，在禁闭期间，他将大便扔到床上和干警的身上，造成极为恶劣的影响。分监区决定针对其在感知、思维、情感、行为四方面的障碍，通过特色改造功能区的劳动开展矫治活动，逐步改善其精神活动与环境的不协调。

分监区安排车某出工参加农疗劳动，还让他参加了分监区QC小组，让他掌握一定的劳动技能。车某的劳动积极性被调动了起来，热情很高，

干活不怕苦累，能较好完成劳动任务，逐渐成为劳动的骨干。最可喜的是，他开始能够正确对待不同意见和建议，与他人相处的越来越好，责任心也树立了起来。这些表现，是他在特色改造功能区劳动的重要成果，车某逐渐突破了感知、思维、情感、行为的障碍，精神活动与环境逐渐协调、统一。为了达到长期稳定车某病情的目的，分监区及时采取了进一步"委以重任"的疗法，让他负责班组事务，担任班组里的护理工作，"委以重任"不但没有压垮车某，反而更加提高了车某的自信心。车某已经成为分监区的积极力量，并终于获得了第一次减刑。

从车某的身上，我们可以总结如下几点：

第一，农疗劳动使车某突破了感知、思维、情感、行为的障碍，精神活动与环境逐渐协调、统一，找回了生活的信心。

第二，农疗劳动使车某重塑了人生观、价值观，重塑了自我。

第三，车某的事例再次证明了劳动是一剂医治心灵疾患的良药，劳动能使我们恢复正常，重拾自信。

（三）在劳动中寻找人生的转机

劳动的好处和重要性在于能使我们在劳动中学会一技之长，了解社会需求和自己的能力，找到回归社会后的人生出路和机会。很多服刑人员就是在劳动中学到了回归社会的本领，发现了自己在社会中的机会。牢狱生涯是不幸的，但是要能有这样的收获又是幸运的。很多人犯罪前不学无术，不务正业，通过在狱中的劳动和改造，不仅人改造了，生存的本领甚至奔向成功的能力也有了，这就是人生旅程的重大转机啊！要在劳动中寻找到人生的转机，需要把握以下要点：（1）要勤劳；（2）要勤于学习和思考；（3）要了解社会需求；（4）要掌握一技之长；（5）要细心。最后，也是最重要的，就是要有寻求人生转机的强烈愿望。

拿破仑并非败于滑铁卢战役，而是败在一枚棋子上

拿破仑是法国近代资产阶级军事家、政治家、数学家，法兰西共和国

第一执政者,法兰西第一帝国皇帝,曾经征服和占领过西欧和中欧的广大领土。人们普遍认为拿破仑的最后失败是1815年的滑铁卢战役,其实他在惨败滑铁卢之后不是没有东山再起的机会,但是他的彻底绝望使他失败在一枚棋子上。拿破仑在滑铁卢失败后,被终身流放到圣赫勒拿岛,他在岛上过着非常无聊的生活。后来,拿破仑的一位密友通过极为秘密的方式送给他一件珍贵的礼物——一副象棋。拿破仑对这副精致而珍贵的象棋爱不释手,就一个人默默地下起象棋来,解除了被流放的孤独和寂寞。当他死去以后,那副象棋多次以高价转手拍卖,最后象棋的所有者偶然发现,其中一枚象棋的底部可以打开,里面密密麻麻地写着如何从这个岛上逃出的详细计划。然而,拿破仑却并没有发现这个秘密,就这样草草了却了一生,令人扼腕不已。

拿破仑被称为奇迹创造者,但他去世时才52岁。他本来可以再创造人生的更高奇迹,他的转机就在那枚棋子上,但他早已没有了寻找人生转机的愿望,他把带着他人生转机的那枚棋子当成了打发时光的玩物,不再做任何寻找转机的努力。一个人不怕失败,就怕在人生的低潮中失去求胜的愿望和追求。没有了愿望就等于放弃了一切努力,再多的机会也没有用。入狱服刑虽然是一次人生的重大挫折,但是,我们不能因此放弃自我,放弃对美好未来的追求,国家和社会从来没有放弃我们,给我们提供了那么好的改造条件和机会,给了我们"千里之行,始于足下"的劳动。我们不应放弃,机会就在我们手中,就在每天的劳动中。

监狱里是"伙食专家" 回归后成"餐饮老板"

服刑人员李某、张某被安排在服刑人员食堂的劳动岗位。李某在食堂从事送餐服务,在日常劳动中他认真细致,尤其比较注意各个分监区打饭时的反馈,如昨天的菜口味偏重了,副食的制作应该变花样了,主食的口味、种类要增加了,等等,一回到食堂就记录下来并及时向主管干警汇报,干警通过反馈意见不断做出完善调整,使伙食尽可能地满足服刑人员的饮食需求。这样的劳动习惯使李某从一个对餐饮一窍不通的人,变成了

一个经验丰富的"伙食专家"。

张某在食堂担任大灶班长,主要负责副食烹饪。在劳动中他积极主动,利用自己的经验和能力提升劳动效率。他把大灶日常的一些弊端一一记录下来,在学习了副食加工的一些常识后,他又对部分蔬菜的加工方法和步骤进行了一些新的尝试,反复实验后确定出了合适的工艺,使加工时间不断缩短,加工用料不断节省,取得了较好的效果。

李某和张某,一个是"伙食专家"、一个是"烹饪好手",两人出狱后不久,便商议进行餐饮方面的合作,走自主创业之路。两人共同出资,携手承包了一家单位的食堂,由于在监狱积累的丰富伙食加工技能和经验,使他们在经营中游刃有余,充分满足了公司员工的饮食需求,获得了公司的肯定。目前,二人正准备用经营食堂赚下的第一桶金,投资餐饮业,开一家规模较大的川菜馆,为自己的未来创造更多的财富。

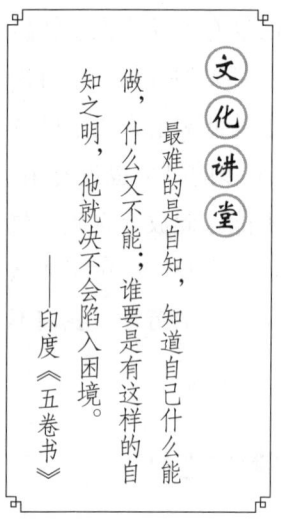

文化讲堂

最难的是自知,知道自己什么能做,什么又不能;谁要是有这样的自知之明,他就决不会陷入困境。
——印度《五卷书》

怎么才能知道自己能做什么,不能做什么呢?其实,仔细想想,在服刑中,有实实在在的劳动让你做,做的产品又是社会所需要的,有一技之长可以学,现在监狱安排劳动越来越考虑我们回归社会的需要了。所以,在劳动中寻找人生的转机,真的不是很难,关键看你有没有用心,有没有信心。正如刘欢唱的那首歌《从头再来》中唱到的:"心若在,梦就在,只不过是从头再来。"

(四)找回迷失的人生,浪子回头金不换

人们常用"浪子回头金不换"来形容能改邪归正的人极其可贵。拨正人生的航向,找回迷失的人生,就是浪子回头金不换。在现实中,在我们身边,就有这样的例子,这些人是我们学习的榜样。

浪子回头：父母的好儿子，工厂的好员工，社会的优秀公民

锒铛入狱，接受改造

卢某初中一年级就辍学了，整天在社会上混，让父母操碎了心。2006年11月，17岁的卢某因抢劫罪判处有期徒刑两年。在未成年犯管教所服刑期间，他系统地学习了《弟子规》《论语》《孝经》，慢慢地被优秀传统文化博大精深的内涵所触动，渐渐地懂得了"百善孝为先"的人生哲理。卢某在未成年犯管教所服刑1年7个月后，获得假释。

2007年11月，未成年犯管教所与某金属加工厂签订了《共建安置帮教基地协议》。刘总经理承诺只要改造表现好，愿意到企业工作的人，他都给予接收安置。

回家做孝子

卢某回家后，他恨不得马上到刘总的企业上班，由于在未管所接受的传统文化教育，他想先在家好好陪陪父母，尽尽孝心。他在家里待了整整一个月。帮爸妈干各种家务，下地、洗衣、做饭、刷碗，什么都帮着干，俨然和犯罪前判若两人。父母看到儿子有如此大的转变，心里别提有多高兴，完全放心他出去找工作。

卢某上班发了第一个月工资后，将600元送到父母手里："妈，这是我第一个月工资的一半，您喜欢吃什么就买点什么。"孩子的孝敬着实使老两口感到意外。妈妈想也许是孩子的一时冲动，将信将疑地说："那我先替你保管着。"第二个月，卢某又将工资留下500元，其余全部交给了妈妈。妈妈高兴得逢人就夸儿子是个大孝子。

就业成好员工

卢某在社区矫治民警陪同下来到金属加工厂，刘总听说卢某在家里帮助父母干活，懂得了感恩、孝顺。非常高兴地说："我就喜欢'孝子'，明天就来上班吧。"一个月下来，卢某勤劳肯干，得到了车间主任的夸奖，刘总鉴于他的工作表现，同意他想学习开叉车的请求，卢某学会了开叉、铲车技术，获得了《特种作业操作证》。

工厂的叉车每台都在8000元左右。卢某爱护叉车，就像爱惜自己的眼睛一样，每天上班第一件事，就是对叉车进行一次全面检查，听听发动机的声音，检查一遍叉板是否安全、链条是否坚固、操作手柄、刹车是否有效，发现哪个螺丝松动了，马上用扳手拧紧，哪个电线虚了，立即把它接好。

卢某边开叉车边学习维护、保养和维修技术。第一次叉车坏了，工厂找专门的维修公司人员修理，他就在一旁仔细观察、学习，不时地询问修理技术。第二次出现同样问题时，卢某就能自行修理了。久而久之，凡是叉车出现小毛病，他总是自行修理，被称为叉车修理专家。用他的话说："这样既不影响工作，又尽量不给企业增加费用。"卢某的认真学习和负责的工作态度，在帮他走好新生路的同时，也赢得了刘总的信任。企业新购进了一台27万元的装载机，刘总经理亲自将这台企业最贵重的装载用车交给了卢某管理、驾驶。

以孝道回报父母的养育之恩，以感恩之心回报社会和警察官们的再造之恩。"浪子回头金不换"，卢某已经成了父母的好儿子、工厂的好员工、社会的优秀公民。卢某说："从逆反、叛逆、离家出走，到懂得了孝顺父母、常怀感恩心，感激所有关心我的人，是未管所的教育环境和企业的人文氛围熏陶了我，帮我重新站在人生的起跑线上。"我们欣喜地看到，卢某用自己勤劳的双手，彻底拨正了自己的人生航向。

三、在劳动中创造美好人生

美好的反面是丑恶，丑恶的人生仅仅代表我们的过去，不堪回首也罢、懊悔万分也罢，统统向自己的过去说再见吧！美好的人生就在不远的未来，未来需要我们自己去创造。在这本书里，我们学习了劳动的作用，学习了劳动的知识，学习了科学的管理，知道了勤劳是成功的基石，更知道了什么是正确的人生价值，什么是正确的人生观、价值观。我们还在等什么？改变不了过去，但我们可以改变现在和未来。过去的就让它过去，给自己许一个未来，让自己从今天开始改变。在劳动中，创造自己的美好人生，美好的未来就在我们的手中。

（一）用理想和目标加足人生的马力

理想和信念是人生的航标灯，人生目标是我们成功的彼岸和不断加油的动力，有了理想和信念，无论人生之旅何等漫长，航标灯永远为我们点亮希望之光；有了人生目标，无论前进路上何等艰辛，我们的人生之舟会永葆充足的动力。

福特的动力

汽车大王亨利·福特一次在传记中写道，自己之所以能有如此的成功，完全缘于在一家餐厅发生的一件小事。

亨利·福特这样描述，在他还是一个修车工人的时候，有一次刚领了薪水，就去一家高级餐厅吃饭。不料，他在餐厅里呆坐了差不多15分钟，居然没有一个服务生过来招呼他。最后，一个

服务生看他一个人坐了那么久,才勉强走到桌边,问他是不是要点菜。

他连忙点头说是,只见服务生不耐烦地将菜单粗鲁地丢到他的桌上。亨利·福特刚打开菜单,就听见服务生用轻蔑的语气说道:"你只适合看右边的部分,其他的,你就不必费神去看了!"

他抬起头来,正好看到服务生满脸不屑的表情。恼怒之余,他不由自主地便想点最贵的大餐。但转念又想起口袋中那一点点可怜的薪水。

最后,服务生傲慢地收回了亨利·福特手中的菜单,嘴上虽然没再说什么,但脸上的表情却很清楚地告诉亨利·福特:"我就知道,你这穷小子也只不过吃得起汉堡罢了!"

在服务生离去之后,亨利·福特并没有因为花钱受气而继续恼恨不休。他反倒冷静下来,仔细思考,为什么自己总是只能点自己吃得起的食物,而不能点自己真正想吃的大餐。

亨利·福特当下痛下决心,要成为社会中的顶尖人物。从此之后,他开始朝梦想前进,由一个平凡的修车工人,最终成为叱咤风云的汽车大王。

意大利作曲家普契尼曾说:"希望是支撑着世界的柱子,希望是一个醒着的人的美梦。"理想、信念、人生的目标,会让你在黑暗中看到光明,会在你快要倒下时让你挺住身躯,会让你理智地面对一切蔑视和耻辱,会让你在人生路上精疲力竭的时候产生新的动力。理想、信念、人生目标,不是学生时代的作文练习,是任何一个缺乏理想的人必须马上找回来的东西。

(二) 靠自己不靠上帝

自己的路自己走,自己的命运自己掌握。世上没有上帝,自己的幸福全靠我们自己。

有三件事,你必须自己去做

宋朝著名的禅师大慧,他的弟子中有一个叫道谦的。虽然道谦参禅多

年，但却仍无法开悟。一天晚上，道谦诚恳地向师兄宗元诉说自己不能悟道的苦恼，想让宗元帮忙。

宗元说："我能帮你的忙当然乐意之至，不过有三件事我无能为力，你必须自己去做。"

道谦忙问："是哪三件？"

宗元说："当你肚饿口渴时，我的饮食不能填你肚子，你必须自己饮食；当你想大小便时，你必须亲自解决；最后，除了你自己之外，谁也不能驮着你的身子在这人世的路上走。"

道谦听罢，豁然开朗，顿时悟出了真道。

是上帝还是农民管理了这片土地

一位农民开垦一条干枯的小河谷。这是一片覆盖着石块、杂草丛生、到处坑坑洼洼的荒地。但他每天仍然去那里辛勤耕耘，他不断劳作，最后荒地变成了花园。为此他深感骄傲和幸福。某个星期日的早晨，他操劳一番后，前去邀请部长先生，问他是否乐意看看他的花园。

那位部长来了，视察一番。他看到瓜果累累，就说："呀！上帝肯定为这片土地祝福过。"他看到玉米丰收，又说："哎呀！上帝确实为这些玉米祝福过。"接着又说："天哪，上帝和你在这片土地上竟取得了这么大的成绩呀。"

这位农民禁不住说："可是，尊敬的先生，我真希望你能看到上帝独自管理这片土地时，这里是什么模样。"

有些人自己犯了罪，却不认罪。有些人生活不如意，却怨天怨地，从不想想自己该怎么办。自己的罪过自己要承担，自己的事情自己办，自己的路自己走，这是天经地义的道理。

(三) 用汗水铺就新生路

汗水代表了勤劳，代表脚踏实地地工作。美好的人生从新生路上起步，别抱怨狱中的劳动辛苦，也别抱怨劳动的枯燥无味，辛勤的劳动是新

生的开始；别怕回归之路的迷惘与艰难，辛勤的汗水是你坚定地走好新生路的有力证明，机会和希望就在你辛勤的汗水中。

田某的新生路上洒满汗水

田某，中国石油大学毕业，因贩卖毒品罪被判处有期徒刑9年。

田某能提前三年回归社会，是他用辛勤的汗水、积极地改造，加快了新生的脚步。田某在服刑期间，勤劳苦干，取得了优异的改造成绩，连续3年荣获监狱"改造标兵"及"奥运之星"等光荣称号，并连续两年获分局"改造标兵"光荣称号。犯罪入狱对田某打击很大，也给他的家人带来了无穷的痛苦。在监狱干警的耐心教育挽救下，他逐渐走出了入狱之初的阴霾，重新树立了人生观、价值观，很快在劳动中有了与众不同的表现。认真学习并熟练地掌握缝纫技能，他比别人都认真刻苦、比别人进步都快，使他从劳动骨干到技术能手再到分监区服装加工生产线的大组长，一步一个脚印地快速进步。就像他在QC成果汇报会上说的："学习一门技术到熟练地掌握它，取决于你对它的认真程度。"

田某踏出监狱大门时向警官立下誓言，"一定会好好做人，做对社会有用的人"。田某的回归之路非常坎坷，他拿出了劳动改造的那股认真劲儿，找人咨询，了解所关心的行业状况，整夜整夜地上网查找所需的相关专业知识，他渐渐有了头绪，一步步坚定了创业信念，一个小型服装加工厂在他的脑海里规划成型。规划难，实施更难，顽强的信念和苦干使他战胜了技术、人员、设备、厂房、资金一个又一个困难。社区了解了他在改造中的优异表现和顽强创业的决心，积极地伸出了援助之手，把废旧的自行车棚腾出来租给他做了厂房。由于田某在服刑期间参加了创业培训并获得了国家承认的技术证书，他很快就拿到了5万元银行贷款，加上家中帮助筹备的十几万元，设备问题也得到了很好的解决。田某的"新生"服装加工有限公司正式成立了。他承接的第一批服装加工任务是社区秧歌队的演出服装，这是社区领导为他的公司开业特意安排的，来到社区居委会田某紧紧握住领导得手激动得说不出话来。渐渐地公司从网上陆续接了一些订单。由于田某对工作的热诚和对加工服装质量的严格要求，得到了不少

经销商的好评,他的服装公司越来越红火。

一年后,田某寄来了报喜信。他在信中这样告诫其他的服刑人员:"新生的路不会是平坦的,但只要你有坚定的信心,只要你肯付出辛勤劳动和汗水,就一定能成功,就一定会开辟出属于自己的一片广阔天地。"

其实不仅是一个田某,有更多的人的新生经验再次告诉我们一个真理:"一分耕耘、一定会有一分收获。"新生的路是勤劳的人走出来的。

(四) 用勤劳和智慧创造美好人生

高尔基说:"我们世界上最美好的东西,都是由劳动、由人的聪明的双手创造出来的。"要创造我们的美好人生,勤劳是最基本的,智慧是最重要的。造物主给我们人类最大的恩赐,就是让我们人类拥有了智慧。插上了智慧的翅膀,就可以带着我们的勤劳和理想飞翔。勤劳加上智慧,一定会使我们创造美好的人生。

谢某的与众不同在于他的勤劳和智慧

服刑人员谢某入狱前曾是一名优秀的车工,在北京一家大型的国有企业担任专业的车工技师,因其手艺好,对工作认真负责,备受领导与同事的好评。但他没能继续扬长避短,终因经济犯罪入狱。来到监狱后,谢某情绪低沉,对任何事情提不起兴趣。经监区干警细致地与其沟通后,谢某才有了信心,从消极服刑转变为积极改造,劳动越来越扎实。为更好发挥谢某的特长,监区决定让谢某从事缝纫机修理工作。工作中,谢某逐渐了解了新一代电动缝纫机的特性,研究编写了一套缝纫机使用维护手册,使机手在操作中因人为操作不当引起的故障明显减少,取得了很好的效果。谢某在一次例行维修时,发现海菱牌双针缝纫机的R9与R11处垫圈位置不合适,导致缝纫机在高速运转时磨损相当厉害,并引起卡线现象。经过一系列攻关,谢某果断移动了R9与R11的垫圈位置并换用新型垫圈,使双针缝纫机卡线现象发生的概率大幅降低,获得了广大服刑人员与干警的好评与认可。

谢某假释回家后，不久就开办了一家社区家电维修服务部，把在狱内所学的电器知识和自己的车工专业技能结合起来。在维修过程中，细致、认真地做好每一项工作。经过一年多的经营，谢某的家电维修服务部在当地已小有名气，附近居民的电器出故障都愿意把坏电器拿到他的店里维修，他的生意也越来越红火。

在劳动改造中，谢某的与众不同在于他善于钻研，用技术革新减少故障，提高效率。在创业过程中，他虽然干了家电维修这个新行当，但他又靠自己的勤劳和智慧赢得了生意的红火。

最后，给大家介绍一个脑瘫青年的人生故事，2011年9月8日，中央电视台七套《致富经》栏目介绍了重庆农村青年王明东的创业故事，题目叫"脑瘫男孩的聪明财富"。

脑瘫男孩的聪明财富

王明东，出生在重庆市黔江区一个普通的农民家庭。是一位先天性脑瘫患者。因为残疾，大家都说他走路像鸭子，说话也听不懂。可就是这样一个特殊的男孩，从2008年起，三年的时间，建起了当地第一个规模最大的生态养鸡场，创下了上百万元的资产，还带动300多农户一起致富。更可喜的是，王明东还最终收获了自己的爱情。

脑瘫儿在艰难中成长

王明东出生时，母亲难产，王明东因大脑缺氧造成脑瘫，5岁时还不会走路。当时，王明东家里很穷，没有足够的钱给他治疗。

残疾使王明东走路、说话都成问题，连写字只能用左手写。同学说他像鸭子，村民说他又傻又残。父亲王成华说他将来娶不到媳妇，连瞎子都娶不到。但是王明东不服气。不服气，就暗自努力。为了练好协调能力，他就经常学着帮父母干活，劈柴、挑水、切猪草，只要他能干的，他都要试着干。因为手发抖，切猪草的时候，经常切伤自己。为了能快速练好走路，王明东爱上了踢足球。每到下课的时候，他都会到足球场踢球，这也是他最快乐的时候。

2004年4月，经过层层筛选，王明东被选为重庆市残疾人足球锦标赛脑瘫组队员，他们参加了全国残疾人足球锦标赛，代表重庆队获得银牌。

虽然没拿到冠军，但是足球场上的成绩，给予王明东很大的鼓舞，他似乎找到了人生路上的方向。可是，命运却有意捉弄这个刚满16岁的男孩。2005年，王明东初中毕业，因为没钱继续上学而辍学，他想跟着父亲出去打工赚钱，可是父亲打工的公司却说什么都不愿意接收他。父亲带他又找了几家公司，没有一家愿意聘用他。求学无门，打工又被拒绝，王明东沮丧到了极点。那段时间，王明东的母亲又患上了肾炎综合征，身体很虚弱，父亲常年在外打工，每天王明东就拼命地帮家里干活，照顾母亲，仿佛只有这样，他才能找到一点生存的自信。

养殖土鸡 全部死光

王明东决定要自己创业。这个连打工都没人要，甚至话也说不清楚的脑瘫男孩又能干什么呢？有一次，王明东跟母亲到集市上买菜的时候，他发现集市上的土鸡非常好卖，他决定养殖土鸡。2008年春天，父亲拿出打工赚的1万元钱给了王明东，王明东在老家的山上承包了一块林地，又买了3000只土鸡饲养在林地里。那段时间，他住在林子中临时搭的小棚子里。遇到有养殖经验的人，王明东就请教土鸡的养殖方法。他信心满满，决定大干一场。

可是，灾难却悄然而至。2008年5月的一天，下了一场多年不遇的大暴雨。王明东想把鸡赶到房檐下避雨，因为腿脚不好，山上泥土湿滑，王明东跟跟跄跄地赶鸡，还摔了好几个跟头。忙了一个多小时，才把鸡赶到了一起。可大雨过后不到一个星期，王明东养殖的3000多只土鸡，全部死光了。原来，暴雨过后，小鸡产生了应激反应，王明东没有经验，给鸡治疗不及时，所以才发生了惨剧。

遇到贵人 赚得"第一桶金"

2009年4月的一天，王明东家突然来了一位陌生的客人，这个人一进门就说是要给王明东投资。他叫杨忠，是重庆市彭水县一家建筑公司的负责人。2008年，他在王明东的村子里修公路时，经常看见王明东自己挑水，喂鸡。后来，杨忠听说了王明东的故事，非常感动，决定帮助他。

杨忠为王明东投资5万元，建了一座400多平方米的养鸡场，又给王明东购进了3000只鸡苗，重新养殖土鸡。一个月后，王明东又听说乡里有到西南大学去学习养鸡技术的机会，就主动报名，成了当时300多名学员中唯一的一名残疾人。通过这次学习和当地技术员的指导，王明东很快掌握了养鸡技术。

2009年国庆期间，王明东养殖了4个月的3000只土鸡可以出栏了，他把土鸡拉到黔江市场上去卖，定价6.5元一斤。因为王明东养的土鸡个头适中，价格合理，很受消费者青睐。3000只土鸡，一共赚了3万元。这是王明东自创业以来第一次赚钱。

成立合作社造福乡邻

到了2010年1月，王明东做出了一个让周边的人都很惊讶的决定——成立合作社。可是，他的这个想法不但没有人看好，还遭到质疑。无论王明东怎么说，村民们总是找各种理由不愿意和他一起干。尽管遭受冷遇，但王明东却很有信心。他考察过市场，土鸡的市场空间还很大，只要养出来，肯定不愁卖。王明东又一遍遍地劝说村民，并给大家许下了这样的承诺：如果合作社破产，是他经营不好，与村民无关。功夫不负有心人，终于有6户村民被说动心，愿意跟王明东一起养土鸡。2010年4月，王明东和这6户村民成立了土鸡养殖专业合作社，王明东任理事长。王明东把自己的养鸡技术毫无保留地传授给养殖户，他自己也扩大了规模，又购进了7000多只土鸡苗。

2011年3月，王明东经人介绍，与重庆市黔江区供销社下属的一家农贸公司达成了供销协议，只要合作社养出的土鸡，他们全部收购，并将合作社吸收为农贸公司的联合社员。王明东运用小合作社依托大公司的方法，兑现

了和村民的承诺。

2011年上半年,王明东已经带动全村300多户村民一起养鸡致富,他成为当地有名的致富带头人。王明东承包了100亩土地,全部种上玉米和高粱,用来喂鸡,这样就能保证养殖场的饲料供应。

记者问他,你的理想是什么?他说:"就是让我们全村家家户户都富起来。"记者怀疑道:"你有这个信心吗?"王明东说:"有,绝对有,我不放弃。你看见太阳了吗?因为那个方向有光,我要朝那个方向去。真的,我要朝着光明的路一直走下去。"

现在,王明东有了一个漂亮的女朋友,人们明显能感受到他的幸福。

我们在最后给大家讲王明东的故事,对我们有全面的教育和启发意义。王明东的健康心态是值得我们学习的,王明东是一个心理非常阳光的人,他从来没把自己当成一个残疾人,残疾只能使他比健康人更加勤劳,更加努力地去奋斗、去争取;王明东的学习精神是值得我们学习的,他虽然只有初中学历,但是他从不放弃学习,他千方百计地学到了养鸡的技术。他考察土鸡市场,成立养鸡合作社,扩大养鸡规模,靠的不是鲁莽,靠的是知识和智慧;王明东的奉献精神是值得我们学习的,他毫无保留地把自己的养鸡技术传授给养殖户,把大家组织起来,立志要让全村的人都富起来;王明东坚定的理想和信念更是值得我们学习的,"我不服气""我不放弃",我要"让我们全村家家户户都富起来""我要朝着光明的路线走"。王明东的美好人生我们能学吗?答案是肯定的,一个脑瘫人能做到的,我们为什么做不到?只要我们像王明东那样有理想、有信念、有毅力,勤劳、智慧地努力,我们一定能创造自己的美好人生。

结束语

对我们来说，劳动之目的就是改造，改造之目的是重获新生，新生之内涵是告别过去，走向美好的未来，所以，劳动与改造之最终目的，就是创造属于自己的美好人生。

曾经一路追随毛泽东和中国革命，一生追求真理的著名美国记者安娜·路易斯·斯特朗有一句名言："与其咒骂黑暗，不如燃起一支明烛。"伟大导师马克思也曾说："历史不过是有目的的人的活动。"和自己不堪回首的过去彻底决裂，才能翻开人生新的一页。重新确立人生的目标，像王明东、王小帮、李书福、俞敏洪等榜样那样，像我们身边所有成功改造的服刑人员那样，积极地投身到劳动中去。

法国微生物学家、化学家巴斯德说："立志、工作、成功是人类活动的三大要素。"看看这"三大要素"我们拥有了哪一个，如果我们拥有了前两个，那么第三个也就不远了。其实，我们只要拥有了第一个，就拥有了第二个——工作。如果我们在服刑期间能重新树立生活的信念，能立志创造美好的未来，如果我们把今天的劳动当成创造美好人生的重要步骤，那么它就是你的工作，这是一种阳光的心态，乐观的心态，也是一种最现实、最实用的心态。因为，创造自己美好的人生，就是从你服刑期间的劳动开始的，它就是你创造美好人生的一份工作，你的成功就是从这份工作开始的。

2015年4月28日习近平总书记在庆祝"五一"国际劳动节暨表彰全国劳动模范和先进工作者大会上的讲话中指出："在我们社会主义国家，一切劳动，无论是体力劳动还是脑力劳动，都值得尊重和鼓励；一切创造，无论是个人创造还是集体创造，也都值得尊重和鼓励。"全社会都要

贯彻尊重劳动、尊重知识、尊重人才、尊重创造的重大方针，全社会都要以辛勤劳动为荣、以好逸恶劳为耻，任何时候任何人都不能看不起普通劳动者，都不能贪图不劳而获的生活。

请问，你尊重劳动吗？你尊重了劳动，你就会获得社会的尊重，你就会活得更有尊严；你尊重劳动，你就会尊重知识，你就会成为人才；你尊重劳动，你就能够成为一名合格的劳动者，你就能创造自己的美好人生！

参考文献

[1] 恩格斯：《自然辩证法》，《马克思恩格斯选集》第3卷，人民出版社1972年版。

[2] 中国共产党第十六次全国代表大会报告：《全面建设小康社会，开创中国特色社会主义事业新局面》。

[3] 中国共产党第十七次全国代表大会报告：《高举中国特色社会主义伟大旗帜，为夺取全面建设小康社会新胜利而奋斗》。

[4] 中国共产党第十八次全国代表大会报告：《坚定不移沿着中国特色社会主义道路前进 为全面建成小康社会而奋斗》。

[5] 中国共产党第十九次全国代表大会报告：《决胜全面建成小康社会 夺取新时代中国特色社会主义伟大胜利》。

[6] 《中华人民共和国宪法》。

[7] 《中华人民共和国劳动法》。

[8] 《中华人民共和国监狱法》。

[9] 夏宗素：《罪犯矫正与康复》，中国人民公安大学出版社2005年版。

[10] 王泰：《现代监狱制度》，法律出版社2003年版。

[11] 杜雨：《罪犯劳动改造学》，法律出版社2002年版。

[12] 宋胜尊：《罪犯劳动改造学》，法律出版社2009年版。

[13] ［英］亚当·斯密：《国富论》，陕西师范大学出版社2006年版。

[14] 王凤彬、李东：《管理学》，中国人民大学出版社2007年版。

[15] 颜建军、胡泳：《海尔中国造》，海南出版社、三环出版社2001年版。

[16] 孙彦平：《全球第一CEO——杰克·韦尔奇》，北方妇女儿童出版社2003年版。

[17] 柯君：《成功爸爸最爱讲的财富故事》，新世界出版社2010年版。

[18] 丁宁：《35岁前要有的66种智慧》，地震出版社2010年版。

[19] 侯清恒：《名人名言与事典》，中国纺织出版社2004年版。

[20] 谢继东、刘景信：《生产管理全方位》，东方出版社2007年版。

[21]［美］F·W·泰罗:《科学管理原理》,中国社会科学出版社1984年版。

[22]刘光起:《企业帝国》,企业管理出版社2004年版。

[23]［日］名古屋QS研究会编著:《一目了然的管理》,向秋译,西南交通大学出版社2000年版。

[24]胡广霞:《新员工安全健康培训教程》,化学工业出版社2010年版。

[25]凌志杰、李玉芬:《安全生产常识》,机械工业出版社2009年版。

[26]胡桂兰、徐晓光:《机械工安全知识读本》,机械工业出版社2010年版。

[27]谭绍华、吕红:《安全与健康教育》,外语教学与研究出版社2011年版。

[28]潘林岭:《现场管理实战》,广东经济出版社1999年版。

[29]聂云楚:《如何推行5S》,海天出版社2002年版。

[30]韩福荣:《现代质量管理学》,机械工业出版社2007年版。

[31]北京市监狱管理局编:《监狱工作制度汇编》(一)(二),2006年印。

[32]北京市监狱管理局编:《"一四五四"北京行动纲领文件汇编》,2017年11月印。

[33]司法部预防犯罪研究所:《黄丝带》2017年、2018年精装合订本。

[34]中国监狱工作协会监狱史学专业委员会编:《我所知道的新中国监狱工作》2009年8月印。

[35]中国监狱工作协会监狱史学专业委员会编:《我所知道的新中国监狱工作往事记忆》(第三辑),2012年9月印。

声　明　　1. 版权所有，侵权必究。
　　　　　　2. 如有缺页、倒装问题，由出版社负责退换。

图书在版编目（CIP）数据

"五大改造"教育读本丛书. 劳动改造分册/北京市监狱管理局编著
北京：中国政法大学出版社，2019.11
　ISBN 978-7-5620-9281-0

　Ⅰ. ①五… Ⅱ. ①北… Ⅲ. ①犯罪分子－监督改造－中国－学习参考资料
Ⅳ. ①D926.7

中国版本图书馆CIP数据核字(2019)第251145号

书　名	"五大改造"教育读本丛书 劳动改造分册 WUDAGAIZAO JIAOYU DUBEN CONGSHU LAODONGGAIZAO FENCE
出版者	中国政法大学出版社
地　址	北京市海淀区西土城路 25 号
邮　箱	fadapress@163.com
网　址	http://www.cuplpress.com（网络实名：中国政法大学出版社）
电　话	010-58908466(第七编辑部) 58908334(邮购部)
承　印	北京中科印刷有限公司
开　本	720mm×960mm　1/16
印　张	18.5
字　数	265 千字
版　次	2019 年 11 月第 1 版
印　次	2019 年 11 月第 1 次印刷
定　价	75.00 元